U0855288

史记·本纪

[西汉]司马迁 著
于童蒙 编译

江苏凤凰科学技术出版社

图书在版编目（CIP）数据

史记·本纪 /（西汉）司马迁著；于童蒙编译 . --
南京：江苏凤凰科学技术出版社，2018.9

ISBN 978-7-5537-7964-5

Ⅰ．①史… Ⅱ．①司… ②于… Ⅲ．①中国历史－古代史－纪传体②《史记》－译文 Ⅳ．① K204.2

中国版本图书馆 CIP 数据核字 (2017) 第 020273 号

史记·本纪

著　　者　【西汉】司马迁
编　　译　于童蒙
责任编辑　祝　萍　胡贵春
责任监制　曹叶平　方　晨

出版发行　江苏凤凰科学技术出版社
出版社地址　南京市湖南路 1 号 A 楼，邮编：210009
出版社网址　http://www.pspress.cn
印　　刷　天津旭丰源印刷有限公司

开　　本　718mm × 1000mm　1/16
印　　张　14.5
版　　次　2018 年 9 月第 1 版
印　　次　2018 年 9 月第 1 次印刷

标准书号　ISBN 978-7-5537-7964-5
定　　价　32.00 元

图书如有印装质量问题，可随时向我社出版科调换。

前言

中国古代社会的文人学士，将道德的修养和品格的完善，视为比生命还重要。多少先贤曾立誓不饮盗泉之水，不食嗟来之食，进而把“贫贱不能移，富贵不能淫，威武不能屈”当成至高的品格标准。

学识渊博的司马迁，一直把先贤衡量品格完美的标准，当成是自己修行的准则。于是他不顾冒犯天子，在刚愎自用的汉武帝面前替涉嫌叛敌的将军李陵求情。这正是义理之所在。

历史是一面镜子，中华泱泱大国，历史源远流长。注重对历史的总结和借鉴，是中华民族特有的优良品格。对此，司马迁的《史记》功不可没。

《史记》在历史学著作的领域里开创了一种全新的体例。作为第一部纪传体通史，它具有两个明显的标志性特征：

其一，《史记》记事从传说中的三皇五帝开始，直到当朝汉武帝时期，前后横跨三千年，把中华文明的源头整理得异常清晰，让后世之人能轻易地从中华文明的各种演变中，寻找和总结出规律性的演化与教训，这是此前所有著作都无法实现的。

其二，《史记》呈现给后人历史人物的真实面貌。他们不是神，也不是工具，而是血肉丰腴的生命个体；历史事件亦不是单纯孤立地存在，而是相互关联的因果。司马迁开创的纪传体史学形式，使后世史学家创作有了一个可供借鉴的模板。

司马迁的《史记》还有另一项耀眼的成就，那就是他研究历史的方法。许多历史著作往往过于偏重帝王将相的事迹，而忽略了更庞大的社会群体。司马迁却站在一个特殊的高度，俯瞰社会大众，关注民生以及社会群体对历史发展的影响和决定性作用，真实体现了作者极为先进的历史观和方法论。

在《史记》中，司马迁把项羽、吕后列入本纪，把孔子、陈涉列入世家，同时还为刺客、善辩者等立传，无不独具匠心，处处闪耀着作者智慧的光辉，散发出恒久的魅力。

《史记》不仅是一部光耀千古的历史巨著，而且是一部伟大的文学巨著。鲁迅先生曾对此做出高度评价："史家之绝唱，无韵之离骚。"此评价已经为大众所认可。

中国文学，自发源伊始，莫不以抒情和议论性质为主流，叙述性文学，甚至史学，因受制于体裁及叙述形式，往往显得较为单薄和苍白，在中国丰富蓬勃的文艺发展史上，显得枯燥而孤寂。

然而，《史记》的出现改变了中国文学的这种现状，推进了中国叙事文学的发展进程。它不仅把客观的历史人物和事件演绎得如此生动，而且还直接成为唐代传奇、宋元话本、明清小说的艺术蓝本。

由此，我们不难看出，正是司马迁以"明知不可为而为之"的大无畏精神，才诞生了《史记》这部承传不朽的伟大著作，为中华文明史树立起了一座不朽的丰碑。

《史记》的价值和魅力是恒久的，同时也是多角度的，它不仅体现在文学上，而且还体现在史实价值上，以及那些历史人物的品格、胆识、智慧与谋略上。

原著中包括十二本纪、十表、八书、三十世家、七十列传，本套书精心选出最具现实借鉴意义的"本纪""世家"和"列传"，省去了"表"和"书"。

"本纪"部分主要写的是帝王，几乎每一个帝王都单独成章，就连西楚霸王项羽，虽然未正式称帝，司马迁也对其进行了全面的叙述，且精彩纷呈，感人至深。能使读者对黄炎帝时期至西汉时期具有代表性的人物故事或历史事件有所了解，帮助读者建立历史性思维。特别要告诉读者的是，古代帝王与普通老百姓的生活，存在着很大的差别，帝王往往被看作高高在上的神，仅供黎民百姓敬畏仰视。所以，原著中作者对他们也有许多奇幻的想象和瑰丽的夸张描述。但是这些并不会影响读者看透历史的原貌。帝王的胆识和谋略让读者在享受文学的同时还能清楚地看到中国封建社会历史的发展演变、朝代兴衰更替的轨迹，从中得到启发。

编者在尊崇原著体例、忠实于原著内容的同时，也对原著中的篇目进行了适当的删减，将最具代表性的篇章呈现在了读者面前，以突出对当时社会乃至后世影响深远的重要历史人物和历史事件，尤其是那些在为人处世、才智谋略、道德修养上仍具有重要现实意义的人物，使读者在阅读王侯将相和先贤明哲的行事风格及成败始末的史实中汲取经验，以史为鉴。

本书力求语言的简洁凝练、语意的通俗易懂、语句的通达顺畅，使读者在阅读时既有节奏明快之惬意，又有如饮甘泉之况味。期望这样的呈现能为读者开启进入中国古典殿堂的方便之门。评析部分将历史人物或历史事件同现实相联系，独家的见解或许会给读者带来借鉴和启迪。

目录

五帝本纪第一 / 8
夏本纪第二 / 21
殷本纪第三 / 34
周本纪第四 / 44
秦始皇本纪第六 / 72
项羽本纪第七 / 115
高祖本纪第八 / 144
吕太后本纪第九 / 176
孝文本纪第十 / 191
孝武本纪第十二 / 209

五帝本纪第一

※ 原文

黄帝者，少典之子，姓公孙，名曰轩辕。生而神灵，弱而能言，幼而徇齐，长而敦敏，成而聪明。

轩辕之时，神农氏世衰。诸侯相侵伐，暴虐百姓，而神农氏弗能征。于是轩辕乃习用干戈，以征不享，诸侯咸来宾从。而蚩尤最为暴，莫能伐。炎帝欲侵陵诸侯，诸侯咸归轩辕。轩辕乃修德振兵，治五气，艺五种，抚万民，度四方，教熊罴貔貅虎，以与炎帝战于阪泉之野。三战，然后得其志。蚩尤作乱，不用帝命。于是黄帝乃征师诸侯，与蚩尤战于涿鹿之野，遂禽杀蚩尤。而诸侯咸尊轩辕为天子，代神农氏，是为黄帝。天下有不顺者，黄帝从而征之，平者去之，披山通道，未尝宁居。

※ 译文

黄帝是少典的儿子，姓公孙，名轩辕。他一出生，便表现出超乎常人的天赋，几个月大就会说话了，幼年思维敏捷，口齿伶俐。随着年龄的增长，他更加敦厚勤敏，成年后见多识广，能通晓天下大事。

轩辕的时候，炎帝神农氏已经开始衰落。诸侯征战不休，残害百姓，但是神农氏却无力征讨。于是轩辕就开始操练军队，以武力来征讨那些不来朝贡的诸侯，因此天下诸侯都来归顺。但是蚩尤最为残暴，还没有谁能够有能力去征讨他。炎帝准备侵犯诸侯，诸侯都来归附轩辕氏。于是轩辕推行德政，同时整顿军队，顺应四时五方的节气变化，种五谷、抚百姓、并丈量规划四方土地，训练猛兽。凭借这些，轩辕氏与炎帝在阪泉之野展开了大战，战斗数次后，轩辕氏终于取得了胜利。蚩尤叛乱，不服从黄帝轩辕氏的命令。于是轩辕氏就向各路诸侯征调军队，与蚩尤在涿鹿展开了决战，擒拿并杀死蚩尤。轩辕氏被诸侯推为天子，从而取代了炎帝神农氏，这就是黄帝。天下凡是有不归顺者，黄帝就立即进行征讨，平定以后就离开，他披荆斩棘、开山凿道，没有过过一天安逸的日子。

※ 原文

东至于海，登丸山，及岱宗。西至于空桐，登鸡头。南至于江，登熊、湘。北逐荤粥，合符釜山，而邑于涿鹿之阿。迁徙往来无常处，以师兵为营卫。官名皆以云命，为云师。置左右大监，监于万国。万国和，而鬼神山川封禅与为多焉。获宝鼎，迎日推筴。举风后、力牧、常先、大鸿以治民。顺天地之纪，幽明之占，死生之说，存亡之难。时播百谷草木，淳化鸟兽虫蛾，旁罗日月星辰水波土石金玉，劳勤心力耳目，节用水火材物。有土德之瑞，故号黄帝。

黄帝二十五子，其得姓者十四人。

黄帝居轩辕之丘，而娶于西陵之女，是为嫘祖。嫘祖为黄帝正妃，生二子，其后皆有天下：其一曰玄嚣，是为青阳，青阳降居江水；其二曰昌意，降居若水。昌意娶蜀山氏女，曰昌仆，生高阳，高阳有圣德焉。黄帝崩，葬桥山。其孙昌意之子高阳立，是为帝颛顼也。

帝颛顼高阳者，黄帝之孙而昌意之子也。静渊以有谋，疏通而知事；养材以任地，载时以象天，依鬼神以制义，治气以教化，絜诚以祭祀。北至于幽陵，南至于交阯，西至于流沙，东至于蟠木。动静之物，大小之神，日月所照，莫不砥属。

※ 译文

黄帝东到大海边，登上了丸山和泰山；西到崆峒，登上了鸡头山；南到长江，登上了熊山和湘山；向北驱逐了荤粥，在釜山与各路诸侯验合符瑞，并在涿鹿山下建起了都城。迁徙往来，住处不固定，只是在营地的周围布置军队来作为护卫的屏障。用云来命名所设的官职，军队号称“云师”。设置左右大监来监察天下诸侯。天下诸侯和睦相处，所以对鬼神山川的祭祀封禅，远远多于以往任何时候。黄帝又获得了宝鼎，于是观测太阳运行，用占卜用的草推算历法，预知节气。任用风后、力牧、常先、大鸿来治理民众。顺应天地四时的自然规律，预测阴阳五行的日常变化，制定养生送死的礼仪制度，推究国家兴衰存亡的道理。他按照节气时令播种谷物草木，驯化鸟兽虫鱼，观测日月星辰的运行，收集土石金玉，用心尽力地做事，对山川林泽的物产资源有节制地进行使用。由于做天子时有土这种属性的祥瑞征兆，且土呈黄色，所以被人们称为“黄帝”。

黄帝有二十五个儿子，建立自己姓氏的有十四个。

黄帝住在轩辕之丘时，娶了西陵氏的女儿为妻，就是嫘祖。她是黄帝的正妃，并给黄帝生了两个儿子，他们的后代都统治过天下：一个叫玄嚣，即青阳，其封地在长江；另一个叫昌意，其封地在若水。昌意娶了蜀山氏的女子为妻，叫昌仆，生了高阳，高阳有圣德。黄帝死后，葬在桥山。他的孙子高阳，也就是昌意的儿子即位，即颛顼帝。

颛顼帝高阳是黄帝的孙子，昌意的儿子。他为人平静沉稳又有智慧，通达又明事理。他充分利用土地种植庄稼养殖家畜，按照时令、节气办事以顺应自然规律，以鬼神的名义来制定礼仪制度，理顺四时五气以教化百姓，诚心诚意地祭祀。统治的疆域北到幽陵，南至交阯，西到流沙，东到蟠木。各种动物植物、大神小神，但凡日月星辰能够照到的地方，全都平定了，没有不归服的。

※ 原文

帝颛顼生子曰穷蝉。颛顼崩，而玄嚣之孙高辛立，是为帝喾。

帝喾高辛者，黄帝之曾孙也。高辛父曰蟜极，蟜极父曰玄嚣，玄嚣父曰黄帝。自玄嚣与蟜极皆不得在位，至高辛即帝位。高辛于颛顼为族子。

高辛生而神灵，自言其名。普施利物，不于其身。聪以知远，明以察微。顺天之义，知民之急。仁而威，惠而信，修身而天下服。取地之财而节用之，抚教万民而利诲之，历日月而迎送之，明鬼神而敬事之。其色郁郁，其德嶷嶷。其动也时，其服也士。帝喾溉执中而遍天下，日月所照，风雨所至，莫不从服。

帝喾娶陈锋氏女，生放勋。娶娵訾氏女，生挚。帝喾崩，而挚代立。帝挚立，不善，而弟放勋立，是为帝尧。

帝尧者，放勋。其仁如天，其知如神。就之如日，望之如云。富而不骄，贵而不舒。黄收纯衣，彤车乘白马。能明驯德，以亲九族。九族既睦，便章百姓。百姓昭明，合和万国。

※ 译文

颛顼帝生了个儿子，叫作穷蝉。颛顼帝死后，玄嚣的孙子高辛即位，即帝喾。

帝喾高辛是黄帝的曾孙，他的父亲叫蟜极，蟜极的父亲是玄嚣，玄嚣的父亲就是黄帝。从玄嚣到蟜极都没有统治天下，直到高辛才即帝位。高辛是颛顼的侄子。

高辛一出生就很神异，自己说出了自己的名字。他广施恩泽以普及万物，从来都不考虑个人得失。他聪明伶俐，见多识广，通晓事理，洞察万物。高辛顺应上天之意，了解百姓之急。他仁爱但不失威严，温和且守信，注重自身修养以使天下归心。对于物产资源，他充分利用而又有节制；对于百姓的抚育教导，他能够因势利导；对于历法的制定，他能够符合日月星辰运行和春夏秋冬变化的规律；对于鬼神之道，他能够申明其理，并虔诚地供奉。他的态度庄严肃穆，德高望重，言行举止无不顺应天时，衣食住行又跟普通人没有区别。帝喾治理国家，就像春雨滋润万物一样，不偏不倚，但凡日月能够照到的地方，风雨所能达到的地方，没有不服从他的统治的。

帝喾娶陈锋氏的女子为妻，生子放勋。又娶娵訾氏的女子，生子挚。帝喾死后，由挚即位。帝挚在位的时候治理不善，其弟放勋取而代之，即帝尧。

帝尧就是放勋。他的仁德堪与天齐，他的智慧可比神灵。靠近他就像靠近太阳般温暖，仰望他就像仰望高洁的白云。他富有但不骄奢，尊贵但不放纵。帝尧常常戴黄色礼帽，穿黑色礼服，乘白马拉的朱红色马车。由于他能够发扬恭顺的美德，所以能使九族和睦团结。九族和睦之后又能使百官的职责明确。百官各尽其责，又能使四方诸侯和睦融洽。

※ 原文

乃命羲、和，敬顺昊天，数法日月星辰，敬授民时。分命羲仲，居郁夷，曰旸谷。敬道日出，便程东作。日中，星鸟，以殷中春。其民析，鸟兽字微。申命羲叔，居南交。便程南为，敬致。日永，星火，以正中夏。其民因，鸟兽希革。申命和仲，居西土，曰昧谷。敬道日入，便程西成。夜中，星虚，以正中秋。其民夷易，鸟兽毛毨。申命和叔；居北方，曰幽都。便在伏物。日短，星昴，以正中冬。其民燠，鸟兽氄毛。岁三百六十六日，以闰月正四时。信饬百官，众功皆兴。

尧曰："谁可顺此事？"放齐曰："嗣子丹朱开明。"尧曰："吁！顽凶，不用。"尧又曰："谁可者？"讙兜曰："共工旁聚布功，可用。"尧曰："共工善言，其用僻，似恭漫天，不可。"尧又曰："嗟，四岳，汤汤洪水滔天，浩浩怀山襄陵，下民其忧，有能使治者？"皆曰鲧可。尧曰："鲧负命毁族，不可。"岳曰："异哉，试不可用而已。"尧于是听岳用鲧。九岁，功用不成。

※ 译文

于是尧帝命羲氏、和氏敬顺上天，根据日月星辰的运行规律，教导百姓按照节气时令的变化来安排劳动生产。命羲仲住在郁夷，此地又叫旸谷。让他恭敬地迎接日出，安排耕种的事务。春分日，昼夜长短一致，然后根据黄昏时鸟星的出现，推定仲春的节气。这时候百姓就去田野从事劳作，鸟兽也开始交尾；命羲叔住在南交，安排并管理夏季的农作，务必谨慎敬业。夏至那天，白天最长，然后根据黄昏时火星的出现，推定仲夏的节气。这时候，百姓就居住在高处，鸟兽羽毛稀疏；命和仲住在西方一个叫昧谷的地方，恭送太阳落山，安排并管理秋收事务。秋分那天，昼夜长短一致，再根据黄昏时虚星的出现，推定仲秋的节气。此时百姓喜悦和谐，鸟兽也都长好了羽毛；命和叔住在北方一个叫幽都的地方，安排并管理冬藏的事宜。冬至那天，白天最短，再根据黄昏时昴星的出现，推定仲冬的节气。此时百姓都在室内，穿着厚衣服，鸟兽也都长了细密的绒毛以御寒。一年是三百六十六天，用闰月来调整季节的偏差。尧帝切实地整饬训诫百官，各项事业都蒸蒸日上。

尧说："谁能顺应天意来接帝位？"放齐说："你的嗣子丹朱通达开明。"尧说："唉，他生性顽劣，又好斗，不能任用。"尧又问："还有谁可以？"讙兜说："共工做事很见成效，可以任用。"尧说："共工能言善辩，但是心地不善良，看起来很恭顺，但内心却敢欺瞒上天，不能任用。"尧又说："唉，四岳诸侯，眼下洪水滔天，包围了群山，淹没了高地，百姓忧心忡忡，谁能去治理呢？”众人都说鲧可以。尧说：“鲧不遵教令，危害同类，不能任用。”四岳说：“并非如此吧，先试试，实在不行就算了。”尧于是听从四岳的建议，让鲧去治水。九年过去了，鲧治水没有取得成效。

※ 原文

尧曰：“嗟！四岳：朕在位七十载，汝能庸命，践朕位？”岳应曰：“鄙德忝帝位。”尧曰：“悉举贵戚及疏远隐匿者。”众皆言于尧曰：“有矜在民间，曰虞舜。”尧曰：“然，朕闻之。其何如？”岳曰：“盲者子。父顽，母嚚，弟傲，能和以孝，烝烝治，不至奸。”尧曰：“吾其试哉。”于是尧妻之二女，观其德于二女。舜饬下二女于妫汭，如妇礼。尧善之，乃使舜慎和五典，五典能从。乃遍入百官，百官时序。宾于四门，四门穆穆，诸侯远方宾客皆敬。尧使舜入山林川泽，暴风雷雨，舜行不迷。尧以为圣，召舜曰：“女谋事至而言可绩，三年矣。女登帝位。”舜让于德不怿。

正月上日，舜受终于文祖。文祖者，尧大祖也。

※ 译文

尧说：“唉，四岳啊，我在位七十年了，你们谁能顺承天命，来接替我的位子呢？”四岳说：“我们肤浅的德行会玷污了帝位的。”尧说：“那就从所有同姓异族远近大臣及隐居者当中推举。”众人都对尧说：“民间有个叫虞舜的单身汉。”尧说：“我也听说了。此人如何？”四岳说：“他的父亲是个盲人，冥顽不化，母亲心地阴暗，弟弟傲慢无礼，他都能与他们和睦相处，尽孝悌之道，把家治理好，使他们不至于走向奸恶。”尧说：“那就试试他吧。”于是尧就把自己的两个女儿都嫁给了舜，并通过女儿来考察舜的德行。舜告诫自己的妻子要放下架子，住在妫水河边谨守妇道。对此，尧很赞赏，于是他就放手让舜来推行五种教典，并且民众都能遵从。又让舜参与百官事务，舜都处理得井井有条。尧又让舜在四门接待宾客，舜接待时庄严肃穆，来宾也都态度恭敬。尧又派舜进入山川林泽，遇到狂风暴雨时，舜都没有迷失过方向。尧觉得他有圣智，便召见他说：“你办什么事情都很成功，说过的话也都有实绩可察，转眼已经三年了，你来即帝位吧。”但是舜还是认为自己的德行不够，所以一直推辞谦让。

尽管如此，正月初一那天，尧在文祖庙将帝位禅让给了舜。文祖就是尧的太祖。

※ 原文

于是帝尧老，命舜摄行天子之政，以观天命。舜乃在璇玑玉衡，以齐七政。遂类于上帝，禋于六宗，望于山川，辩于群神。揖五瑞，择吉月日，见四岳诸牧，班瑞。

岁二月，东巡狩，至于岱宗，祡，望秩于山川。遂见东方君长，合时月正日，同律度量衡、修五礼，五玉、三帛、二生、一死为挚，如五器，卒乃复。五月，南巡狩；八月，西巡狩；十一月，北巡狩：皆如初。归，至于祖祢庙，用特牛礼。五岁一巡狩，群后四朝。遍告以言，明试以功，车服以庸。肇十有二州，决川。象以典刑，流宥五刑，鞭作官刑，扑作教刑，金作赎刑。眚灾过，赦；怙终贼，刑。钦哉，钦哉，惟刑之静哉！

※ 译文

于是尧帝告老退位，命舜代理天子执政，以观察上天的旨意。舜通过观测北斗诸星，来确定日月星辰的位置和它们运行的情况。接着舜以“类礼”来祭祀上天，用“禋礼”来祭天地四时，用“望礼”来祭祀名山大川，然后又遍祭各路神灵。舜收集五种瑞玉，并选择吉利的日子，接受四岳及各方诸侯的朝拜，向他们颁赐瑞玉。当年二月，舜巡视东方，到达泰山，烧柴祭天；然后又按等级祭祀了其他山川；并召见东方诸侯，校订节气四时和月份大小，校正一天的时辰，并统一音律、度量衡，修订吉、凶、宾、军、嘉五种礼仪，规定用五种玉、三种帛、两种活物、一种死物来作为初次见面时的赠礼。至于那五种玉器，礼仪结束后仍然物归原主。五月，巡视南方；八月，巡视西方；十一月，巡视北方，这期间所做的一切事情都跟巡视东方一样。回来后，就到尧的祖庙和父庙祭祀，祭品是一头公牛。每五年巡视一次，其间的四年里，天下诸侯君长轮流朝见天子，舜告诫他们治理国家的方法，并明确考察他们的政绩，对政绩突出者给予车服等赏赐。同时，开始将全国分为十二个州，并疏通河道。把常用的刑律刻在器物上，对于触犯五刑的罪犯，用流放的办法来宽赦他们。官府的刑罚是鞭刑，学校的刑罚是戒尺，也可以用金钱来减赎刑罚。如果是无心之过，或是因灾害而造成的过失都可以被赦免，而那些屡教不改的犯人却会受到更加严重的惩罚。谨慎，一定要谨慎啊，对于刑罚的使用一定要慎之又慎啊！

※ 原文

驩兜进言共工，尧曰：“不可。”而试之工师，共工果淫辟。四岳举鲧治鸿水，尧以为不可，岳强请试之，试之而无功，故百姓不便。三苗在江淮、荆州数为乱。于是舜归而言于帝，请流共工于幽陵，以变北狄；放驩兜于崇山，以变南蛮；迁三苗于三危，以变西戎；殛鲧于羽山，以变东夷：四罪而天下咸服。

尧立七十年得舜，二十年而老，令舜摄行天子之政，荐之于天。尧辟位凡二十八年而崩。百姓悲哀，如丧父母。三年，四方莫举乐，以思尧。尧知子丹朱之不肖，不足授天下，于是乃权授舜。授舜，则天下得其利而丹朱病；授丹朱，则天下病而丹朱得其利。尧曰“终不以天下之病而利一人”，而卒授舜以天下。尧崩，三年之丧毕，舜让辟丹朱于南河之南。诸侯朝觐者不之丹朱而之舜，狱讼者不之丹朱而之舜，讴歌者不讴歌丹朱而讴歌舜。舜曰“天也”，夫而后之中国践天子位焉，是为帝舜。

虞舜者，名曰重华。重华父曰瞽叟，瞽叟父曰桥牛，桥牛父曰句望，句望父曰敬康，敬康父曰穷蝉，穷蝉父曰帝颛顼，颛顼父曰昌意：以至舜七世矣。自从穷蝉以至帝舜，皆微为庶人。

※ 译文

驩兜向尧举荐过共工，尧说：“不行。”然而驩兜还是试用其为工师，共工果然放纵邪僻。四岳推举鲧治理水，尧也认为不可以，四岳硬说要试试看，试用后也确实毫无成效，因此大家都认为他不适合。三苗在江淮、荆州一带屡次作乱，舜巡视回来就向尧汇报，请求将共工流放到幽陵，以改变北狄的习俗；将驩兜流放到崇山，以改变南蛮的习俗；将三苗迁移到三危，以改变西戎的习俗；将鲧流放到羽山，以改变东夷的习俗。这四个罪人被惩罚后，天下都心悦诚服。

尧在位七十年才得到舜，又经过了二十年因年老而退位，命舜代行天子政事，将他推荐给上天。尧退位二十八年后去世了。百姓都像死了父母一样悲痛哀伤。为了表示对他的悼念，三年内，天下没有人奏乐。知道自己的儿子丹朱不足以授予天下，尧就将帝位让给了舜。舜得了帝位，天下人都能得到好处，只有丹朱一人得到损害；丹朱得了帝位，则天下人都会受到损害，而只有丹朱一人会得利。尧觉得不能让全天下人受害而让一个人得利，所以最终将帝位传给了舜。尧逝世后，三年服丧结束，舜把帝位让给丹朱。自己躲到了南河的南岸。诸侯前来朝觐的不到丹朱那里却到舜这里来，打官司的也不去找丹朱却来找舜，歌功颂德的，不去歌颂丹朱却来歌颂舜。舜说“这是天意呀”，然后才到了京都，登上天子之位，这就是舜帝。

虞舜叫重华，重华的父亲叫瞽叟，瞽叟的父亲叫桥牛，桥牛的父亲叫句望，句望的父亲叫敬康，敬康的父亲叫穷蝉，穷蝉的父亲就是帝颛顼，颛顼的父亲又是昌意，从昌意到舜已经有了七代。而从穷蝉到帝舜，都是普通百姓，地位低微。

※ 原文

舜父瞽叟盲，而舜母死，瞽叟更娶妻而生象，象傲。瞽叟爱后妻子，常欲杀舜，舜避逃；及有小过，则受罪。顺事父及后母与弟，日以笃谨，匪有解。

舜，冀州之人也。舜耕历山，渔雷泽，陶河滨，作什器于寿丘，就时于负夏。舜父瞽叟顽，母嚚，弟象傲，皆欲杀舜。舜顺适不失子道，兄弟孝慈。欲杀，不可得；即求，尝在侧。

舜年二十以孝闻。三十而帝尧问可用者，四岳咸荐虞舜，曰可。于是尧乃以二女妻舜以观其内，使九男与处以观其外。舜居妫汭，内行弥谨。尧二女不敢以贵骄事舜亲戚，甚有妇道。尧九男皆益笃。舜耕历山，历山之人皆让畔；渔雷泽，雷泽上人皆让居；陶河滨，河滨器皆不苦窳。一年而所居成聚，二年成邑，三年成都。

※ 译文

舜的父亲瞽叟是个盲人，舜的生母去世后，其父便又娶了一个妻子，生下了狂傲骄纵的象。父亲偏爱象，想杀了舜，舜不得不逃避躲闪，有一点小过失都会被处罚。他态度恭顺，毫无怨言地侍奉父亲、后母和弟弟，每天都小心谨慎，不敢有丝毫的怠慢。

舜是冀州人，他曾在历山种过地，在雷泽捕过鱼，在黄河边做过陶器，在寿丘做过手艺活，还在负夏做过买卖。冥顽不善的父亲，搬弄是非的后母，狂傲骄纵的弟弟，他们都想把舜杀掉。但是由于舜谨守孝道，总是没有杀他的理由和机会；并且有事需要他来处理时，他又总是能随时来到身边。

舜二十岁的时候，就以孝道闻名乡里了。三十岁时，尧询问可用的人才，四岳诸侯都荐举他。于是尧就将两个女儿嫁给他，以观察他治家的能力；让九个儿子跟他交往，以观察他处世的方式。舜住在妫水岸边，治家一丝不苟，尧的两个女儿也不敢以自己尊贵的地位来傲慢地对待舜的家人，都谨守妇道。尧的九个儿子也变得更加忠厚友爱。舜在历山耕地，历山的人就从不争地界；舜在雷泽捕鱼，雷泽人都互相让出自己的住所；舜在黄河制作陶器，那里的陶器就没有粗制滥造的。凡是舜居住的地方，一年之内就会聚成村落，两年内就会发展成城镇，三年便会壮大成为都市。

※ 原文

尧乃赐舜衣，与琴，为筑仓廪，予牛羊。瞽叟尚复欲杀之，使舜上涂廪，瞽叟从下纵火焚廪。舜乃以两笠自扞而下，去，得不死。后瞽叟又使舜穿井，舜穿井为匿空旁出。舜既入深，瞽叟与象共下土实井，舜从匿空出，去。瞽叟、象喜，以舜为已死。象曰："本谋者象。"象与其父母分，于是曰："舜妻尧二女，与琴，象取之。牛羊仓廪予父母。"象乃止舜宫居，鼓其琴。舜往见之。象鄂不怿，曰："我思舜正郁陶！"舜曰："然，尔其庶矣！"舜复事瞽叟爱弟弥谨。于是尧乃试舜五典百官，皆治。

※ 译文

于是尧就赐给舜细葛布衣和琴，为他建造仓库，还赐给他一些牛羊。父亲还是想杀舜，他让舜爬上去涂抹仓房，自己却从下边放火焚烧仓房。舜就用两个斗笠护住身子跳了下来，并逃离，才免得一死。后来，父亲又让舜挖井，舜就事先挖了一个暗道可以从旁边的井口出来。在舜将井挖得很深的时候，父亲和弟弟一起往井里填土，舜就从暗道逃离险境。父亲瞽叟和弟弟象都很高兴，他们以为舜死了。象说：“最先出这个主意的人是我。”象就和父母分割舜的家产，当时就说：“舜的妻子，也就是尧的两个女儿，还有一把琴，这些都归我；牛羊和仓房分给父亲母亲。”于是象就住在舜的居室，弹着舜的琴。舜回来后看到象。象惊愕不已且不高兴，但仍假意说道：“我正在闷闷不乐地思念哥哥呢。”舜说：“是啊，你是个好人，我们之间的感情也实在是深厚！”舜还像以前一样侍奉父母，爱护弟弟，态度比原来还要恭敬。于是尧就试着让舜推行五种伦理道德、担任各种官职来测试他是否能够胜任，结果他都干得很好。

※ 原文

昔高阳氏有才子八人，世得其利，谓之“八恺”。高辛氏有才子八人，世谓之“八元”。此十六族者，世济其美，不陨其名。至于尧，尧未能举。舜举八恺，使主后土，以揆百事，莫不时序。举“八元”，使布五教于四方，父义，母慈，兄友，弟恭，子孝，内平外成。

昔帝鸿氏有不才子，掩义隐贼，好行凶慝，天下谓之浑沌。少皞氏有不才子，毁信恶忠，崇饰恶言，天下谓之穷奇。颛顼氏有不才子，不可教训，不知话言，天下谓之梼杌。此三族世忧之。至于尧，尧未能去。缙云氏有不才子，贪于饮食，冒于货贿，天下谓之饕餮。天下恶之，比之三凶。舜宾于四门，乃流四凶族，迁于四裔，以御螭魅，于是四门辟，言毋凶人也。

※ 译文

过去，高阳氏有八个儿子，都很有才能，世人从他们那里受益很多，称他们“八恺”。高辛氏也有八个儿子，他们的才干也很出众，世人称他们为“八元”。这十六个有才能之人的后代，世代发扬他们的德行，不辱没祖先的声誉。到了尧的时代，尧没有举用他们的后代。舜举用了“八恺”的后代，让他们主持土地事务，他们恪尽职守，将所有事情都做得井然有序。举用“八元”的后代，让他们在天下布施教诲，使为人父者都仁义，为人母者都慈爱，为人兄者都友爱，为人弟者都恭敬，为人子者都孝顺，国内所有的部族都太平，边远地区的部族都向往归附。

从前，帝鸿氏有个不成才的儿子，不行仁义包庇贼祸，阴狠残暴，好做凶恶之事，世人都称呼他为“浑沌”。少皞氏也有个不成器的儿子，毁败信义，憎恶忠直，满口恶毒的言论，世人称其为“穷奇”。颛顼氏也有个不成才的儿子，凶顽且不接受教育，不分言语好坏，世人称其为“梼杌”。这三个家族，世代为人们所忧惧。到尧的时候，尧没有将他们的祸害除去。缙云氏也有个不成器的儿子，他贪恋酒食，贪图钱财，世人都称其为“饕餮”。天下人都厌恶他，并将他同以上三凶相提并论。舜在掌管四门迎宾事务时，就将这四家凶族驱逐流放了，将他们迁到四方偏远的地方，用他们来抵御更加邪恶凶残的人。于是，四方之门通达，可以说没有凶恶的人了。

※ 原文

舜人于大麓，烈风雷雨不迷，尧乃知舜之足授天下。尧老，使舜摄行天子政，巡狩。舜得举用事二十年，而尧使摄政。摄政八年而尧崩。三年丧毕，让丹朱，天下归舜。而禹、皋陶、契、后稷、伯夷、夔、龙、倕、益、彭祖自尧时而皆举用，未有分职。于是舜乃至于文祖，谋于四岳，辟四门，明通四方耳目，命十二牧论帝德，行厚德，远佞人，则蛮夷率服。舜谓四岳曰：“有能奋庸美尧之事者，使居官相事？”

皆曰：“伯禹为司空，可美帝功。”舜曰：“嗟，然！禹，汝平水土，维是勉哉。”禹拜稽首，让于稷、契与皋陶。舜曰：“然，往矣。”舜曰：“弃，黎民始饥，汝后稷播时百谷。”舜曰：“契，百姓不亲，五品不驯，汝为司徒，而敬敷五教，在宽。”舜曰：“皋陶，蛮夷猾夏，寇贼奸轨，汝作士，五刑有服，五服三就；五流有度，五度三居：维明能信。”舜曰：“谁能驯予工？”皆曰垂可。于是以垂为共工。

※ 译文

舜进入高山大麓，即使遇到暴风雷雨也不迷失方向、不误事，尧因此知道舜是一个可以托付整个天下的人。尧告老退位后，由舜来代行天子之职，并到全国各地去巡察。舜受到推举任用已经二十年了，然后尧才让他代行政事，八年后尧就去世了。丧期是三年，结束后由丹朱继帝位，但是世人却都归附舜。禹、皋陶、契、后稷、伯夷、夔、龙、倕、益、彭祖等人，自尧帝时就被任用，只是他们没有明确的分工。于是舜就到文祖庙，召集四方诸侯进行商讨，开放四方之门，以明确通晓各地所反映的意见，命十二位地方长官讨论天子的德行，认为只要推行德政，使民众远离邪佞的人，就会使蛮夷从服。舜对诸侯说：“谁要是能将尧帝的事业发扬光大，就让他总领官位以辅佐我的政事。”

众人都说：“伯禹做司空就可光大尧的功业。”舜说：“是啊，禹，你就去治理水土吧，希望你能不负众望。”禹跪拜叩头，想推让给后稷、契和皋陶。舜说：“就这样了，你去上任吧。”舜说：“弃，百姓都挨饿了，你去负责农事吧，组织他们播种谷物粮食。”舜说：“契，百姓之间不和睦，五常伦理不顺适，你去做司徒，认真推行五常伦理的教导，做事一定要宽厚啊。”舜说：“皋陶，华夏被蛮夷扰乱，抢劫杀人，内外为患，你去做狱官之长吧，量刑要适中，执行五种刑罚要在郊野、市、朝三个不同的地方。流放也要有一定的尺度，五种流放要确定三种远近不同的处所。要严明公允，使人信服。”舜说：“谁来担任我的工官？”众人都推举垂。于是让垂做共工，统领工匠事宜。

※ 原文

舜曰：“谁能驯予上下草木鸟兽？”皆曰益可。于是以益为朕虞。益拜稽首，让于诸臣朱虎、熊罴。舜曰：“往矣，汝谐。”遂以朱虎、熊罴为佐。舜曰：“嗟！四岳，有能典朕三礼？”皆曰伯夷可。舜曰：“嗟！伯夷，以汝为秩宗，夙夜维敬，直哉维静絜。”伯夷让夔、龙。舜曰：“然。以夔为典乐，教稚子，直而温，宽而栗，刚而毋虐，简而毋傲；诗言意，歌长言，声依永，律和声，八音能谐，毋相夺伦，神人以和。”夔曰：“於！予击石拊石，百兽率舞。”舜曰：“龙，朕畏忌谗说殄伪，振惊朕众，命汝为纳言，夙夜出入朕命，惟信。”舜曰：“嗟！女二十有二人，敬哉，惟时相天事。”三岁一考功，三考绌陟，远近众功咸兴。分北三苗。

此二十二人咸成厥功：皋陶为大理，平，民各伏得其实；伯夷主礼，上下咸让；垂主工师，百工致功；益主虞，山泽辟；弃主稷，百谷时茂；契主司徒，百姓亲和；龙主宾客，远人至；十二牧行而九州莫敢辟违；唯禹之功为大，披九山，通九泽，决九河，定九州，各以其职来贡，不失厥宜。

※ 译文

舜说：“谁能替我管理山川水泽中的草木鸟兽呢？”众人推举益。于是就任命益担任虞官。益跪拜叩头，想推让给朱虎、熊罴等人。舜说：“你很合适，去吧，你们可以合作。”于是就让这两个人作为益的助手。舜说：“啊！天下的诸侯，谁能替我掌管天、地、人三事之礼呢？”众人皆推伯夷。舜说：“伯夷啊，就任命你掌管祭祀的礼官吧，早晚都要虔诚恭敬，掌礼施教要清明、洁净、正直。”伯夷谦让给夔、龙。舜说：“可以。就任命夔做典乐官吧，用诗歌舞蹈来教导贵族子弟，要正直而温和，宽厚又不失严格，刚毅又不肆虐，简易而不傲慢；用诗来表现人的情志，用歌咏唱诗中的意义。五声要根据歌咏的需要，用律来配合自然美妙的音乐，使八种乐器的声音能够协调一致，不互相错夺侵扰，这样一来，神人之间就会达到欢悦和谐。”夔说：“啊！我拊击石磬，连百兽都会被音乐所感发而跟着起舞。”舜说：“龙，我厌恶忌讳利口谄言和伪善的人，为了他们不扰乱我的臣民，任命你为纳言的官，早晚传达我的政令。务必要诚信。”舜说：“啊！你们二十二人一定要认真办事啊，希望你们顺应时势，辅佐我完成上天交给我们的天下大事。”舜每三年考察一次政绩，经过三次考察来决定官员的升迁或贬黜，如此一来，远近的各项事业都逐渐兴旺起来了。舜又分化处理了北部边境的三苗氏部族。

被任命的这二十二人都成就了他们的功业。皋陶主管刑狱，执法公平，民众对他的判决都心服口服。伯夷主持礼仪，上下都互相礼让。垂担任工官，百工都能做好自己的工作。益做虞官，山川水泽都得到了开发利用。弃担任农官，各种谷物都顺应天时长得非常茂盛。契担任司徒，百姓亲近和睦。龙负责接待宾客，远方的诸侯和外族都欣然来朝。十二个州的地方官推行政令，各地的民众没有谁敢逃避违背。其中禹的功劳是最大的，他开通了九座大山，疏浚了九处湖泽，疏通了九条河流，划定了九州地界，使各州都按照相应的要求来进贡物产，没有失掉他们应有的规范。

※ 原文

方五千里，至于荒服。南抚交阯、北发，西戎、析枝、渠庾、氐、羌，北山戎、发、息慎，东长、鸟夷，四海之内咸戴帝舜之功。于是禹乃兴《九招》之乐，致异物，凤皇来翔。天下明德皆自虞帝始。

舜年二十以孝闻，年三十尧举之，年五十摄行天子事，年五十八尧崩，年六十一代尧践帝位。践帝位三十九年，南巡狩，崩于苍梧之野。葬于江南九嶷，是为零陵。舜之践帝位，载天子旗，往朝父瞽叟，夔夔唯谨，如子道。封弟象为诸侯。舜子商均亦不肖，舜乃豫荐禹于天。十七年而崩。三年丧毕，禹亦乃让舜子，如舜让尧子。诸侯归之，然后禹践天子位。尧子丹朱，舜子商均，皆有疆土，以奉先祀。服其服，礼乐如之。以客见天子，天子弗臣，示不敢专也。

※ 译文

方圆五千里的国土都受到安抚，一直到达遥远的边荒。向南安抚交阯、北发，向西安抚戎、析枝、渠廋、氐、羌，向北安抚山戎、发、息慎，向东安抚长、鸟夷，四海之内，没有不称颂帝舜的功绩的。于是禹创作了《九韶》之乐来歌颂帝舜，还招来了各方奇珍异物，连凤凰也飞来翔舞。天下的清明政德都是从虞舜时代开始的。

舜二十岁的时候，以孝顺闻名；三十岁时被尧举用；五十岁时代行天子的政事；五十八岁时尧去世；六十一岁时舜接替尧的帝位。登上帝位三十九年，到南方巡察时，死在苍梧境内。葬在长江南部的九嶷山，就是零陵。舜登上帝位后，用车子载着天子的旌旗，去请安父亲瞽叟，态度和悦恭敬，谨守做儿子的孝道。又封弟弟象做有鼻地方的诸侯。舜的儿子商均也不成器，于是舜就预先将禹推荐给了上天，让禹代行政事。十七年后舜就逝世了。三年的丧期结束后，禹就把帝位又让给了舜的儿子，就像当初舜将帝位让给尧的儿子一样。但诸侯都归附禹，后来禹就登上了帝位。尧的儿子丹朱和舜的儿子商均都有疆土，来供奉他们的祖先。他们仍然穿戴祖传的服饰，用自己的礼乐，朝见天子时用宾客的礼仪，天子不将他们看作臣下，以表示不敢专有天子的神威，不敢专有天下。

※ 原文

自黄帝至舜、禹，皆同姓而异其国号，以章明德。故黄帝为有熊，帝颛顼为高阳，帝喾为高辛，帝尧为陶唐，帝舜为有虞。帝禹为夏后而别氏，姓姒氏。契为商，姓子氏。弃为周，姓姬氏。

太史公曰：学者多称五帝，尚矣。然尚书独载尧以来；而百家言黄帝，其文不雅驯，荐绅先生难言之。孔子所传宰予问五帝德及帝系姓，儒者或不传。余尝西至空桐，北过涿鹿，东渐于海，南浮江淮矣，至长老皆各往往称黄帝、尧、舜之处，风教固殊焉，总之不离古文者近是。予观春秋、国语，其发明五帝德、帝系姓章矣，顾弟弗深考，其所表见皆不虚。书缺有间矣，其轶乃时时见于他说。非好学深思，心知其意，固难为浅见寡闻道也。余并论次，择其言尤雅者，故著为本纪书首。

※ 译文

从黄帝到舜、禹，都出自同姓，不同的只是他们立国以后的称号，以显扬各自的光明德行。所以黄帝的号是有熊，帝颛顼的号是高阳，帝喾的号是高辛，帝尧的号是陶唐，帝舜的号是有虞，帝禹的号是夏后，又另有姓氏，姓姒。契是商的始祖，姓子。弃是周的祖先，姓姬。

太史公说：多数学者都称赞五帝，但是五帝的时代还是太久远。《尚书》只记载尧以来的政事史料，其他各家对黄帝的叙述都不优美，即使是有学问的人都不是很明白。孔子传下来的《宰予问五帝德》和《帝系姓》，儒生们认为不是圣人的言论，所以很少传习。我曾经西到崆峒，北过涿鹿，东至海滨，南渡江淮，所到之处，都能听到年纪大的人们各自谈论一些黄帝、尧、舜的典故，风俗教化确实有些不同，总体来说，与那些古文典籍的记载比较接近。我在读《春秋》《国语》的时候发现，其中阐发《五帝德》《帝系姓》的内容是很明显的，只不过人们没有进一步考究罢了，其实它们的记述都不虚妄。《尚书》的缺失遗漏由来已久，别的记载里往往还有其散轶的内容。倘若不是好学，深加思考，对事情的真相心领神会，那就肯定很难对那些孤陋寡闻的人说清楚了。我对所收集的材料加以编排考察，选择其中记述得特别典雅合理的，编著成《五帝本纪》，并将其作为全书的首篇。

※ 评析

三皇五帝是我国古代传说中的重要人物，尤其是尧和舜被儒家尊奉为“圣人”，其“禅让”的故事更是被后人争相传颂，成为美谈。司马迁写尧和舜两位古代的帝王，在很大程度上寄托了自己的政治理想。像尧、舜这样的帝王，他们心胸宽广、谦逊仁爱，公而忘私、任劳任怨，心中想的是天下苍生，而不是一己之利。当时的人们彼此以诚相待，和谐相处，这就与秦汉以来的专制以及为了功名利禄而进行的战争形成了鲜明对比。尧、舜无疑是太史公心中的理想帝王，其受推崇的程度可见一斑。自古至今，小到一个人，大到一个国家，人心所向不是仅靠专制与武力就能争取的。在当今社会，仍然充斥着人与人之间的尔虞我诈，以及国与国之间的战乱纷争。不少人都戴着面具，彼此不能坦诚相对；大国欺压小国，强国欺压弱国，这都与我们今天大力倡导的文明与和谐相背离。古人尚且能做到以理服人、以德服人，我们是否也应该做到以高尚的品格影响他人呢？

夏本纪第二

※ 原文

夏禹，名曰文命。禹之父曰鲧，鲧之父曰帝颛顼，颛顼之父曰昌意，昌意之父曰黄帝。禹者，黄帝之玄孙而帝颛顼之孙也。禹之曾大父昌意及父鲧皆不得在帝位，为人臣。

当帝尧之时，鸿水滔天，浩浩怀山襄陵，下民其忧。尧求能治水者，群臣四岳皆曰鲧可。尧曰：“鲧为人负命毁族，不可。”四岳曰：“等之未有贤于鲧者，愿帝试之。”于是尧听四岳，用鲧治水。九年而水不息，功用不成。于是帝尧乃求人，更得舜。舜登用，摄行天子之政，巡狩。行视鲧之治水无状，乃殛鲧于羽山以死。天下皆以舜之诛为是。于是舜举鲧子禹，而使续鲧之业。

尧崩，帝舜问四岳曰：“有能成美尧之事者使居官？”皆曰：“伯禹为司空，可成美尧之功。”舜曰：“嗟，然！”命禹：“女平水土，维是勉之。”禹拜稽首，让于契、后稷、皋陶。舜曰：“女其往视尔事矣。”

※ 译文

夏禹，名叫文命。禹的父亲叫鲧，鲧的父亲叫颛顼，颛顼的父亲叫昌意，昌意的父亲就是黄帝。禹就是黄帝的玄孙、颛顼的孙子。禹的曾祖父昌意和父亲鲧都没有继承帝位，他们都只是天子的臣民。

帝尧之时，滔滔洪水浩浩荡荡地包围了大山、淹没了丘陵，百姓都非常忧惧。帝尧求能治水之人，众人都说鲧可以。尧说："鲧是个违背上命、败坏同族的人，不可用。"四岳说："同辈之中没有比鲧更贤能的了，希望陛下试试"。于是尧就听取大家的意见，命鲧去治水。用了九年的时间，鲧都没有将洪水制服，不见成效。于是尧又去寻求贤能的人，就得到了舜。舜被任用，代行天子的政事，到各地视察。在巡视的过程中，舜发现鲧治水没有任何功效，就将鲧流放到了羽山，直到在那里死去。世人都认为舜对鲧的惩罚是正确的。舜又选拔了鲧的儿子禹来继续其父的治水事业。

帝尧死后，帝舜就问四方诸侯："谁能够将尧的事业发扬光大，可以担任官职呢？"大家都说："伯夷做司空，可以很好地成就尧的事业。"舜说："嗯，好！"他又命令禹："你去治理水土吧，务必勤勉地将此事办好。"禹跪拜叩头，想推让给契、后稷、皋陶等人。舜说："你还是去就职尽责吧。"

※ 原文

禹为人敏给克勤；其德不违，其仁可亲，其言可信；声为律，身为度，称以出；亹亹穆穆，为纲为纪。

禹乃遂与益、后稷奉帝命，命诸侯百姓兴人徒以傅土，行山表木，定高山大川。禹伤先人父鲧功之不成受诛，乃劳身焦思，居外十三年，过家门不敢入。薄衣食，致孝于鬼神。卑宫室，致费于沟淢。陆行乘车，水行乘船，泥行乘橇，山行乘檋。左准绳，右规矩，载四时，以开九州，通九道，陂九泽，度九山。令益予众庶稻，可种卑湿。命后稷予众庶难得之食。食少，调有余相给，以均诸侯。禹乃行相地宜所有以贡，及山川之便利。

※ 译文

禹为人机敏聪慧，又肯吃苦；他仁义有道德，和蔼可亲，言而有信；说话的声音如同音律，行为举止合乎规矩，做人准则都能从他身上得出，他做事勤勤恳恳，端庄恭敬，成了百官的典范。

禹就和益、后稷奉舜的旨命，敦促诸侯百官发动民众运土治水。他攀行山岭，并做好标记，测定山川的走势。禹因伤感于父亲没有将洪水治理好而受到惩罚，劳苦身躯，焦心思虑，在外奔波十三年，路过家门也不敢进去歇一歇。他节衣缩食，却用丰厚的祭品来孝敬鬼神；自己的居室简陋，却用大量费用来修筑水利沟渠。他坐车在陆地行进，驾船在水路行进，乘橇在泥滩上行进，穿有齿的屐在山地行进。为了测量地形，他一年四季都将准绳和规矩带在身上，用来开发九州土地，疏通九条河道，修筑九泽堤筑，测量九大山系。他命益将稻种分发给百姓，让他们可以在低湿的地方耕种。又命后稷给百姓分发短缺的食物。食物量少，就从多余的地方调剂以互相补充，使各地物资均衡。禹根据各地的特色来确定他们所能进贡的物品，并规划好将物品运到京都所经山川的便利路线。

※ 原文

禹行自冀州始。冀州：既载壶口，治梁及岐。既修太原，至于岳阳。覃怀致功，至于衡漳。其土白壤。赋上上错，田中中，常、卫既从，大陆既为。鸟夷皮服。夹右碣石，入于河。

济、河维沇州：九河既道，雷夏既泽，雍、沮会同，桑土既蚕，于是民得下丘居土。其土黑坟，草繇木条。田中下，赋贞，作十有三年乃同。其贡漆丝，其篚织文。浮于济、漯，通于河。

海岱维青州：堣夷既略，潍、淄其道。其土白坟，海滨广潟，厥田斥卤。田上下，赋中上。厥贡盐，海物维错，岱畎丝、枲、铅、松、怪石，莱夷为牧，其篚酓丝。浮于汶，通于济。

※ 译文

禹巡行治水是从冀州开始的。冀州：治理完壶口，就去治理梁山和岐山。已经修整了太原地区的大片高原，又修整到岳阳地区。治理好覃怀，又去治理衡漳水。常水和卫水疏通后，大陆水泽也就被治理好了。冀州的土壤白而细软松柔，贡赋为上上等级，有时为中等级，田地为中中等级。冀州东北的鸟夷部族进贡皮毛。他们的贡赋从海中绕过西边的碣石山，然后进入黄河，最后到达京都。

沇州在济水和黄河之间。沇州境内黄河下游的九条河道已经疏导，雷泽也汇成湖泊了，雍、沮两条河水也汇合流入此湖泊。种有桑树的土地上已经能够养蚕，于是百姓都从山丘搬到了平地上来。沇州土壤黑而肥沃，花草树木茂盛。田地为中下等级，田赋的等级也与此相当。沇州经过十三年的治理才赶上其他八州。这一州进贡的是漆、丝和用圆形竹器盛着的有花纹的丝织品。将其运往京都需要乘船，先经济水、漯水，再转入黄河。

青州在大海和泰山之间。堣夷地区治理好后，潍水和淄水也被疏导。青州土壤白而肥厚，海滨含盐质，因此土地为盐碱地。田地为上下等级，贡赋为中上等。这一州贡品为盐和细葛布，有时候也会进贡海产品和砺石，以及泰山深谷的丝、大麻、矿石、松木、怪石，莱夷地区的牧产品，还有用竹筐盛着的可以用来做琴弦的柞蚕丝。

贡品运往京都是先乘船入汶水，再进入济水。

※ 原文

海岱及淮维徐州：淮、沂其治，蒙、羽其艺。大野既都，东原厎平。其土赤埴坟，草木渐包。其田上中，赋中中。贡维土五色，羽畎夏狄，峄阳孤桐，泗滨浮磬，淮夷珠臮鱼，其篚玄纤缟。浮于淮、泗，通于河。

淮海维扬州：彭蠡既都，阳鸟所居。三江既入，震泽致定。竹箭既布。其草惟夭，其木惟乔，其土涂泥。田下下，赋下上上杂。贡金三品，瑶、琨、竹箭，齿、革、羽、旄，岛夷卉服，其篚织贝，其包橘、柚锡贡。均江海，通淮、泗。

荆及衡阳维荆州：江、汉朝宗于海。九江甚中，沱、涔已道，云土、梦为治。其土涂泥。田下中，赋上下。贡羽、旄、齿、革，金三品，杶、榦、栝、柏，砺、砥、砮、丹，维箘、簬、楛，三国致贡其名，包匭菁茅，其篚玄纁玑组，九江入赐大龟。浮于江、沱、涔、汉，逾于洛，至于南河。

※ 译文

徐州在大海、泰山和淮河之间。治理好淮河和沂水，蒙山和羽山也得到开发种植。经过治理后的大野泽也可以蓄水了，东原一带在水去平复后也就可以耕种了。此地土壤为红色黏性且肥厚，草木也茂盛密集。田地为上中等级，贡赋为中中等级。贡品为五色土、羽山深谷出产的野鸡、峄山南边的独生桐木、泗水边浮石制的磬、淮水边上蚌珠和鱼以及用竹筐盛着的黑色细缯和白色绸帛。贡品运往京都先乘船经过淮水、泗水，再到达黄河。

扬州在淮河以南，大海以西。彭蠡泽已经聚成湖泊，大雁冬天就来这里停居。松江、钱塘江、浦阳江也都疏通入海，震泽地区也得以安定。箭竹遍布，野草柔美，树木高大，土质湿润。田地为下下等级，田赋为上下等级，有时会升到中下等级。贡品为彩色羽毛、三色金属、美玉、似玉的宝石、箭竹、象牙、兽皮、旄牛尾，岛夷人的衣服，用竹筐盛着的五彩的贝锦以及包装好的要进贡的橘子和柚子。贡品运往京都先沿江或沿海向北，然后再通过淮水和泗水。

荆山到衡山以南的地区是荆州。江水和汉水都汇入大海。无数条支流汇入长江；沱水和涔水已被疏导，云土泽和梦泽也都治理好了。荆州的土质湿润。田地为下中等级，田赋为上下等级。贡品为彩色羽毛、旄牛尾、象牙、兽皮、三色金属、椿木、杶木、桧木、柏木；粗磨石和细磨石、砮石和丹砂，箘簬和楛木，是荆州地区三个诸侯国所进贡品中的著名特产，还有用绳子缠绕包裹起来的菁茅，用竹筐盛着的黑色或浅降色绸布以及珍珠，有时还根据命令进贡九江才有的大龟。贡品运往京都都是先经过长江、沱水、涔水、汉水北上，再经过陆路运到洛水，最后到达南河。

※ 原文

荆河惟豫州：伊、洛、瀍、涧既入于河，荥播既都，道荷泽，被明都。其土壤，下土坟垆。田中上，赋杂上中。贡漆、丝、絺、纻，其篚纤絮，锡贡磬错。浮于洛，达于河。

华阳黑水惟梁州：汶、嶓既艺，沱、涔既道，蔡、蒙旅平，和夷底绩。其土青骊。田下上，赋下中三错。贡璆、铁、银、镂、砮、磬，熊、罴、狐、狸、织皮。西倾因桓是来，浮于潜，逾于沔，入于渭，乱于河。

黑水西河惟雍州：弱水既西，泾属渭汭。漆、沮既从，沣水所同。荆、岐已旅，终南、敦物至于鸟鼠。原隰底绩，至于都野。三危既度，三苗大序。其土黄壤。田上上，赋中下。贡璆、琳、琅玕。浮于积石，至于龙门西河，会于渭汭。织皮昆仑、析支、渠搜，西戎即序。

※ 译文

豫州在荆山以北、黄河以南。伊水、洛水、瀍水、涧水，都已经治理好，并流入黄河，荥播泽经过治理后已经蓄水；疏通了荷泽，又修筑了明都泽的堤坝。此处土壤柔细松软，低洼地则是肥沃的黑土。田地为中上等级，田赋为上中等级，但有时也会杂出升到上上等级。贡品为漆、丝、细葛布、纻麻、用圆筐盛着的细丝绵，有时也按命令进贡一些磨磬的错石。贡品运往京都要先乘船经过洛水，然后才流入黄河。

梁州东到华山之南，西到黑水之滨。汶山和嶓冢山已经得到开发。沱江和涔水已经被疏通，蔡山和蒙山的道路也已经修好，和夷地区的水患治理也收到了功效。此地土壤为青黑色。田地为下上等级，田赋为下中等级，但有时也会错杂下上等级或下下等级。贡品为璆玉、铁、银、钢铁、砮石、磬石，还有熊、罴、狐、狸、地毯等。西戎织皮族和西倾山的贡品从桓水运送，其他贡品都要先乘船进入潜水，然后经过陆地转运再进入沔水，再入渭水，最后横渡黄河。

雍州在黑水与黄河西岸之间。弱水已经被疏通流向西方，泾水从北岸流入渭水，漆水和沮水也被治理好，沣水也汇入渭水。荆山和岐山的道路已经开通，终南山、敦物山一直到鸟鼠山的道路也完成了。高原和低地的治理也很成功，连都野泽都受益。三危山一带已经可以定居，三苗族也开始遵守秩序了。此地土壤为黄色且细柔松软，田地为上上等级，田赋为中下等级，贡品为璆玉、琳玉、宝石琅玕。贡品运往京都，先乘船经过积石山附近的黄河，到龙门地段的西河，然后到渭水和黄河的汇合处。织皮族的百姓住在昆仑、析支、渠搜三座山下，那时西方各族也安定归服了。

※ 原文

道九山：汧及岐至于荆山，逾于河；壶口、雷首至于太岳；砥柱、析城至于王屋；太行、常山至于碣石，入于海；西倾、朱圉、鸟鼠至于太华；熊耳、外方、桐柏至于负尾；道嶓冢，至于荆山；内方至于大别；汶山之阳至衡山，过九江，至于敷浅原。

道九川：弱水至于合黎，余波入于流沙。道黑水，至于三危，入于南海。道河积石，至于龙门，南至华阴，东至砥柱，又东至于盟津，东过洛汭，至于大邳，北过降水，至于大陆，北播为九河，同为逆河，入于海。嶓冢道漾，东流为汉，又东为苍浪之水，过三澨，入于大别，南入于江，东汇泽为彭蠡，东为北江，入于海。汶山道江，东别为沱，又东至于醴，过九江，至于东陵，东迤北会于汇，东为中江，入于梅。道沇水，东为济，入于河，泆为荥，东出陶丘北，又东至于荷，又东北会于汶，又东北入于海。道淮自桐柏，东会于泗、沂，东入于海。道渭自鸟鼠同穴，东会于沣，又东北至于泾，东过漆、沮，入于河。道洛自熊耳，东北会于涧、瀍，又东会于伊，东北入于河。

※ 译文

禹开通了九大山脉的道路：从汧山、岐山，直到荆山，越过黄河；从壶口山、雷首山，直到太岳山；由砥柱山、析山，直到王屋山；从太行山、常山，直到碣石山，在这里入海；由西倾山、朱圄山、鸟鼠山，直到太华山；从熊耳山、外方山、桐柏山，直到负尾山；从嶓冢山直到荆山；从内方山直到大别山；从岷山南面直到衡山，经过九江，到达敷浅原。

禹疏导了九条河流：疏通弱水流过合黎山，使其下游注入了居延泽附近的沙漠；疏通黑水，流过三危山，再注入南海；从积石山开始疏通黄河，直到龙门，向南流到华山北面，又向东流经砥柱山，再继续向东流过盟津，直到过洛水注入黄河，到大邳山后再往北流过降水，进入大陆泽，再往北分成九条支流，汇合为逆河，注入大海。从嶓冢山开始疏通漾水，向东流的叫汉水，再往东流的叫苍浪水，经过三澨水，流到大别山，再向南流入长江，向东汇成彭蠡泽，再往东流就叫北江，最后流入大海；从汶山开始疏通江水，往东流的支流叫沱水，再向东流到达醴水，经九江，到达东陵，向东偏北流去与彭蠡泽汇合，再往东流为中江，注入大海；疏通沇水，东流为济水，入黄河，从黄河溢出的水汇成荥泽，向东流过陶丘北部，继续向东达到荷泽，再向东北汇合汶水，再向北转东注入大海；从鸟鼠山开始疏通渭水，向东流汇合沣水，再往东北与泾水汇合，再流过漆水和沮水，注入黄河；从熊耳山开始疏通洛水，往东北流与涧水、瀍水汇合，再向东流与伊水汇合，最后向东北流入黄河。

※ 原文

于是九州攸同，四奥既居，九山刊旅，九川涤原，九泽既陂，四海会同。六府甚修，众土交正，致慎财赋，咸则三壤成赋。中国赐土姓："祗台德先，不距朕行。"

令天子之国以外五百里甸服：百里赋纳总，二百里纳铚，三百里纳秸服，四百里粟，五百里米。甸服外五百里侯服：百里采，二百里任国，三百里诸侯。侯服外五百里绥服：三百里揆文教，二百里奋武卫。绥服外五百里要服：三百里夷，二百里蔡。要服外五百里荒服：三百里蛮，二百里流。

东渐于海，西被于流沙，朔、南暨：声教讫于四海。于是帝锡禹玄圭，以告成功于天下。天下于是太平治。

※ 译文

于是，九州之内政令教化就统一了，四方各地都可以安居，九大山系都开出了道路，九条河流也都疏通了，九片大泽也都已经筑起了堤防。四海之内进贡的道路都畅通无阻。各个区域的土地都评定出了它们的等级，并要按规定交纳赋税，有上、中、下九个土地级别，确定了不同的赋税标准。禹在中原地区向诸侯颁赐土地和姓氏，并说："要恭敬尽职，将德行摆在首位，不要违背了我的政令。"

禹规定天子直接统辖国都以外的五百里区域叫作甸服：距离国都一百里的地区，要交纳用作马饲料的禾稿；一百里到二百里之间的地区，交纳用镰刀割下的谷穗；二百里到三百里之间的地区，交纳谷实；三百里到四百里之间的地区，交纳粗米；四百里到五百里之间的地区，交纳精米。甸服外的五百里区域叫作侯服：一百里地区是卿大夫的采邑，二百里地区是小的封国，另外三百里地区用来分封诸侯。侯服以外的五百里地区叫作绥服：前三百里地区可以根据实际情况适当地推行政令教化，后二百里地区负责武力保护天子。绥服以外的五百里地区叫作要服：前三百里地区要遵守政令教化并和睦相处，后二百里地区要遵守王法。要服再外五百里地区叫作荒服：前三百里地区礼简怠慢，居民行动不加禁据，后二百里地区，百姓迁徙流动，没有固定的居处。

东临大海，西至沙漠，南北也都达到了最遥远的地方：天子的声威教化传遍了整个华夏大地，包括偏远地区。于是帝舜就赏赐给了禹一块黑色的圭玉，向天下人宣布治水成功。天下也因此变得太平大治。

※ 原文

皋陶作士以理民。帝舜朝，禹、伯夷、皋陶相与语帝前。皋陶述其谋曰："信其道德，谋明辅和。"禹曰："然，如何？"皋陶曰："於！慎其身修，思长，敦序九族，众明高翼，近可远在已。”禹拜美言，曰：“然。”皋陶曰：“於！在知人，在安民。”禹曰：“吁！皆若是，惟帝其难之。知人则智，能官人；能安民则惠，黎民怀之。能知能惠，何忧乎驩兜，何迁乎有苗，何畏乎巧言善色佞人？”

皋陶曰：“然，於！亦行有九德，亦言其有德。”乃言曰：“始事事，宽而栗，柔而立，愿而共，治而敬，扰而毅，直而温，简而廉，刚而实，强而义，章其有常，吉哉。日宣三德，蚤夜翊明有家。日严振敬六德，亮采有国。翕受普施，九德咸事，俊乂在官，百吏肃谨。毋教邪淫奇谋。非其人居其官，是谓乱天事。天讨有罪，五刑五用哉。吾言厎可行乎？”禹曰：“女言致可绩行。”皋陶曰：“余未有知，思赞道哉。”

※ 译文

皋陶负责刑狱，治理百姓。舜上朝时，禹、伯夷和皋陶在舜面前交谈。皋陶陈述他的意见说：“若能切实按照道德行事，谋划就会高明，辅佐的大臣也会和谐相处。”禹说：“好，如何做呢？”皋陶说：“要注重自身修养，要有长远打算，要使九族和睦相亲，使众多贤人来辅佐，政令由近及远，完全在于自身的修养。”禹听后拜谢道：“对啊！”皋陶说：“还有要理解臣下，安定民心。”禹说：“哎呀！若都这么做，只怕尧帝都很难办到。知人才能明智，才能任官得人；安民才能恩惠，百姓才会感念恩德。能做到明智仁爱，还忧患什么驩兜？还放逐什么有苗？还怕什么花言巧语、善于讨好、奸佞不正的人呢？”

皋陶说：“的确如此。只是行为要有九方面的品德，即使是言论也要有道德的依据。”于是接着说：“考察一个人的品德要从他做的事情开始，为人宽宏而有威严，柔和而能独行，忠诚而又恭敬，办事认真有条理，性情刚毅又不乏柔顺，温和又正直，简约不草率，笃实刚健，勇猛又合乎道义，表彰他们合乎规范的言行，那就很好了。大夫们每天修明三种品德，早晚谨行努力，就会保有自己的领地。诸侯们每天修明六种品德，并认真辅佐王事，就能保有他们的封国。天子综合九种品德并加以运用，使有才能的人得到相应的职位，官吏就会严肃谨慎。别叫百姓做邪恶淫乱之事，也别想一些不正当的计谋。若不合适的人占据了重要官位，则会扰乱上天交付的政事。上天将要讨伐有罪之人，就设立五种刑罚来惩罚五种罪人。我的话大概是说得通的吧。”禹说：“你的言论一旦实行就能取得成绩。”皋陶说：“我没有什么才智，只是想辅佐天子，实施治理天下的大道罢了。”

※ 原文

帝舜谓禹曰：“女亦昌言。”禹拜曰；“於，予何言！予思日孳孳。”皋陶难禹曰：

"何谓孳孳？"禹曰："鸿水滔天，浩浩怀山襄陵，下民皆服于水。予陆行乘车，水行乘舟，泥行乘橇，山行乘䡋，行山刊木。与益予众庶稻鲜食。以决九川致四海，浚畎浍致之川。与稷予众庶难得之食。食少，调有余补不足，徙居。众民乃定，万国为治。"皋陶曰："然，此而美也。"

禹曰："於，帝！慎乃在位，安尔止。辅德，天下大应。清意以昭待上帝命，天其重命用休。"帝曰："吁，臣哉，臣哉！臣作朕股肱耳目。予欲左右有民，女辅之。余欲观古人之象。日月星辰，作文绣服色，女明之。予欲闻六律五声八音，来始滑，以出入五言，女听。予即辟，女匡拂予。女无面谀，退而谤予。敬四辅臣。诸众谗嬖臣，君德诚施皆清矣。"禹曰："然。帝即不时，布同善恶则毋功。"

※ 译文

帝舜对禹说："你也发表一下高论吧。"禹拜谢说："咳，我有什么可说的。我整天想的就是努力地做事。"皋陶追问道："怎么才叫努力呢？"禹说："滔天洪水包围了高山淹没了丘陵，百姓深受其害。我陆上乘车，水上乘船，泥滩上乘撬，山路上乘䡋，攀行山岭用木桩做标记。和益一起将稻粱和新鲜肉食分给百姓。疏导九条河道流通到四海，疏浚各种沟渠流通到江河。和稷一起发给民众欠缺的口粮。粮食少了，就从有剩余之处调来以补给不足之处，并将百姓迁徙到适合居住的地方。于是百姓才有安定的生活，各诸侯国也得到了治理。"皋陶说："是啊，这确实是你的巨大业绩。"

禹说："啊，帝！你一定要谨慎，冷静思考你的举止。用有德行的人来辅佐你，这样天下百姓才会归顺你。用清静之心奉行上天的旨意，上天才会再三赐福给你。"帝说："啊！臣子啊，臣子！臣子要做我的股肱耳目，我想帮助百姓，你们要辅佐我；我想模仿古人衣服上的图案，按照日月星辰天象来制作锦绣的服装，你们要替我明确服装的等级。我想听六律、五音、八乐的演奏，观察诸侯中勤于或荒怠政事的情况，以便取舍五方的言论，你们要认真倾听并帮我做出正确的判断。倘若我有邪僻的行为，你们要给我指出来，并匡正辅助我。不要当面逢迎恭维，背后指责。我敬重身边所有的臣子。那些奸佞小臣，只要君主真的能施行德政，他们就会被清除的。"禹说："是的。倘若帝不这么做，善恶不分，好人坏人一起用，就不会有什么功绩了。"

※ 原文

帝曰："毋若丹朱傲，维慢游是好，毋水行舟，朋淫于家，用绝其世。予不能顺是。"禹曰："予娶涂山，辛壬癸甲，生启予不子，以故能成水土功。辅成五服，至于五千里，州十二师，外薄四海，咸建五长，各道有功。苗顽不即功，帝其念哉。"

帝曰："道吾德，乃女功序之也。"

皋陶于是敬禹之德，令民皆则禹。不如言，刑从之。舜德大明。

于是夔行乐，祖考至，群后相让，鸟兽翔舞，《箫韶》九成，凤皇来仪，百兽率舞，百官信谐。帝用此作歌曰："陟天之命，维时维几。"乃歌曰："股肱喜哉，元首起哉，百工熙哉！"皋陶拜手稽首扬言曰："念哉，率为兴事，慎乃宪，敬哉！"乃更为歌曰："元首明哉，股肱良哉，庶事康哉！"又歌曰："元首丛脞哉，股肱惰哉，万事堕哉！"帝拜曰："然，往钦哉！"于是天下皆宗禹之明度数声乐，为山川神主。

※ 译文

舜帝说："不要像丹朱一样骄恣放纵，他一味偷懒游玩，在无水的路上行船，一群人在家里做淫乱的事，因此，我要取消他的帝位继承权，我不能容忍他这样的情况。"禹说："我娶了涂山国的女子为妻，辛日娶妻，壬癸二日在家，甲日就离开家去治水了，生了儿子启，我也没有时间抚养他，所以才完成了治水的事业。而且还为拱卫京师设置了五服制度，使国土宽广，达到了五千里，十二个州都设置了官长，京师以外一直管辖到偏远地区，建立了伍长制度，各自的首领也都遵循职守、建功立业。只有三苗愚顽而不肯遵从职守，帝一定要留意这件事情啊！"舜帝说："用我的德教去开导他们，那么靠你的工作就能使他们归顺啊。"

皋陶敬重禹的功德，令百姓都效法他。不按照命令来做的，就要用刑罚对其进行相应的惩罚。舜的德教因此而大显于天下。

于是夔奏起了乐曲，祖先的神灵因此降临，各方诸侯相互礼让，鸟兽起舞，当《箫韶》的乐曲奏完九章，凤凰都飞来了，百兽起舞，百官团结和睦。舜帝因为看到如此热烈的场面就作歌："我奉上天的旨命来治理百姓，重在顺应时势，重在谨言慎行。"于是唱道："辅佐大臣尽职尽责啊，君王的治功才会兴起啊，百官的事业才会发达啊！"皋陶跪拜伸手叩头继续宣布："大家要记住帝的告诫啊！都要恪尽职守，遵守法度，不要懈怠啊！"又继续作歌道："君王英明啊，辅臣贤良啊，百业兴旺发达啊！"又接着唱道："君王若无大略啊，辅臣就会懈怠啊，百业就会毁败啊！"舜拜答说："对啊，以后我们大家都努力吧！"于是天下百姓都遵奉禹所兴起的九韶乐律，推崇他做山川神灵的主宰。

※ 原文

帝舜荐禹于天，为嗣。十七年而帝舜崩。三年丧毕，禹辞辟舜之子商均于阳城。天下诸侯皆去商均而朝禹。禹于是遂即天子位，南面朝天下，国号曰夏后，姓姒氏。

帝禹立而举皋陶荐之，且授政焉，而皋陶卒。封皋陶之后于英、六，或在许。

而后举益，任之政。

十年，帝禹东巡狩，至于会稽而崩。以天下授益。三年之丧毕，益让帝禹之子启，而辟居箕山之阳。禹子启贤，天下属意焉。及禹崩，虽授益，益之佐禹日浅，天下未洽。故诸侯皆去益而朝启，曰“吾君帝禹之子也”。于是启遂即天子之位，是为夏后帝启。

夏后帝启，禹之子，其母涂山氏之女也。

※ 译文

舜向上天推荐禹来做天子的继承人。十七年后舜去世了。三年的丧期结束后，禹因辞让帝位给舜的儿子商均而到阳城居住。天下人都离开商均而来归顺于禹。于是禹就即天子位，坐北面南接受诸侯的朝拜，立国号为夏后，姓姒。

禹即位后向上天推荐皋陶，准备将处理国政的权力授予他，但是皋陶却过早地去世了。于是就分封其后代在英、六两地，也有部分在许地。然后推举伯益，任用他管理政事。

十年过去了，禹到东部地区去巡视，在到达会稽的时候就去世了。于是把天下传给了伯益。三年丧期结束后，伯益辞让给禹的儿子启，然后回避起来，住在箕山南。由于启贤能，所以天下归心。禹去世时，虽然将权力给了伯益，但是由于他辅佐禹的时间很短，天下人对他还不够信任。所以诸侯就离他而去，转为朝拜启，并且说：“他是我们君主禹的儿子啊。”于是启就做了天子，即夏后国的启帝。

夏后国的启帝是禹的儿子，他的母亲是涂山氏的女子。

※ 原文

有扈氏不服，启伐之，大战于甘。将战，作《甘誓》，乃召六卿申之。启曰：“嗟！六事之人，予誓告女：有扈氏威侮五行，怠弃三正，天用剿绝其命。今予维共行天之罚。左不攻于左，右不攻于右，女不共命。御非其马之政，女不共命。用命，赏于祖；不用命，僇于社，予则帑僇女。”遂灭有扈氏。天下咸朝。

夏后帝启崩，子帝太康立。帝太康失国，昆弟五人，须于洛汭，作《五子之歌》。

太康崩，弟中康立，是为帝中康。帝中康时，羲、和湎淫，废时乱日。胤往征之，作《胤征》。

中康崩，子帝相立。帝相崩，子帝少康立。帝少康崩，子帝予立。帝予崩，子帝槐立。帝槐崩，子帝芒立。帝芒崩，子帝泄立。帝泄崩，子帝不降立。帝不降崩，弟帝扃立。帝扃崩，子帝廑立。帝廑崩，立帝不降之子孔甲，是为帝孔甲。

※ 译文

有扈氏不服从帝命，启就去讨伐他，大战于甘。即将开战，启作《甘誓》，并召集六军将领进行告诫，说："六军将领们啊！我发布誓词告诫你们：有扈氏违背五常，背离天、地、人的正道，因此，上天要断绝它的国运。现在我只是恭敬地执行上天的命令对其进行惩罚。车左的人不奋勇杀敌，车右的人不正确指挥马的左右进退，你们就是不服从命令。服从命令者，会在祖先神灵前得到赏赐；反之，就会在社神前被处死，或是将为奴隶，甚至会累及亲属。"于是就灭掉了有扈氏，天下诸侯都来朝拜。

夏后国帝启去世后，其子太康即位。但是太康帝沉迷于游乐和打猎，不理国事，被羿驱逐失去国位，五个弟弟逃到洛水北岸作了一首《五子之歌》。

太康逝世后，弟弟中康即位，即中康帝。中康帝的时候，羲氏、和氏因好酒贪杯而扰乱了时令，胤奉命前去讨伐，为了记载此事，就作了《胤征》。

中康逝世后，其子相帝即位。相帝逝世后，其子少康即位。少康帝逝世后，其子予帝即位。予帝逝世后，其子槐帝即位。槐帝逝世后，其子芒帝即位。芒帝逝世后，其子泄帝即位。泄帝逝世后，其子不降帝即位。不降帝逝世后，其弟扃帝即位。扃帝逝世后，其子廑帝即位。廑帝逝世后，不降帝的儿子孔甲即位，即孔甲帝。

※ 原文

帝孔甲立，好方鬼神，事淫乱。夏后氏德衰，诸侯畔之。天降龙二，有雌雄，孔甲不能食，未得豢龙氏。陶唐既衰，其后有刘累，学扰龙于豢龙氏，以事孔甲。孔甲赐之姓曰御龙氏，受豕韦之后。龙一雌死，以食夏后。夏后使求，惧而迁去。

孔甲崩，子帝皋立。帝皋崩，子帝发立。帝发崩，子帝履癸立，是为桀。帝桀之时，自孔甲以来而诸侯多畔夏，桀不务德而武伤百姓，百姓弗堪。乃召汤而囚之夏台，已而释之。汤修德，诸侯皆归汤，汤遂率兵以伐夏桀。桀走鸣条，遂放而死。桀谓人曰："吾悔不遂杀汤于夏台，使至此。"汤乃践天子位，代夏朝天下。汤封夏之后，至周封于杞也。

太史公曰：禹为姒姓，其后分封，用国为姓，故有夏后氏、有扈氏、有男氏、斟寻氏、彤城氏、褒氏、费氏、杞氏、缯氏、辛氏、冥氏、斟戈氏。孔子正夏时，学者多传《夏小正》。自虞、夏时，贡赋备矣。或言禹会诸侯江南，计功而崩，因葬焉，命曰会稽。会稽者，会计也。

※ 译文

孔甲帝即位后，迷信鬼神，从事淫乱活动。夏后氏的威德日渐衰微，诸侯开始背叛他。从天上降下一雄一雌两条龙，孔甲不能饲养它们，也没有找到会养它们的人。陶唐氏也开始衰败，其后代有个名叫刘累的人，他师从豢龙，学到养龙之术，以此来事奉孔甲。孔甲赐他姓为御龙氏，并让他接受豕韦氏后代的封地。一条雌龙死了，刘累将其献给孔甲吃。吃完后，孔甲又派人前去索要，刘累因为害怕而逃走了。

孔甲去世后，其子皋帝即位。皋帝去世后，其子发帝即位。发帝去世后，其子履癸帝即位，即桀。从孔甲开始就有很多诸侯叛离夏朝，到了桀的时候，桀不致力于德政而用暴力去伤害部族百姓，这让人难以忍受。桀又召来汤，并将其囚禁在夏台的监狱中，不久又将其释放。汤内修德政，天下诸侯纷纷归附，于是汤就领兵前来讨伐桀。桀逃到鸣条，遭遇失败而被放逐直至死去。桀曾对人说："我后悔当初在夏台时没有把汤杀了，以致让我落到这种田地。"汤登上天子之位，代替夏来接受天下诸侯的朝拜。对夏的后代，汤封给他们土地。到周朝时候，夏的后代又被封在杞这个地方。

太史公说：禹是姒姓，其后代受封，就用国名作为姓氏，因此有夏后氏、有扈氏、有男氏、斟寻氏、彤城氏、褒氏、费氏、杞氏、缯氏、辛氏、冥氏、斟戈氏。孔子校正夏历，学者中很多都能传习《夏小正》。从虞、夏时起，贡赋制度就已经完备了。有人说禹是在江南会合诸侯首领、考核他们功劳的过程中去世的，所以就葬在那里了，并将安葬之处命名为会稽。会稽就是会集诸侯、考核功劳之意。

※ 评析

本篇开篇就歌颂了夏朝的开国君主大禹的功德，并以《尚书》《禹贡》《皋陶谟》和《甘誓》为依据，记述了夏朝初史，这一部分占了全文的绝大篇幅。作者致力于挖掘史料，充分表现了大禹的功德，把一个"先天下之忧而忧，后天下之乐而乐"的帝王形象，活生生地矗立在了后世读者的面前，使其受万世景仰。由于夏朝历代的风云变幻，无情的时光已掩埋了大部分详情，作者只能对此做粗线条的勾勒。由于他谨慎的态度，文中所列出的世系基本上都是可信的。夏朝有大禹这样一个贤能的帝王作开端，其发展应该是顺利的，然而，在经过了十几代帝王以后，大禹那种"吃苦在前，享乐在后"的精神已经荡然无存了，于是夏朝的灭亡也就成了必然的趋势。今天的人们要想有所作为、有所成就、获得成功，其道理与国家的兴衰相同。"生于忧患，死于安乐"，当你不再沉湎于安乐的生活，时刻鞭策自己、警示自己时，成功就离你越来越近了。

殷本纪第三

※ 原文

殷契，母曰简狄，有娀氏之女，为帝喾次妃。三人行浴，见玄鸟堕其卵，简狄取吞之，因孕生契。契长而佐禹治水有功。帝舜乃命契曰："百姓不亲，五品不训，汝为司徒而敬敷五教，五教在宽。"封于商，赐姓子氏。契兴于唐、虞、大禹之际，功业著于百姓，百姓以平。

契卒，子昭明立。昭明卒，子相土立。相土卒，子昌若立。昌若卒，子曹圉立。曹圉卒，子冥立。冥卒，子振立。振卒，子微立。微卒，子报丁立。报丁卒，子报乙立。报乙卒，子报丙立。报丙卒，子主壬立。主壬卒，子主癸立。主癸卒，子天乙立，是为成汤。

成汤，自契至汤八迁。汤始居亳，从先王居，作《帝诰》。

汤征诸侯。葛伯不祀，汤始伐之。汤曰："予有言：人视水见形，视民知治不。"伊尹曰："明哉！言能听，道乃进。君国子民，为善者皆在王官。勉哉，勉哉！"汤曰："汝不能敬命，予大罚殛之，无有攸赦。"作《汤征》。

※ 译文

殷商的祖先契，母亲叫简狄，是有娀氏女子，帝喾的第二个妃子。简狄等三人一起在洗浴，看到燕子生下了一个蛋，简狄就捡起来吃了，就这样她怀孕生下了契。契长大后辅佐禹治水有功。舜就命令契："百官不和睦，五伦关系不顺畅，你去做司徒，要恭敬地传布五伦的教诲，旨在宽厚。"契就被封在商地，赐姓子。契兴起于尧、舜、禹时代，其功业显著，百姓因此和睦安定。

契去世后，其子昭明即位。昭明去世后，其子相土即位。相土去世后，其子昌若即位。昌若去世后，其子曹圉即位。曹圉去世后，其子冥即位。冥去世后，其子振即位。振去世后，其子微即位。微去世后，其子报丁即位。报丁去世后，其子报乙即位。报乙去世后，其子报丙即位。报丙去世后，其子主壬即位。主壬去世后，其子主癸即位。主癸去世后，其子天乙即位，他就是成汤。

成汤，从先祖契到汤经过十四代，共有八次迁都。汤开始时在亳定都，这是为了追随先王帝喾才迁来的，并写下了《帝诰》以告知先帝。

汤征讨诸侯。由于葛伯不奉行祭祀，所以汤一开始就征伐他。汤说："我曾说过：人照水面就能看到自己的容貌，观察民众的状况就可以知道国家治理的好坏。"伊尹说："英明啊！能够听取别人的意见，治国就会取得进展；做国君能够爱护百姓，有德行的人就会齐聚朝堂。努力啊，努力啊！”汤对葛伯说：“你不顺应天命，我就要重重地惩罚你们，绝不留情。”于是就写下了《汤征》。

※ 原文

伊尹名阿衡。阿衡欲奸汤而无由，乃为有莘氏媵臣，负鼎俎，以滋味说汤，致于王道。或曰，伊尹处士，汤使人聘迎之，五反然后肯往从汤，言素王及九主之事。汤举任以国政。伊尹去汤适夏。既丑有夏，复归于亳。入自北门，遇女鸠、女房，作《女鸠》《女房》。

汤出，见野张网四面，祝曰：“自天下四方皆入吾网。”汤曰：“嘻，尽之矣！”乃去其三面，祝曰：“欲左，左。欲右，右。不用命，乃入吾网。”诸侯闻之，曰：“汤德至矣，及禽兽。”

当是时，夏桀为虐政淫荒，而诸侯昆吾氏为乱。汤乃兴师率诸侯，伊尹从汤，汤自把钺以伐昆吾，遂伐桀。汤曰：“格女众庶，来，女悉听朕言。匪台小子，敢行举乱，有夏多罪，予维闻女众言，夏氏有罪。予畏上帝，不敢不正。今夏多罪，天命殛之。今女有众，女曰‘我君不恤我众，舍我啬事而割政’。女其曰‘有罪，其奈何’？夏王率止众力，率夺夏国。有众率怠不和，曰‘是日何时丧？予与女皆亡’！夏德若兹，今朕必往。尔尚及予一人致天之罚，予其大理女。女毋不信，朕不食言。女不从誓言，予则帑僇女，无有攸赦。”以告令师，作《汤誓》。于是汤曰“吾甚武”，号曰武王。

※ 译文

伊尹叫阿衡。阿衡想求见汤却找不到合适的途径，就去做有莘氏陪嫁的男仆，背着鼎俎来见汤，借着谈论烹调味道的机会来游说汤，使汤致力于实施王道政治。也有人说，伊尹是个隐士，汤派人去聘用迎接他，请了五次他才答应出来任职而依从汤，并向汤讲述远古帝王和九类国君不同政治状况方面的事情。汤举用伊尹并委以国政。伊尹曾经离开汤到夏朝去，看到夏桀无道政治残暴后，又回到了亳。从北门进入亳都，遇到了汤的贤臣女鸠、女房，便写下了《女鸠》《女房》，以说明他归来的心情。

一次汤外出，看见野外捕猎的人张开四面大网而祷告说：“从天上地下四方来的都入我的网中。”汤说：“哎，这会一网打尽啊。”就让人去掉三面网，并让猎人祷告：“要从左边逃的就从左边逃，要从右边逃的就从右边逃。不按照我的想法逃的就进入我的网中。”四方诸侯听说此事后，都说：“汤的仁德真是太伟大了，竟然将恩惠扩大到了禽兽身上。”

这个时候，夏桀还是荒淫无道，而诸侯国昆吾氏也开始叛乱。汤就发兵，率领诸侯，伊尹跟从汤，汤亲自指挥，冲锋陷阵，攻伐昆吾，接着讨伐夏桀。汤说：“你们大家，都过来仔细听我讲话。不是我个人敢于反叛，实在是夏桀荒淫无道，罪恶多端，我也常听你们说夏桀有罪，但是我畏惧上天，不敢讨伐。如今我奉上天的旨意去讨伐他，也许你们会说：‘我们的君王不体恤我们，让我们放弃农事来征讨作战。’你们还会问：‘夏桀究竟有什么罪？’他劳民伤财，百姓都不想顺从他。他们说：‘这个太阳何时才能丧亡呢？我宁愿跟他一起灭亡。’他的德行已经堕落成这样，所以我一定要去讨伐他。如果你们帮助我一起讨伐他，就会受到赏赐。你们不要不相信，我说话是算数的。你们如果不听从我的誓言，就会受到惩罚，绝不宽赦！”汤将此话告诉传令的长官，写下了《汤誓》。当时汤说“我很勇武”，因此号称为武王。

※ 原文

桀败于有娀之虚，桀奔于鸣条，夏师败绩。汤遂伐三葼，俘厥宝玉，义伯、仲伯作《典宝》。汤既胜夏，欲迁其社，不可，作《夏社》。伊尹报。于是诸侯毕服，汤乃践天子位，平定海内。

汤归至于泰卷（陶），中纪作诰。既绌夏命，还亳，作《汤诰》：“维三月，王自至于东郊。告诸侯群后：‘毋不有功于民，勤力乃事。予乃大罚殛女，毋予怨。’曰：‘古禹、皋陶久劳于外，其有功乎民，民乃有安。东为江，北为济，西为河，南为淮，四渎已修，万民乃有居。后稷降播，农殖百谷。三公咸有功于民，故后有立。昔蚩尤与其大夫作乱百姓，帝乃弗予，有状。先王言不可不勉。’曰：‘不道，毋之在国，女毋我怨。’”以令诸侯。伊尹作《咸有一德》，咎单作《明居》。

汤乃改正朔，易服色，上白，朝会以昼。

汤崩，太子太丁未立而卒，于是乃立太丁之弟外丙，是为帝外丙。帝外丙即位三年，崩，立外丙之弟中壬，是为帝中壬。帝中壬即位四年，崩，伊尹乃立太丁之子太甲。太甲，成汤適长孙也，是为帝太甲。帝太甲元年，伊尹作《伊训》，作《肆命》，作《徂后》。

※ 译文

桀在有娀部族的旧址被打败，逃到了鸣条，军队溃败。于是汤就去讨伐忠于桀的三葼国，缴获了该国的宝玉，义伯和仲伯就写下了《典宝》，以记载此事。汤已经战胜了夏桀，想换掉夏朝的社神，但社神后土平水之功是无法抹杀的，就停止了，并写下了《夏社》记载此事。伊尹将战况通报给了诸侯，于是四方诸侯全都归服，汤就做了天子，平定了天下。

汤在返回的途中经过泰卷，中纪作了诰命。他废除了夏朝的政令，回到亳，写下了《汤诰》："三月王征讨夏桀归来到达东郊，告诉诸侯首领：'要建立对百姓有益的功业，勤勉努力地履行自己的职责。不然，我就要重罚你们，请大家不要怪我。'又说：'古代禹、皋陶长时间在外面辛劳，由于他们有助于民众，所以百姓得以安居。东边治理了长江，北边治理了济水，西边治理了黄河，南边治理了淮水，四条大河得到很好的治理后，百姓才得以安居乐业。后稷教百姓耕种，百姓才会种植各种庄稼。禹、皋陶、后稷三人都有功于百姓，因此他们的后代也都能建功立业。原来蚩尤和他的臣子扰乱百姓，上天就不会帮助他们，这样的先例是有的。先王的话不可不用来自勉啊！'又说：'倘若做事违背了道义，就不能再当诸侯了，你们可别埋怨我啊！'"汤以此来告诫四方诸侯首领。伊尹也写下了《咸有一德》，咎单也写了《明居》。

汤修改了历法，改变了服饰器物的颜色，崇尚白色，还规定朝会要在白天举行。

汤去世后，太子太丁还没有即位就死了。于是太丁的弟弟外丙即帝位，即外丙帝。即位三年后去世，由外丙之弟仲壬即帝位，即仲壬帝。即位四年后去世，伊尹就让太丁之子太甲即位。太甲是汤的嫡长孙，为太甲帝。太甲帝元年，伊尹写下《伊训》《肆命》和《徂后》。

※ 原文

帝太甲既立三年，不明，暴虐，不遵汤法，乱德，于是伊尹放之于桐宫。三年，伊尹摄行政当国，以朝诸侯。

帝太甲居桐宫三年，悔过自责，反善，于是伊尹乃迎帝太甲而授之政。帝太甲修德，诸侯咸归殷，百姓以宁。伊尹嘉之，乃作《太甲训》三篇，褒帝太甲，称太宗。

太宗崩，子沃丁立。帝沃丁之时，伊尹卒。既葬伊尹于亳，咎单遂训伊尹事，作《沃丁》。

沃丁崩，弟太庚立，是为帝太庚。帝太庚崩，子帝小甲立。帝小甲崩，弟雍己立，是为帝雍己。殷道衰，诸侯或不至。

帝雍己崩，弟太戊立，是为帝太戊。帝太戊立伊陟为相。亳有祥桑谷共生于朝，一暮大拱。帝太戊惧，问伊陟。伊陟曰："臣闻妖不胜德，帝之政其有阙与？帝其修德。"太戊从之，而祥桑枯死而去。伊陟赞言于巫咸。巫咸治王家有成，作《咸艾》，作《太戊》。帝太戊赞伊陟于庙，言弗臣，伊陟让，作《原命》。殷复兴，诸侯归之，故称中宗。

※ 译文

太甲帝即位已经三年，昏乱暴虐，不遵守汤的法度，背乱德义，于是伊尹就将其流放到汤的葬地桐宫。这期间的三年由伊尹来代理主持国政，以便接见朝拜的诸侯。

太甲帝住在桐宫三年时间，他悔过自新，重新向善，于是伊尹又将其迎回，并将权力交还。太甲帝修行德政，诸侯又全都归顺殷朝，百姓也得以安宁。伊尹写下了《太甲训》三篇以嘉勉太甲帝，称太甲为太宗。

太宗死后，其子沃丁即位。伊尹在沃丁帝时去世。将伊尹安葬在亳地之后，为了用伊尹的事迹教育后人，咎单就写下了《沃丁》。

沃丁死后，其弟太庚即位，即太庚帝。太庚死后，其子小甲即位。小甲死后，其弟雍己即位，即雍己帝。这时殷朝的国运开始衰落，有些诸侯已经不来朝拜了。

雍己帝死后，其弟太戊即位，即太戊帝。太戊帝让伊陟为相。亳有一棵怪异的桑树和楮树合生在朝堂上，一天时间就长到了双手合围那么粗。太戊帝有些害怕，就问伊陟。伊陟说："我听说妖异是不能战胜德行的。难道陛下您的政治有缺失吗？看来您还是应该修明德政。"太戊帝就听从了伊陟的建议，那棵树就枯死了，怪异也随之消失了。伊陟将此事告诉了巫咸。巫咸治理王家的政事很有成绩，因此写下了《咸艾》和《太戊》。太戊帝在太庙中称赞了伊陟，并决定不把伊陟当臣下看待。伊陟谦让，就写了《原命》。殷商又兴盛起来了，天下诸侯都来归顺太戊，因此称太戊为中宗。

※ 原文

中宗崩，子帝中丁立。帝中丁迁于隞。河亶甲居相。祖乙迁于邢。帝中丁崩，弟外壬立，是为帝外壬。《仲丁》书阙不具。帝外壬崩，弟河亶甲立，是为帝河亶甲。河亶甲时，殷复衰。

河亶甲崩，子帝祖乙立。帝祖乙立，殷复兴。巫贤任职。

祖乙崩，子帝祖辛立。帝祖辛崩，弟沃甲立，是为帝沃甲。帝沃甲崩，立沃甲兄祖辛之子祖丁，是为帝祖丁。帝祖丁崩，立弟沃甲之子南庚，是为帝南庚。帝南庚崩，立帝祖丁之子阳甲，是为帝阳甲。帝阳甲之时，殷衰。

自中丁以来，废適而更立诸弟子，弟子或争相代立，比九世乱，于是诸侯莫朝。

帝阳甲崩，弟盘庚立，是为帝盘庚。帝盘庚之时，殷已都河北，盘庚渡河南，复居成汤之故居，乃五迁，无定处。殷民咨胥皆怨，不欲徙。盘庚乃告谕诸侯大臣曰："昔高后成汤与尔之先祖俱定天下，法则可修。舍而弗勉，何以成德！"乃遂涉河南，治亳，行汤之政，然后百姓由宁，殷道复兴。诸侯来朝，以其遵成汤之德也。

帝盘庚崩，弟小辛立，是为帝小辛。帝小辛立，殷复衰。百姓思盘庚，乃作《盘庚》三篇。帝小辛崩，弟小乙立，是为帝小乙。

※ 译文

中宗死后，其子中丁即位。中丁将都城迁到隞。河亶甲的时候，都城在相。到祖乙时又迁到邢。中丁死后，其帝外壬即位，即外壬帝。有《仲丁》记载此事，但已遗失。外壬帝死后，其弟河亶甲即位。河亶甲帝时，殷商进一步衰落。

河亶甲帝死后，其子祖乙即位。祖乙帝即位后，殷朝再次兴盛。巫咸在朝廷担任重要官职。

祖乙死后，其子祖辛即位。祖辛死后，其弟沃甲即位，即沃甲帝。沃甲死后，立其兄祖辛之子祖丁，即祖丁帝。祖丁死后，又立沃甲之子南庚，即南庚帝。南庚帝死后，又立祖丁的儿子阳甲，即阳甲帝。阳甲帝的时候，殷朝又开始衰弱。

从中丁即位以来，废黜长子的继承权，将帝位传给弟弟或侄子的事情经常发生。弟弟、侄子争夺帝位，连续九代朝廷混乱，于是四方诸侯也很少有来朝拜的。

阳甲帝死后，其弟盘庚即位，即盘庚帝。盘庚帝在位的时候，殷朝的京都是建在黄河以北的，盘庚渡过黄河往南，再次定都于成汤原先居住之地。从汤到盘庚，经过五次迁都，但没有一个固定之处。殷朝百姓都忧叹而有怨言，不想再迁都了。盘庚于是跟诸侯说："以前先王汤和你们的祖先一起平定天下，法则都制定和履行得很好，这是事实证明了的。如今你们想舍弃这样的先例而不去努力实施，还怎么成全德业呢？"于是就渡过黄河，往南营建亳都，继续推行汤的政令。从此以后，百姓安宁，殷朝再度复兴，四方诸侯又重新来朝拜了，这都是因为盘庚遵循了汤的德政。

盘庚死后，其弟小辛即位，即小辛帝。小辛即帝位后，殷朝又开始衰弱。百官思念盘庚，于是就写下了《盘庚》三篇。小辛死后，其弟小乙即位，即小乙帝。

※ 原文

帝小乙崩，子帝武丁立。帝武丁即位，思复兴殷，而未得其佐。三年不言，政事决定于冢宰，以观国风。武丁夜梦得圣人，名曰说。以梦所见视群臣百吏，皆非也。于是乃使百工营求之野，得说于傅险中。是时说为胥靡，筑于傅险。见于武丁，武丁曰是也。得而与之语，果圣人，举以为相，殷国大治。故遂以傅险姓之，号曰傅说。

帝武丁祭成汤，明日，有飞雉登鼎耳而呴，武丁惧。祖己曰："王勿忧，先修政事。"祖己乃训王曰："唯天监下典厥义，降年有永有不永，非天夭民，中绝其命。民有不若德，不听罪，天既附命正厥德，乃曰其奈何。呜呼！王嗣敬民，罔非天继，常祀毋礼于弃道。"武丁修政行德，天下咸欢，殷道复兴。

帝武丁崩，子帝祖庚立。祖己嘉武丁之以祥雉为德，立其庙为高宗，遂作《高宗肜日》及《训》。

※ 译文

小乙死后，其子武丁即位。武丁即帝位后，很想再度使殷复兴，但是却没有找到合适的辅佐人物。三年时间，武丁都没有发表过任何言论，一切政事都由冢宰来决定，自己则旁观国家的政治风貌。有一天武丁夜晚梦到一位名叫说的圣贤之人。他按照梦中人的相貌来审视百官，结果发现都不是。于是就派百官设法到民间去寻找，就在一个叫作傅险的地方，找到了正在因犯法而服役的说。此时说正在建筑和养护道路。官员将其引见给武丁，武丁说就是此人。找到说后，武丁与他交谈，发现他果真是个圣人，于是就任命说为相来辅佐朝政，殷朝得到了大治。所以就用傅险作为他的姓氏，称为“傅说”。

武丁祭祀成汤，第二天，有一只野鸡飞上鼎耳鸣叫，武丁很害怕。祖己说：“帝不要忧虑，先修明政事吧。”祖己开导武丁说：“上天监视下民的标准是看他们是否遵守道义，赐给人长短有别的寿命，并不是上天要夭折人的年岁，在中途断绝人的寿命。民众中有些人不遵守道德，不承认自己的过错，当上天要降下命令对他们进行警告，要他们改正不好的德行的时候，他们才想该怎么办。啊，帝您即位，一定要为民众办事啊，这就是继承上天的旨意，举行祭祀要按照常规，对于那些不合时宜的邪道不应进行任何礼仪。”武丁修明政治，推行德教，天下为之欢欣鼓舞，殷朝再度中兴。

武丁帝死后，其子祖庚即位。祖己嘉美武丁能够以野鸡鸣叫为警戒而修明德行，因此为他立庙，并称其为高宗，还写下了《高宗肜日》和《高宗之训》。

※ 原文

帝祖庚崩，弟祖甲立，是为帝甲。帝甲淫乱，殷复衰。

帝甲崩，子帝廪辛立。帝廪辛崩，弟庚丁立，是为帝庚丁。帝庚丁崩，子帝武乙立。殷复去亳，徙河北。

帝武乙无道，为偶人，谓之天神。与之博，令人为行。天神不胜，乃僇辱之。为革囊，盛血，仰而射之，命曰“射天”。武乙猎于河、渭之间，暴雷，武乙震死。子帝太丁立。帝太丁崩，子帝乙立。帝乙立，殷益衰。

帝乙长子曰微子启，启母贱，不得嗣。少子辛，辛母正后，辛为嗣。帝乙崩，子辛立，是为帝辛，天下谓之纣。帝纣资辨捷疾，闻见甚敏；材力过人，手格猛兽；知足以距谏，言足以饰非；矜人臣以能，高天下以声，以为皆出己之下。好酒淫乐，嬖于妇人。爱妲己，妲己之言是从。于是使师涓作新淫声，北里之舞，靡靡之乐。厚赋税以实鹿台之钱，而盈巨桥之粟。益收狗马奇物，充仞宫室。益广沙丘苑台，多取野兽蜚鸟置其中。慢于鬼神。大最乐戏于沙丘，以酒为池，县肉为林，使男女倮相逐其间，为长夜之饮。百姓怨望而诸侯有畔者，于是纣乃重刑辟，有炮烙之法。

※ 译文

祖庚帝死后，其弟祖甲即位，即甲帝。甲帝荒淫暴虐，殷朝再度衰弱。

甲帝死后，其子廪辛即位。廪辛帝死后，其弟庚丁即位。庚丁死后，其子武乙即位，殷朝又迁离亳都，重新定都在黄河以北。

武乙帝不遵奉天道，曾做了一个木偶人，称之为天神。他跟木偶人赌胜负，让别人来判决。天神输了，就砍杀羞辱它。还用皮革做了一个囊，里面盛血，仰头用箭射，称之为射天。武乙在黄河和渭水一带打猎，出现暴雷，武乙被雷震死。其子太丁即位。太丁死后，其子乙帝即位。乙帝即位后，殷朝更加衰落。

乙帝的长子是微子启，启的生母身份低下，所以启不能继承帝位。小儿子是辛，辛的生母是乙帝的正妃，所以辛就继承了帝位。乙帝死后，其子辛即位，即辛帝，天下人称其为纣。纣天资聪颖，机智灵敏，能言善辩，力气过人，可以赤手空拳同猛兽搏斗。他以聪明才智来拒绝他人的劝谏，以超人的口才来粉饰自己的过错。在臣子面前炫耀自己的才能，在天下人前吹嘘自己的声名，认为没有人的本领在己之上。他贪杯恋酒，淫于逸乐，沉迷女色，宠爱妲己，对其言听计从。他让师涓创作新的淫邪音乐，鄙俗的北里之舞，颓靡的乐歌。为了充实鹿台的钱财、增加巨桥的存粮而加重赋税。大量搜集狗马珍玩，充塞于宫廷。他进一步扩建沙丘的园林楼台，捕捉大量野兽飞鸟放在里面。他怠慢鬼神。大规模聚集戏乐到沙丘，用酒做池水，将肉悬挂起来形成肉林，让众多男女赤裸着身体在其中追逐嬉戏，就这样通宵宴饮。百姓怨声载道，有的诸侯甚至已经背叛了这个国家，于是纣就加重了刑罚，还发明了炮烙这种残酷刑罚。

※ 原文

以西伯昌、九侯、鄂侯为三公。九侯有好女，入之纣。九侯女不憙淫，纣怒，杀之，而醢九侯。鄂侯争之强，辨之疾，并脯鄂侯。西伯昌闻之，窃叹。崇侯虎知之，以告纣，纣囚西伯羑里。西伯之臣闳夭之徒，求美女奇物善马以献纣，纣乃赦西伯。西伯出而献洛西之地，以请除炮烙之刑。纣乃许之，赐弓矢斧钺，使得征伐，为西伯。而用费中为政。费中善谀，好利，殷人弗亲。纣又用恶来。恶来善毁谗，诸侯以此益疏。

西伯归，乃阴修德行善，诸侯多叛纣而往归西伯。西伯滋大，纣由是稍失权重。王子比干谏，弗听。商容贤者，百姓爱之，纣废之。及西伯伐饥国，灭之，纣之臣祖伊闻之而咎周，恐，奔告纣曰："天既讫我殷命，假人元龟，无敢知吉，非先王不相我后人，维王淫虐用自绝，故天弃我，不有安食，不虞知天性，不迪率典。今我民罔不欲丧，曰'天曷不降威，大命胡不至'？今王其奈何？"纣曰："我生不有命在天乎！"祖伊反，曰："纣不可谏矣。"西伯既卒，周武王之东伐，至盟津，诸侯叛殷会周者八百。诸侯皆曰："纣可伐矣。"武王曰："尔未知天命。"乃复归。

※ 译文

纣任命西伯昌、九侯和鄂侯为三公。九侯有个女儿，堪称绝色，献给了纣。此女不好淫乱，纣盛怒之下就将其杀了，还将九侯剁成了肉酱。为此，鄂侯劝谏得非常坚决，由于其激烈的辩说，鄂侯也被斩杀以后熏成了干肉。西伯昌听说了，暗自叹气。崇侯虎将此事向纣告发了，于是西伯昌便被囚禁在羑里。西伯的臣子闳夭等人将美丽的女子、奇异的物品和精良的马匹献给了纣，于是纣就赦免了西伯昌。西伯昌一被释放后就献出了洛水以西的大片土地，以请求纣废除炮烙等残酷的刑罚。纣答应了他，还赐给他弓矢斧钺，让他能够征讨其他诸侯，于是西伯昌便成了西方诸侯的首领。纣用善于阿谀奉承的费中主持政事。他为人贪财好利，百姓都不喜欢他。纣就又重用善于搬弄是非的恶来，他总是诽谤他人，因此四方诸侯就和朝廷更加疏远了。

西伯回来后，便暗自施行德政，遍做好事，诸侯大都离开纣而去投奔西伯。西伯的势力不断地发展壮大，纣因此逐渐失掉了自己的权势和威严。王子比干进谏，但是纣不听。商容有贤能，百官都拥戴他，却被纣罢免了。到西伯去讨伐忠于纣的饥国并将其灭掉后，纣的大臣祖伊听说后就很仇恨周，恐惧的他急忙去向纣报告道："上天要终结我们的国运了，让人用灵龟去占卜的结果也不是吉兆，这并非是先王不帮助我们，实在是大王您荒淫残暴，自绝于天啊。所以上天抛弃我们，使大家不得安心饮食。您既不在意上天的旨意，又不遵用国家的常法。如今，我们的百姓没有人不想丧国的。他们都说：'上天为何还不降下威严，灭亡纣的命令怎么还不到达呢？'大王现在准备怎么办呢？"纣说："我不是受命于天吗？"祖伊返回后说："对纣进行劝谏是没有用的。"西伯去世后，周武王向东征讨，军队抵达盟津，诸侯中背叛纣王来与周会合的就有八百多人。诸侯都说："可以讨伐纣了。"武王说："你们还不知道天命。"于是就都返回了。

※ 原文

纣愈淫乱不止。微子数谏不听，乃与大师、少师谋，遂去。比干曰："为人臣者，不得不以死争。"乃强谏纣。纣怒曰："吾闻圣人心有七窍。"剖比干，观其心。箕子惧，乃详狂为奴，纣又囚之。殷之大师、少师乃持其祭乐器奔周。周武王于是遂率诸侯伐纣。纣亦发兵距之牧野。甲子日，纣兵败。纣走入，登鹿台，衣其宝玉衣，赴火而死。周武王遂斩纣头，县之大白旗。杀妲己。释箕子之囚，封比干之墓，表商容之闾。封纣子武庚、禄父，以续殷祀，令修行盘庚之政。殷民大说。于是周武王为天子。其后世贬帝号，号为王。而封殷后为诸侯，属周。

周武王崩，武庚与管叔、蔡叔作乱，成王命周公诛之，而立微子于宋，以续殷后焉。

太史公曰：余以《颂》次契之事，自成汤以来，采于《书》《诗》。契为子姓，其后分封，以国为姓，有殷氏、来氏、宋氏、空桐氏、稚氏、北殷氏、目夷氏。孔子曰，殷路车为善，而色尚白。

※ 译文

纣越来越淫乱而没有节制。微子因多次进谏而不起作用，就同太师、少师商量，然后逃离了殷商。比干说："作为一个国家的臣子，不能不拼死谏争。"于是依然极力向纣进谏。纣怒道："我听说圣贤之人，他的心是有七个孔窍的。"于是就命人将比干的胸部剖开，将心拿出来看。箕子害怕了，就装疯卖傻去做奴隶。纣还是将他囚禁了起来。殷朝的太师和少师就带着他们的祭器和乐器逃奔到周。在这种形势下，周武王便率领四方诸侯开始对纣进行讨伐。纣也发动了军队在牧野进行抗拒。甲子日，纣大败，他逃进王宫，登上鹿台，穿上有珍宝装饰的衣服，跳到火海里而死。周武王于是将纣的头颅斩下来，悬挂在大白旗杆上。将妲己杀死。将箕子释放出狱，重筑比干的墓地，在商容居住的闾巷里对其进行了表彰嘉奖。对纣的儿子武庚和禄父进行分封，使他们能够继续殷的祭祀，告诫他们要奉行盘庚时代的政令规范。殷的百姓都很高兴。于是周武王顺应天命，做了天子。大概是因为后世贬低帝的称号，所以他改变称号，不称帝而称王。将殷的后代封为诸侯国，隶属于周。

周武王逝世后，武庚和武王的弟弟管叔和蔡叔一起叛乱，周成王就派周公将他们诛灭，把微子封在宋国，来延续殷的后代。

太史公说：我根据《颂》的文献来编写契的事迹，自成汤以后，选用了《尚书》《诗经》的有关材料。契本姓子，他的后代分封以国为姓，有殷氏、来氏、宋氏、稚氏、北殷氏、目夷氏。孔子说：殷人的车子很好，在颜色方面崇尚白色。

※ 评析

此篇的叙事，总体来说还是比较简单的，但是司马迁对商朝的开国帝王成汤与商朝的亡国帝王殷纣的描写相当详细。本篇所列的商朝历代帝王的世系已经被证实是相当清晰又大体准确的。本篇为研究商朝的历史提供了参考和依据。文章里描写太甲的悔过反善，太戊的不信妖而修德，武丁的虚心访求并破格任用贤才，对于这些人的这些作为，作者都进行了热情的表彰歌颂。这也是作者对理想"君道"与对德政仁政的追求与向往。这对我们今天的领导者也有很重要的借鉴意义，一个部门的管理者或领导者，想使下属心甘情愿地为你做事，就不能以自己所处的位置压人。在倡导人文关怀的今天，就应该以人性化的管理，坦诚地对待每一个下属，做到情与理的交融，威望自然就会在人们心中提升。做到将心比心，那么，下属的敬业是可想而知的。

周本纪第四

※ 原文

周后稷，名弃。其母有邰氏女，曰姜原。姜原为帝喾元妃。姜原出野，见巨人迹，心忻然说，欲践之，践之而身动如孕者。居期而生子，以为不祥，弃之隘巷，马牛过者皆辟不践；徙置之林中，适会山林多人，迁之；而弃渠中冰上，飞鸟以其翼覆荐之。姜原以为神，遂收养长之。初欲弃之，因名曰弃。

弃为儿时，屹如巨人之志。其游戏，好种树麻、菽，麻、菽美。及为成人，遂好耕农，相地之宜，宜谷者稼穑焉，民皆法则之。帝尧闻之，举弃为农师，天下得其利，有功。帝舜曰："弃，黎民始饥，尔后稷播时百谷。"封弃于邰，号曰后稷，别姓姬氏。后稷之兴，在陶唐、虞、夏之际，皆有令德。

※ 译文

周王室的始祖后稷，叫弃。他的母亲是有邰氏的后代，叫姜原，是帝喾的原配夫人。姜原出门去野外，发现有巨人的脚印，心里特别兴奋欢悦，想用脚踏上去，结果一踏上脚印，她的身子就感到一阵震动，好像怀孕了似的。足月后果真生下了一个儿子，她觉得不是什么吉兆，就将孩子抛弃在狭小的巷子里，但是所有从那里经过的牛、马都避开而不去践踏他；又将他移至树林中，恰恰林子里有很多人，于是就又换了个地方，将其丢在结冰的沟渠中，却有很多鸟儿飞来用羽毛为他铺上面、垫下面。姜原觉得这个孩子很神异，于是就又将其抱回并抚养他长大成人。因为开始想抛弃他，所以就为其起名为弃。

弃还在很小的时候，就有着大人一样远大的志向。他游戏时，喜欢种植麻、菽等，并且都种得很好。等他成人后，就更加喜欢耕种农作物，研究土地适合种什么，适宜种谷物的就在此地种上谷物，其他百姓纷纷效仿。尧帝听说后，就推举弃负责管理农业生产，天下都因此而受益，工作颇见成效。舜帝说："弃，天下百姓开始有了饥荒的时候，你作为农官，一定要指导他们适时地播种五谷啊。"于是将弃封在邰地，并称其为后稷，另外取姓为姬姓。后稷这一族的兴起，在陶唐、虞和夏时代，都表现出了他们美好的德行。

※ 原文

后稷卒，子不窋立。不窋末年，夏后氏政衰，去稷不务，不窋以失其官而奔戎狄之间。不窋卒，子鞠立。鞠卒，子公刘立。公刘虽在戎狄之间，复修后稷之业，务耕种，行地宜，自漆、沮度渭，取材用，行者有资，居者有畜积，民赖其庆。百姓怀之，多徙而保归焉。周道之兴自此始，故诗人歌乐思其德。公刘卒，子庆节立，国于豳。

庆节卒，子皇仆立。皇仆卒，子差弗立。差弗卒，子毁隃立。毁隃卒，子公非立。公非卒，子高圉立。高圉卒，子亚圉立。亚圉卒，子公叔祖类立。公叔祖类卒，子古公亶父立。古公亶父复修后稷、公刘之业，积德行义，国人皆戴之。薰育戎狄攻之，欲得财物，予之。已复攻，欲得地与民。民皆怒，欲战。古公曰："有民立君，将以利之。今戎狄所为攻战，以吾地与民。民之在我，与其在彼，何异。民欲以我故战，杀人父子而君之，予不忍为。"乃与私属遂去豳，度漆、沮，逾梁山，止于岐下。豳人举国扶老携弱，尽复归古公于岐下。及他旁国闻古公仁，亦多归之。于是古公乃贬戎狄之俗，而营筑城郭室屋，而邑别居之。作五官有司。民皆歌乐之，颂其德。

※ 译文

后稷去世后，其子不窋即位。不窋在位的最后几年，夏后氏政治衰败，他们将农官废除，不再重视农业，不窋因为丢了官职，就逃奔到西方戎狄部族那里去了。不窋去世后，其子鞠即位。鞠去世后，其子公刘即位。公刘虽然身处戎狄部族间，但是又恢复了先人的事业，致力于耕种。他考察土地的性能，从漆水、沮水到渭水，再到终南山，砍伐木材加以利用，使得出行的人有了资产，在家的人有了积蓄，民众也都因此而获益。百姓因感怀他的恩惠而迁移过来归附他。周室从此开始兴盛，所以诗人创作诗歌来歌颂他的功德。公刘去世后，其子庆节即位，在豳地建立了国都。

庆节去世后，其子皇仆即位。皇仆去世后，其子差弗即位。差弗去世后，其子毁隃即位。毁隃去世后，其子公非即位。公非去世后，其子高圉即位。高圉去世后，其子亚圉即位。亚圉去世后，其子公叔祖类即位。公叔祖类去世后，其子古公亶父即位。古公亶父继承了后稷、公刘的事业，他推行仁义道德，受到百姓的拥戴。薰育戎狄部落前来攻打，想索取财物，古公亶父就给了他们。不久他们又来攻打，想要土地和民众。这激起了民众的愤怒，他们誓与侵略者作战到底。古公亶父说："百姓拥护君主，是因为会有利于他们。如今戎狄部落之所以要对我们进行战争，是因为他们想得到我们的土地和百姓。百姓在我这里和在他们那里有什么不同呢？百姓如果因为我的缘故而开战，那不就像杀了他们的父子而做他们的君主一样吗？我实在是不忍心这样做。"于是就带领自己的部属离开了豳，渡过漆水、沮水，翻越了梁山，定居于岐下。豳地的百姓又都扶老携小，重新到岐下归附。甚至附近其他国家的民众听说古公的仁爱，很多也前来归附。于是古公就将戎狄部族的习俗废除，并开始营建新的城郭宫室房屋，将民众分成邑落居住下来，又设置了五种官府机构以及负责的官员。百姓都创作歌乐以颂扬他的德行。

※ 原文

古公有长子曰太伯，次曰虞仲。太姜生少子季历，季历娶太任，皆贤妇人，生昌，有圣瑞。古公曰："我世当有兴者，其在昌乎？"长子太伯、虞仲知古公欲立季历以传昌，乃二人亡如荆蛮，文身断发，以让季历。

古公卒，季历立，是为公季。公季修古公遗道，笃于行义，诸侯顺之。

公季卒，子昌立，是为西伯。西伯曰文王，遵后稷、公刘之业，则古公、公季之法，笃仁，敬老，慈少。礼下贤者，日中不暇食以待士，士以此多归之。伯夷、叔齐在孤竹，闻西伯善养老，盍往归之。太颠、闳夭、散宜生、鬻子、辛甲大夫之徒皆往归之。

崇侯虎谮西伯于殷纣曰："西伯积善累德，诸侯皆乡之，将不利于帝。"帝纣乃囚西伯于羑里。闳夭之徒患之。乃求有莘氏美女，骊戎之文马，有熊九驷，他奇怪物，因殷嬖臣费仲而献之纣。纣大说，曰："此一物足以释西伯，况其多乎！"乃赦西伯，赐之弓矢斧钺，使西伯得征伐。曰："谮西伯者，崇侯虎也。"

※ 译文

古公有个长子叫太伯，次子叫虞仲。古公的妃子太姜生了小儿子季历，季历的妻子是太任，太姜和太任都是贤淑的女子，太任生下昌，有圣贤的祥瑞出现。古公说："我们家将会有兴隆家室的人出现，难道此人是昌吗？"太伯和虞仲知道古公想立季历，然后传于昌，于是两人就逃往荆蛮之地，并在身上刻画花纹，剪断头发，以将王位让给季历。

古公去世后，季历即位，即公季。公季遵循古公的理政办法，切实地施行仁义，四方诸侯都来归顺他。

公季去世后，其子昌即位，即西伯。西伯就是文王，他继承了后稷和公刘的事业，遵循古公、公季的法规，施行仁政，敬老爱幼。他礼贤下士，经常因为接待贤德的人过了正午还顾不上吃饭，因此贤能的人多归附于他。伯夷和叔齐在孤竹国，听说西伯优待长者，就一同前来归服。太颠、闳夭、散宜生、鬻子、辛甲大夫等人也纷纷前来投靠他。

崇侯虎在纣面前进谗言："西伯积善施德，四方诸侯都归附他，这很不利于天子您啊！"纣于是就将西伯囚禁在羑里。闳夭等人对此很是担忧，于是就搜求到一个有莘氏的美丽女子，骊戎国的骏马，有熊的九辆驷车，还有其他稀奇古怪的物品，通过殷朝的宠臣费仲献给了纣。纣高兴极了，说："单单一个美女就足以将西伯释放了，更何况还有如此多好东西啊！"于是就将西伯赦免，并赐给他弓矢斧钺，使他能够有权征讨其他诸侯，并说："是崇侯虎诋毁西伯的。"

※ 原文

西伯乃献洛西之地，以请纣去炮烙之刑。纣许之。

西伯阴行善，诸侯皆来决平。于是虞、芮之人有狱不能决，乃如周。入界，耕者皆让畔，民俗皆让长。虞、芮之人未见西伯，皆惭，相谓曰：“吾所争，周人所耻，何往为，只取辱耳。”遂还，俱让而去。诸侯闻之，曰“西伯盖受命之君”。

明年，伐犬戎。明年，伐密须。明年，败耆国。殷之祖伊闻之，惧，以告帝纣。纣曰：“不有天命乎？是何能为！”明年，伐邘。明年，伐崇侯虎。而作丰邑，自岐下而徙都丰。明年，西伯崩，太子发立，是为武王。

西伯盖即位五十年。其囚羑里，盖益《易》之八卦为六十四卦。诗人道西伯，盖受命之年称王而断虞、芮之讼。后十年而崩，谥为文王。改法度，制正朔矣。追尊古公为太王，公季为王季：盖王瑞自太王兴。

武王即位，太公望为师，周公旦为辅，召公、毕公之徒左右王，师修文王绪业。

※ 译文

西伯于是就将洛水西岸的大片土地献了出来，以请求纣废除炮烙这种残酷的刑罚。纣就答应了。

西伯暗中实施德政，四方诸侯都来请他解决纷争。当时虞和芮两国的人发生了不能解决的纷争，于是来到周国。进入周国境内，发现这里的农夫都能互相谦让田界，他们也都尊重老人。这两国的人还没有见到西伯，就已经自惭形秽了，于是互相说道：“我们所争执的，正是周国的人们所感到羞耻的，还怎么去找西伯，那样不是自取其辱吗？”于是就返回了，互相谦让着离开。诸侯听说此事后，都说：“西伯大概就是承受天命、得天下的君主”。

第二年，西伯去征讨犬戎。下一年，又征讨密须。又下一年，将耆国打败。殷朝的祖伊听说后，非常恐惧，他急忙向纣王汇报。纣说：“我不是受命于天吗？他那样又能有什么作为呢？”接下来的一年，西伯又伐邘国，然后再一年伐崇侯虎。然后营建了丰邑，并将国都从岐下迁到了丰邑。下一年，西伯逝世，太子姬发即位，即武王。

西伯在位大概为五十年。他被囚羑里时，据说将《易》的八卦增衍成了六十四卦。诗人称赞西伯，认为他是承受天命那年就被拥立为王，因裁决虞和芮两国的争端而受到诸侯的拥护。十年后，西伯去世，谥号为文王。文王在位时，已经将殷的法令制度改变，并制定了周朝的历法。追奉古公为太王，公季为王季：也许是因为周朝的王业是从古公的时候开始兴起的吧。

武王即位后，任太公望做太师，周公旦做宰相，任召公、毕公等人做辅佐大臣，准备将文王开创的业绩发扬光大。

※ 原文

九年，武王上祭于毕。东观兵，至于盟津。为文王木主，载以车中军。武王自称太子发，言奉文王以伐，不敢自专。乃告司马、司徒、司空、诸节：“齐栗，信哉！予无知，以先祖有德臣，小子受先功，毕立赏罚，以定其功。”遂兴师。师尚父号曰：“总尔众庶，与尔舟楫，后至者斩。”武王渡河，中流，白鱼跃入王舟中，武王俯取以祭。既渡，有火自上复于下，至于王屋，流为乌，其色赤，其声魄云。是时，诸侯不期而会盟津者八百诸侯。诸侯皆曰：“纣可伐矣。”武王曰：“女未知天命，未可也。”乃还师归。

居二年，闻纣昏乱暴虐滋甚，杀王子比干，囚箕子。太师疵、少师强抱其乐器而奔周。于是武王遍告诸侯曰：“殷有重罪，不可以不毕伐。”乃遵文王，遂率戎车三百乘，虎贲三千人，甲士四万五千人，以东伐纣。十一年十二月戊午，师毕渡盟津，诸侯咸会。曰：“孳孳无怠！”武王乃作《太誓》，告于众庶：“今殷王纣乃用其妇人之言，自绝于天，毁坏其三正，离逷其王父母弟，乃断弃其先祖之乐，乃为淫声，用变乱正声，怡说妇人。故今予发维共行天罚，勉哉夫子，不可再，不可三！”

※ 译文

九年，武王在毕为文王举行祭祀。然后去东方检阅军队，到达盟津。用木头做了文王的神主，用车载着，在军帐中供奉。武王自称太子姬发，说是奉文王的旨意来征讨的，不敢独断专行。于是告令司马、司徒、司空和诸位接受符节的官员：“一定要慎重，要虔诚，要守信。我才疏学浅，由于先人有德行，我才继承了先祖的功业。现在明确赏罚制度，以确保将先祖的功业完成。”于是就起兵。师尚父发号施令道：“将你们的兵众集合，将你们的船只桨楫把好，迟到者斩首。”武王渡黄河，船行到中流时，有条白鱼跳进了武王所乘的船舱里，武王就弯腰将其捡起，用来祭祀上天。渡过黄河后，又有一团火从天而降，一直到达武王所居住的屋顶上，然后化成一只乌鸦，颜色红赤，发出魄魄的鸣叫声。这时，诸侯中不约而同会聚于盟津的就有八百多个。诸侯都说：“可以伐纣了。”武王说：“你们还是不知道天命啊，现在还不是时候。”于是就班师而回了。

过了两年，听说纣更加荒淫暴虐，还杀死了王子比干，囚禁了箕子。太师疵和少师强也逃到了周国。于是武王就跟诸侯说：“纣罪孽深重，是时候对他进行讨伐了。”于是就遵从文王的旨意，率领三百辆战车，三千名英勇的兵士，四万五千穿戴盔甲的军士，向东去讨伐纣。十一年十二月戊午日，大军渡过了盟津，四方诸侯会聚于此。都说：“要奋进不止，不懈怠！”于是武王写下了《太誓》，告诫大家：“如今纣听信谗言，自绝于天，毁坏天、地、人之间的正道，疏远血缘至亲，抛弃先祖创制的乐曲，谱写崇尚淫靡之声，扰乱正统的音乐以取悦妇人。因此，我决定奉行上天的旨意，对其进行惩罚。大家要努力，这样的讨伐不会再有第二次、第三次！”

※ 原文

二月甲子昧爽，武王朝至于商郊牧野，乃誓。武王左杖黄钺，右秉白旄，以麾。曰：“远矣，西土之人！”武王曰：“嗟！我有国冢君，司徒、司马、司空，亚旅、师氏，千夫长、百夫长，及庸、蜀、羌、髳、微、纑、彭、濮人，称尔戈，比尔干，立尔矛，予其誓。”王曰：“古人有言‘牝鸡无晨。牝鸡之晨，惟家之索’。今殷王纣维妇人言是用，自弃其先祖肆祀不答，昏弃其家国，遗其王父母弟不用，乃维四方之多罪逋逃是崇是长，是信是使，俾暴虐于百姓，以奸轨于商国。今予发维共行天之罚。今日之事，不过六步七步，乃止齐焉，夫子勉哉！不过于四伐五伐六伐七伐，乃止齐焉，勉哉夫子！尚桓桓，如虎如罴，如豺如离，于商郊，不御克奔，以役西土，勉哉夫子！尔所不勉，其于尔身有戮。”誓已，诸侯兵会者车四千乘，陈师牧野。

帝纣闻武王来，亦发兵七十万人距武王。武王使师尚父与百夫致师，以大卒驰帝纣师。纣师虽众，皆无战之心，心欲武王亟入。纣师皆倒兵以战，以开武王。武王驰之，纣兵皆崩畔纣。

※ 译文

二月甲子日，天刚蒙蒙亮，武王就赶到了位于商都郊外的牧野，进行誓师。武王左手举着黄钺，右手举着白色旄旗，来指挥军队。他说：“你们一路劳顿啊，西方的将士们。”接着又说：“我的诸侯们，司徒、司马、司空，亚旅、师氏，千夫长、百夫长，以及庸、蜀、羌、髳、微、纑、彭、濮各地部族的人们，举起你们的戈，列好你们的盾，立好你们的矛，我们要宣誓了。”武王说：“古代有人说：‘母鸡不报晓，倘若母鸡报晓，则这一家一定会灭亡。’如今纣王只听信妇人的谗言，对先祖的祭祀不闻不问，不理国家大政，不任用先祖传下来的亲族，反而任用四方作恶多端逃亡的罪犯，尊重并信任他们，让他们对百官贵族进行施暴，在商国胡作非为。现在我决心替天行道。今天作战，每前进六七步就要停下来整顿一下军队，然后继续前进。大家要努力啊！每经过四次、五次、六次、七次冲刺也都要停下来整顿，然后齐头并进，努力啊各位！希望你们像老虎、熊罴、豺狼和螭蛟一样勇猛。在这商都的郊外，不可拒绝和杀害那些投降的殷朝士兵，可将他们带回西土服役，大家要努力啊！如果谁不奋发努力，我必严惩不贷。”宣誓结束，聚在一起的诸侯兵车有四千乘，在牧野摆开了阵势。

纣王听说武王来了，也发兵七十万来进行抵抗。武王命太师尚父率领百名勇猛之士出阵挑战，接着让大部队向纣军冲杀。纣军虽然数量多，但缺乏斗志，心里都盼着武王赶快攻入商都。因此他们纷纷倒戈，为武王开道。武王奔驰进攻，纣军分崩离析，纷纷背叛纣王。

※ 原文

纣走，反入登于鹿台之上，蒙衣其殊玉，自燔于火而死。武王持大白旗以麾诸侯，诸侯毕拜武王，武王乃揖诸侯，诸侯毕从。武王至商国，商国百姓咸待于郊。于是武王使群臣告语商百姓曰："上天降休！"商人皆再拜稽首，武王亦答拜。遂入，至纣死所。武王自射之，三发而后下车，以轻剑击之，以黄钺斩纣头，悬大白之旗。已而至纣之嬖妾二女，二女皆经自杀。武王又射三发，击以剑，斩以玄钺，悬其头小白之旗。武王已乃出复军。

其明日，除道，修社及商纣宫。及期，百夫荷罕旗以先驱。武王弟叔振铎奉陈常车，周公旦把大钺，毕公把小钺，以夹武王。散宜生、太颠、闳夭皆执剑以卫武王。既入，立于社南大卒之左，左右毕从。毛叔郑奉明水，卫康叔封布兹，召公奭赞采，师尚父牵牲。尹佚祝曰："殷之末孙季纣，殄废先王明德，侮蔑神祇不祀，昏暴商邑百姓，其章显闻于天皇上帝。"于是武王再拜稽首，曰："膺更大命，革殷，受天明命。"武王又再拜稽首，乃出。

※ 译文

纣王败走，回到城里，登上鹿台，穿上有珠宝装饰的华丽衣服，投入火海而亡。武王手持白旗指挥诸侯，诸侯都参拜武王，武王也拱手作揖回谢诸侯，诸侯都顺从。武王到商都，百官贵族都到郊外来迎候。这时，武王让群臣告诉他们："上天要降福给你们！"他们再次跪拜叩头，武王也回拜答礼。于是进城，到纣自杀的地方。武王亲自向纣的尸体射了三箭，而后下车又用轻吕宝剑击打纣的尸体，并将其头颅用黄钺斩下，悬挂于大白旗的旗杆上。最后找到纣的两个宠妃，此二人也已上吊自杀。武王又对她们射了三箭，再用剑击，再用黑斧头砍下她们的头，悬挂在小白旗上。然后武王就出城返回到军营。

到了第二天，修理道路，修复寺庙和商的宫殿。到了规定之日，由百名勇士扛着"罕旗"作为先导，武王的弟弟叔振铎护着插有太常旗显示王者威严的仪仗车，周公旦拿大钺，毕公拿小钺，左右护卫武王。散宜生、太颠、闳夭也都执剑护卫着武王。武王进城之后，站在社坛南边的军队左边，左右护卫的人全都跟从。毛叔郑捧着在月光下取得的露水，卫康叔铺好用公明草编织的席子，召公奭进献彩帛，太师尚父牵着祭祀用的牲畜。尹佚宣读祝文："殷的末代子孙纣，废弃先王的英明德政，侮辱天地神灵而不去祭祀，对百官贵族昏乱暴虐，他罪恶滔天，上天早就知道了。”于是武王两次跪拜叩头，说：“我承受着改朝换代的使命，革除殷朝暴政，接受上天圣明的旨命。”武王又一次跪拜叩头，然后就走了出去。

※ 原文

封商纣子禄父殷之余民。武王为殷初定未集，乃使其弟管叔鲜、蔡叔度相禄父治殷。已而命召公释箕子之囚。命毕公释百姓之囚，表商容之闾。命南宫括散鹿台之财，发巨桥之粟，以振贫弱萌隶。命南宫括、史佚展九鼎保玉。命闳夭封比干之墓。命宗祝享祠于军。乃罢兵西归。行狩，记政事，作《武成》。封诸侯，班赐宗彝，作《分殷之器物》。武王追思先圣王，乃褒封神农之后于焦，黄帝之后于祝，帝尧之后于蓟，帝舜之后于陈，大禹之后于杞。于是封功臣谋士，而师尚父为首封。封尚父于营丘，曰齐。封弟周公旦于曲阜，曰鲁。封召公奭于燕。封弟叔鲜于管，弟叔度于蔡。余各以次受封。

武王征九牧之君，登豳之阜，以望商邑。武王至于周，自夜不寐。周公旦即王所，曰：“曷为不寐？”王曰：“告女：维天不飨殷，自发未生于今六十年，麋鹿在牧，蜚鸿满野。天不享殷，乃今有成。维天建殷，其登名民三百六十夫，不显亦不宾灭，以至今。我未定天保，何暇寐！”王曰：“定天保，依天室，悉求夫恶，贬从殷王受。日夜劳来定我西土，我维显服，及德方明。自洛汭延于伊汭，居易毋固，其有夏之居。我南望三涂，北望岳鄙，顾詹有河，粤詹洛、伊，毋远天室。”营周居于洛邑而后去。纵马于华山之阳，放牛于桃林之虚；偃干戈，振兵释旅：示天下不复用也。

※ 译文

武王封纣的儿子禄父，让他仍然统辖殷朝剩下的民众。由于殷地刚刚平定还没有安稳，于是就派弟弟管叔鲜、蔡叔度辅助禄父来治理殷。然后命召公去将被囚禁的箕子释放，命毕公去释放被囚禁的百官贵族，还到商容居住的里巷去表彰他。命南宫括散发鹿台的钱财和巨桥的积粟，以救济贫弱的民众。命南宫括、史佚展示九鼎和宝玉。命闳夭增填比干的墓土并立冢。命宗祝祭祀阵亡的将士。然后罢兵回到西方。途中巡视、记述政治事件，写下了《武成》。分封诸侯，颁赐用于祭祀的宝器，写下了《分殷之器物》。武王追忆先代的圣王，褒扬并封神农的后代于焦地，封黄帝的后代于祝地，封尧的后代于蓟地，封舜的后代于陈地，封禹的后代于杞地。又分封功臣谋士，太师尚父第一个受封，被封在营丘，国号为齐。周公旦被封于曲阜，国号为鲁。召公奭被封于燕国。叔献被封于管国，叔度被封于蔡国。其他人也都按照次序受到了分封。

武王征召九州的君长，登上豳地附近的山丘，遥望商的故都。武王回到周都，夜里都无法入睡。周公旦来到武王的处所，问："您为什么睡不着呢？"武王说："告诉你吧，由于上天抛弃了殷朝，从我未出生到现在已经六十年，贤人被逐而小人在朝当政，灾害严重以致民不聊生。上天不保佑殷人，因此才有了我们今天的成功。当初殷承受天命而创建之时，任用贤人有三百六十人，致使殷家的事业虽然政绩不显著，但也不至于灭亡。我们还没有真正得到上天保佑，怎么会有睡觉的工夫啊！"他接着说："想要得到上天的保佑，使天下人都归附于王室，要找出那些不归顺王命的恶人，像惩罚纣王一样惩罚他们。日夜操劳，招徕贤人，以安定我们的西土。我只有将诸事都办理好，直到德教弘扬四方。从洛水延续到伊水，居地平坦没有险阻，那是夏代旧的居住地。我向南望到三涂，向北望到太行，回头看到黄河，审视洛水和伊水两岸，觉得这是一个建都的好地方。"武王就将周的陪都建在洛邑，然后离去。在华山南面放养战马，在桃林的原野上放养牛，让军队放下干戈兵器，收整并解散军队，向天下显示不再用武了。

※ 原文

武王已克殷，后二年，问箕子殷所以亡。箕子不忍言殷恶，以存亡国宜告。武王亦丑，故问以天道。

武王病。天下未集，群公惧，穆卜，周公乃祓斋，自为质，欲代武王，武王有瘳。后而崩，太子诵代立，是为成王。

成王少，周初定天下，周公恐诸侯畔周，公乃摄行政当国。管叔、蔡叔群弟疑周公，与武庚作乱，畔周。周公奉成王命，伐诛武庚、管叔，放蔡叔。以微子开代殷后，国于宋。颇收殷余民，以封武王少弟封为卫康叔。晋唐叔得嘉谷，献之成王，成王以归周公于兵所。周公受禾东土，鲁天子之命。初，管、蔡畔周，周公讨之，三年而毕定，故初作《大诰》，次作《微子之命》，次《归禾》，次《嘉禾》，次《康诰》《酒诰》《梓材》，其事在周公之篇。周公行政七年，成王长，周公反政成王，北面就群臣之位。

※ 译文

武王已经战胜殷朝，两年后，问箕子殷朝灭亡的原因。箕子不忍心讲殷的罪过，只是跟武王说了一些国家的生死存亡之道。武王也有些不好意思，于是就又问了他一些治国之道。

武王生病了。那时天下还没有安定，众臣都恐惧不安，就虔诚地占卜，周公斋戒沐浴，举行消灾避邪的仪式，情愿以自身为抵押，代替武王承受病痛，武王的病情就得到了好转。但是后来还是去世了，太子诵即位，即周成王。

成王年少，再加上周朝刚安定天下，周公担心诸侯背叛周朝，就代理国事，主持政务。管叔和蔡叔兄弟怀疑周公，就和武庚一起作乱，背叛周朝。周公奉成王之命对其进行讨伐，将武庚和管叔诛杀，将蔡叔放逐，用微子开代替武庚作为殷家后代，封国在宋。尽量召集残余的殷朝民众，封给武王的小弟弟，将其封为卫康叔。晋唐叔得到一种象征吉祥的谷物，将其献给了成王，成王将它运到出兵征伐地转给周公，周公就在东方接受了它，并对天子的圣命进行了颂扬。当初，管叔和蔡叔背叛周朝，周公前去讨伐，经过三年终于彻底平定。所以先作《大诰》，又作《微子之命》，再作《归禾》，再作《嘉禾》，再作《康诰》《酒诰》《梓材》，这些事情都在有关周公的篇章里记载着。周公行使政治权利经过了七年，成王长大了，周公就将政权交还给了成王，面北站在臣下的位置上。

※ 原文

成王在丰，使召公复营洛邑，如武王之意。周公复卜申视，卒营筑，居九鼎焉。曰："此天下之中，四方入贡道里均。"作《召诰》《洛诰》。成王既迁殷遗民，周公以王命告，作《多士》《无佚》。召公为保，周公为师，东伐淮夷，残奄，迁其君薄姑。成王自奄归，在宗周，作《多方》。既绌殷命，袭淮夷，归在丰，作《周官》。兴正礼乐，度制于是改，而民和睦，颂声兴。成王既伐东夷，息慎来贺，王赐荣伯作《贿息慎之命》。

成王将崩，惧太子钊之不任，乃命召公、毕公率诸侯以相太子而立之。成王既崩，二公率诸侯，以太子钊见于先王庙，申告以文王、武王之所以为王业之不易，务在节俭，毋多欲，以笃信临之，作《顾命》。太子钊遂立，是为康王。康王即位，遍告诸侯，宣告以文武之业以申之，作《康诰》。故成康之际，天下安宁，刑错四十余年不用。康王命作策毕公分居里，成周郊，作《毕命》。

康王卒，子昭王瑕立。昭王之时，王道微缺。昭王南巡狩不返，卒于江上。其卒不赴告，讳之也。立昭王子满，是为穆王。穆王即位，春秋已五十矣。王道衰微，穆王闵文、武之道缺，乃命伯冏，申诫太仆国之政，作《冏命》，复宁。

※ 译文

成王住在丰邑，命召公再次营建洛邑，以顺从武王的心愿。周公多次占卜，反复视察，最终完成营建的工程，并把九鼎安放在那里。说："这里是天下的正中，从四方进贡的路程都一样长。"写下了《召诰》《洛诰》。成王又将殷朝的遗民迁徙到洛邑附近的成周，周公向他们宣告成王的命令，并写下了《多士》和《无佚》。召公担任太保，周公担任太师，向东去讨伐淮夷民族，将奄国灭亡，并将他的封君迁到了薄姑。成王从奄回来后，在宗周写下了《多方》。成王将殷礼废除后，又袭击了淮夷，回到丰邑写下了《周官》。重新制定礼乐，并同时修改了各种制度，因而百姓和睦，兴起了颂扬太平的歌声。成王讨伐了东夷以后，息慎部族就前来朝贡，成王赏赐他们财物，并命荣伯写下了《贿息慎之命》。

成王将要去世，担心太子钊不足以胜任王位，于是就命召公和毕公率领诸侯带太子瞻仰先祖庙宇，告诫他文王和武王的事业来之不易，要他致力于节俭，不要有太多的欲望，要以笃厚诚信的态度登临王位，于是又写下了《顾命》。太子钊即位了，这就是康王。康王即位后，遍告四方诸侯，以文王和武王的业绩来劝勉他们，写下了《康诰》。因此，在成王和康王的时代，天下太平，刑罚被弃置了四十多年都没有使用。康王命写作策书的毕公，按等级划分居住范围，形成成周郊区，写下了《毕命》。

康王去世，其子昭王瑕即位。昭王的时候，王道略有缺失。昭王到南方视察不复返，死在了江河水中。他死后，没有向诸侯发丧，这是为了隐讳他的错误行为。让昭王的儿子满即位，即穆王。穆王登上王位的时候，已经五十岁了。王道衰败，穆王忧虑文王和武王的大业残缺，就命伯冏担任太仆正之职，并告诫他要以国家政事为重，写下了《冏命》，国家又恢复了安宁。

※ 原文

穆王将征犬戎，祭公谋父谏曰："不可。先王耀德不观兵。夫兵戢而时动，动则威，观则玩，玩则无震。是故周文公之颂曰：'载戢干戈，载櫜弓矢，我求懿德，肆于时夏，允王保之。'先王之于民也，茂正其德而厚其性，阜其财求而利其器用，明利害之乡，以文修之，使之务利而辟害，怀德而畏威，故能保世以滋大。

"昔我先王世后稷以服事虞、夏。及夏之衰也，弃稷不务，我先王不窋用失其官，而自窜于戎狄之间。不敢怠业，时序其德，遵修其绪，修其训典，朝夕恪勤，守以敦笃，奉以忠信。奕世载德，不忝前人。至于文王、武王，昭前之光明而加之以慈和，事神保民，无不欣喜。商王帝辛大恶于民，庶民不忍，欣载武王，以致戎于商牧。是故先王非务武也，勤恤民隐而除其害也。夫先王之制，邦内甸服，邦外侯服，侯卫宾服，夷蛮要服，戎翟荒服。甸服者祭，侯服者祀，宾服者享，要服者贡，荒服者王。

※ 译文

穆王将要征伐犬戎，祭公谋父劝谏道："不可。先王只显示德行而从不炫耀武力。兵器平常都是收藏着，只等适宜的时候才会动用，一旦动用就会显示威严，如果经常炫耀就会成为儿戏，别人就不会害怕你了。因此周公在其颂歌中说：'收好干戈，藏好弓箭，我只想将美德推广，如此王道定会保佑周邦。'对待百姓，先王总是努力端正他们的德行，使他们性情敦厚，增加他们的财富，充实他们的器用，让他们明白利害关系，用礼法来教育他们，使他们趋利避害，感怀德惠而害怕惩罚。因此得以保守基业乃至不断发展壮大。

“以前我们的祖先世代担任农官，在虞、夏两朝奔走效劳。到了夏朝时衰败，将农业生产废弃，先祖不窋因此丢掉了官职，自行逃到戎狄地区。他仍然不敢荒废农业，并维护先王的德行，遵循先王开创的基业，修正教令，一天到晚兢兢业业，用敦厚笃实的态度来严格遵守，用忠诚信服的精神来时刻奉行。一代代继承德政，不辱没先祖。到了文王和武王的时候，他们将先祖基业继续发扬光大，进一步推行德政，敬奉神明，爱护百姓，因而人神没有不高兴的。商王帝辛对百姓犯下了很大的罪恶，他们忍无可忍，于是都拥戴武王，因此在商郊牧野展开了战争。所以说先王并非想要有意用武，用武是为了使百姓免遭祸害。先王的制度，王畿内是甸服，王畿外是侯服，侯服以外起武卫作用的是宾服，蛮夷地区是要服，再外的戎翟地区为荒服。甸服区的诸侯供奉天子每天的祭祀，侯服区负责供应每月的祭祀，宾服区负责供应四时的祭品，要服区每年都要向周王纳贡，荒服区要承认周王的正统地位。

※ 原文

“日祭，月祀，时享，岁贡，终王。先王之顺祀也，有不祭则修意，有不祀则修言，有不享则修文，有不贡则修名，有不王则修德，序成而有不至则修刑。于是有刑不祭，伐不祀，征不享，让不贡，告不王。于是有刑罚之辟，有攻伐之兵，有征讨之备，有威让之命，有文告之辞。布令陈辞而有不至，则增修于德，无勤民于远。是以近无不听，远无不服。

“今自大毕、伯士之终也，犬戎氏以其职来王。天子曰‘予必以不享征之，且观之兵’，无乃废先王之训，而王几顿乎？吾闻犬戎树敦，率旧德而守终纯固，其有以御我矣。”王遂征之，得四白狼四白鹿以归。自是荒服者不至。

※ 译文

“祭礼一天一次，祀礼一月一次，献享一季一次，进贡一年一次，荒服只需永远都承认周王室的正统地位即可。先王推行的这种祭祀制度，倘若甸服不来供奉祭祀，就得修正自己的思想；侯服不来贡祀，便须修正自己的言论；宾服不来献享，就要修正礼乐制度；要服不来进贡，就要修治尊卑职责的名号；荒服若有不臣服之意，就应修正自己的德行。依次做到了这些，如果还有不按照规定做的，就动用刑罚。于是惩罚不参与日祭的，攻讨不参与月祀的，亲自出兵征讨不献时享的，责备不按年纳贡的，劝谕不想臣服的。于是也就有了刑罚的法规、讨伐的军队、征讨的措施、威严责备的诰命以及晓谕劝诫的文辞。倘若谴责的诏命和劝谕的文辞都发布了，还有不朝贡者，天子就更要加强自己的德行，而不是让百姓受苦受累去远征。这样才能使近地诸侯无不听从，远处民族无不臣服。

“如今，自从犬戎的两位君主大毕和伯士去世之后，接下来的首领还是遵奉周王，尽职尽责，但是您却说：‘我定要按不享之罪名来讨伐他们，并向他们炫耀我的武力’，这难道不是废弃了先王的遗训，毁坏先王的制度吗？我听说，犬戎部落树立了敦厚的风尚，遵循先人的传统美德，始终恪守淳朴坚定的品性，这样他们就已经有了抵御我们的条件和基础了。”但穆王还是进行了征伐，只得到了四头白狼和四只白鹿。从这此后，荒服地区便没有部族前来朝见了。

※ 原文

诸侯有不睦者，甫侯言于王，作修刑辟。王曰：“吁，来！有国有土，告汝祥刑。在今尔安百姓，何择非其人，何敬非其刑，何居非其宜与？两造具备，师听五辞。五辞简信，正于五刑。五刑不简，正于五罚。五罚不服，正于五过。五过之疵，官狱内狱，阅实其罪，惟钧其过。五刑之疑有赦，五罚之疑有赦，其审克之。简信有众，惟讯有稽。无简不疑，共严天威。

“黥辟疑赦，其罚百率，阅实其罪。劓辟疑赦，其罚倍洒，阅实其罪。膑辟疑赦，其罚倍差，阅实其罪。宫辟疑赦，其罚五百率，阅实其罪。大辟疑赦，其罚千率，阅实其罪。墨罚之属千，劓罚之属千，膑罚之属五百，宫罚之属三百，大辟之罚其属二百：五刑之属三千。”命曰《甫刑》。

※ 译文

诸侯中有闹矛盾的，辅相对穆王说要制定刑法。穆王说：“好，来！你们这些有国家和土地的人，我要将健全的刑法告诉你们。如今你们要使百姓安定，必须选择什么呢？不就是德高望重的贤人吗？严肃对待什么呢？不就是五刑吗？平时考虑什么呢？不就是量刑的轻重要适宜吗？原、被告都到齐时，士师就要用五种方法来考察供辞。都核实验证了，就要用五种刑律来对其进行判决。若不能检查核实，就不能用五种刑律，而是根据罪行的轻重处以五罚。若五罚不合适，不能使人心服，就要按五种过失来处罚。五种过失，即依仗官势，图报恩怨，贪赃枉法，收受贿赂，徇私枉法等，这些都要考核查实，处罚要与所犯过失相当。判处五刑有疑问应当赦免，判处五罚有疑问应当赦免，要审慎地加以考察。检查核实，准确取证一定要通过多种途径，审理案件的时候也一定要有一同办案的人。不能不经核实就凭主观判案，要恭敬谨慎地执行上天的判决。

“判处黥刑但不够定罪的，可罚金百钱，但事先一定要核实清其罪过。判处劓刑但不够定罪的，可罚金二百钱，事先也要核实该人所犯罪行。判处膑刑但不够定罪的，可罚金五百钱，一定要核实其所犯的罪过。判处宫刑但不够定罪的，可罚金六百钱，事先要核实其所犯的罪过。判处死刑但不够定罪的，可罚金一千钱，一定要事先核查其所犯罪行。处黥刑此类的犯罪条目为一千条，处劓刑此类罪行条目为一千条，处膑刑此类犯罪条目为五百条，处宫刑此类犯罪条目为三百条，处死刑此类犯罪条目为二百条：判处这五种刑罚的条目一共为三千条。”命名为《甫刑》。

※ 原文

穆王立五十五年，崩，子共王繄扈立。共王游于泾上，密康公从，有三女奔之。其母曰：“必致之王。夫兽三为群，人三为众，女三为粲。王田不取群，公行不下众，王御不参一族。夫粲，美之物也。众以美物归女，而何德以堪之？王犹不堪，况尔之小丑乎！小丑备物，终必亡。”康公不献，一年，共王灭密。共王崩，子懿王囏立。懿王之时，王室遂衰，诗人作刺。

懿王崩，共王弟辟方立，是为孝王。孝王崩，诸侯复立懿王太子燮，是为夷王。

夷王崩，子厉王胡立。厉王即位三十年，好利，近荣夷公。大夫芮良夫谏厉王曰：“王室其将卑乎？夫荣公好专利而不知大难。夫利，百物之所生也，天地之所载也，而有专之，其害多矣。天地百物皆将取焉，何可专也？所怒甚多，不备大难。以是教王，王其能久乎？夫王人者，将导利而布之上下者也。使神人百物无不得极，犹日怵惕惧怨之来也。故《颂》曰‘思文后稷，克配彼天，立我蒸民，莫匪尔极’。《大雅》曰‘陈锡载周’，是不布利而惧难乎，故能载周以至于今。今王学专利，其可乎？匹夫专利，犹谓之盗，王而行之，其归鲜矣。荣公若用，周必败也。”厉王不听，卒以荣公为卿士，用事。

※ 译文

穆王在位五十五年后去世，其子共王繄扈即位。共王在泾水上游玩，密国康公跟随着他，有三个女子投奔到他这里。密康公的母亲说：“一定要将此三人献给共王。三只兽就聚成群，三个人就成众，三个美女就成粲。君王狩猎时，不会猎取过多的野兽，诸侯出行时，也谦恭有礼，君王娶嫔妃，不娶同一家的三个女子。此三人均为美丽的女子，别人将他们献给你，你有什么样的德行能够消受得起呢？君王都无法承受，更不要说像你这样的小人物了。小人物拥有这样的宝物，必然要走向灭亡。”康公没有听从母亲的建议，一年后，便被共王灭掉。共王去世，其子懿王囏即位。懿王的时候，周王室开始衰败，诗人都作诗来进行讽刺。

懿王去世，由共王的弟弟辟方即位，即孝王。孝王去世，诸侯又重新扶立懿王的太子燮，即夷王。

夷王去世，其子厉王胡即位。厉王继承王位三十年，贪财好利，亲近荣夷公。大夫芮良夫劝谏道："难道周王室将要衰落了吗？那个荣公喜好独占财利，却不知将要大祸临头。财利，是天地自然育成的，要想独占，就会祸患无穷。天地生万物，每个人都有份，怎么可以独占呢？这样会得罪很多人，但他又不防备难。他用这些来辅佐您，您还能长久安宁吗？天下君王都应该开发财利，并将其平均分配给众人，使神、人和万物各得其所，尽管如此还会每天胆战心惊呢，唯恐招来怨恨。因此《颂》诗说：'具有文德的后稷，能够配享于上天，使众人安定生活，没有一件事不是遵循正道准则的。'《大雅》也说：'上天的赐福成就了周的天下。'这不正是为了让人人得利而害怕大难的降临吗？所以才成就了周朝的基业，直到今天。如今您却去学独占财利，这怎么能行呢？普通人这样做，尚且被叫作强盗，君王您也这么做，来归附您的人肯定就越来越少了。倘若荣公被重用，则周朝就必定要灭亡了。"厉王置之不理，最终还是任用荣公为卿士，让他执掌大权。

※ 原文

王行暴虐侈傲，国人谤王。召公谏曰："民不堪命矣。"王怒，得卫巫，使监谤者，以告则杀之。其谤鲜矣，诸侯不朝。三十四年，王益严，国人莫敢言，道路以目。

厉王喜，告召公曰："吾能弭谤矣，乃不敢言。"召公曰："是鄣之也。防民之口，甚于防水。水壅而溃，伤人必多，民亦如之。是故为水者决之使导，为民者宣之使言。故天子听政，使公卿至于列士献诗，瞽献曲，史献书，师箴，瞍赋，矇诵，百工谏，庶人传语，近臣尽规，亲戚补察，瞽史教诲，耆艾修之，而后王斟酌焉，是以事行而不悖。民之有口也，犹土之有山川也，财用于是乎出；犹其有原隰衍沃也，衣食于是乎生。口之宣言也，善败于是乎兴。行善而备败，所以产财用衣食者也。夫民虑之于心而宣之于口，成而行之。若壅其口，其与能几何？"王不听。于是国莫敢出言，三年，乃相与畔，袭厉王。厉王出奔于彘。

※ 译文

厉王行暴政，骄奢傲慢，民众都在议论他。召公劝谏道："百姓已经无法忍受您的暴政了。"厉王大怒，就找来一个卫国的巫师，让他对那些议论朝政的人进行监视，只要向厉王报告，就立即将议论者处死。如此一来，议论者的确少了，但与此同时，诸侯也不来朝拜了。三十四年，厉王变本加厉，百姓不敢开口议论，甚至在路上遇到也只是用目光示意一下。

厉王高兴异常，对召公说："我能禁止议论了，没有人再敢说三道四了。"召公说：

“这是强行堵塞了言路。防范百姓的言论比防范水患还重要。水若因被阻塞而决口，则会伤害很多人，压制言论的结果也是这样。所以治水的人疏通河道，才会使水流顺畅；当政者广开言路，让百姓敢于说话。因此君王治理国政，让三公九卿乃至一般官员都献上讽喻政治的诗篇，让盲人乐官献上反映民事的乐曲，让史官献上用以借鉴的史书，让师劝诫，让无眸的盲人朗诵，让有眸而失明者宣读劝诫的言语，让百官进谏，百姓的意见能够层层被传达，身边的臣子尽到规劝的职责，内外亲属大臣监察并补救君王的过失，太师、太史施加教诲，朝中老臣帮助修治，然后再由君王自己定夺，这样各项事务就会有条不紊地实施了。百姓能言论自由，就好比大地有山河，财利都由此产生；就好比土地有高低干湿，衣食所需都由此产生。口能够发表意见，则趋善去恶的政治就此兴起。施行善政，防止败坏，是产生财利和衣食的重要途径。民众将心中所想通过口表达出来，是经过反复考虑，意见成熟了才流露出来的。如果不让他们说话了，那么还有几个人肯拥护您呢？”厉王不听。于是国内没有人敢发表言论，三年以后，他们就相互联合，反动叛乱，袭击厉王。厉王就逃奔到了彘地。

※ 原文

厉王太子静匿召公之家，国人闻之，乃围之。召公曰：“昔吾骤谏王，王不从，以及此难也。今杀王太子，王其以我为仇而怼怒乎？夫事君者，险而不仇怼，怨而不怒，况事王乎！”乃以其子代王太子，太子竟得脱。

召公、周公二相行政，号曰“共和”。共和十四年，厉王死于彘。太子静长于召公家，二相乃共立之为王，是为宣王。宣王即位，二相辅之，修政，法文、武、成、康之遗风，诸侯复宗周。十二年，鲁武公来朝。

宣王不修籍于千亩，虢文公谏曰不可，王弗听。三十九年，战于千亩，王师败绩于姜氏之戎。

宣王既亡南国之师，乃料民于太原。仲山甫谏曰：“民不可料也。”宣王不听，卒料民。

四十六年，宣王崩，子幽王宫湦立。幽王二年，西周三川皆震。伯阳甫曰：“周将亡矣。夫天地之气，不失其序；若过其序，民乱之也。阳伏而不能出，阴迫而不能蒸，于是有地震。今三川实震，是阳失其所而填阴也。阳失而在阴，原必塞；原塞，国必亡。夫水土演而民用也。土无所演，民乏财用，不亡何待！昔伊、洛竭而夏亡，河竭而商亡。今周德若二代之季矣，其川原又塞，塞必竭。夫国必依山川，山崩川竭，亡国之征也。川竭必山崩。若国亡不过十年，数之纪也。天之所弃，不过其纪。”是岁也，三川竭，岐山崩。

※ 译文

厉王的太子静藏在召公家中，国人听说后，就将召公的家围住了。召公说：“以前我不止一次地劝谏厉王，他不听，才招致了此等祸患。今天，若杀了太子，君王就会认为我将他作为仇敌而发泄愤怒啊。侍奉君主之人，即使身处险境也不能仇恨君主，受责备也不能愤怒，更何况是侍奉天子呢！”于是就用自己的儿子做太子的替身，太子方得以逃脱。

召公和周公两人共同辅政，称为“共和”。共和十四年，厉王在彘地去世。太子静在召公家长大，两位宰相共同将其拥立为周王，即宣王。宣王即位后，召公和周公辅佐他，修治政事，效法文王、武王、成王和康王，诸侯又重新尊奉周朝王室。十二年，鲁国武公前来朝拜。

宣王废弃天子籍田上的籍礼，虢国的文公劝谏说不可以这样。宣王不听。三十九年，宣王与犬戎在千亩交战，被犬戎打败。

宣王已经丧失了南方的部队，于是就在太原地区统计民众人数准备征兵。大臣仲山甫劝谏说：“民众是不可以统计调查而征兵的。”宣王不听，还是统计了该地的人数。

四十六年，宣王去世，其子幽王在宫涅即位。幽王二年，西周附近的三条河流都发生了地震。伯阳甫说：“周朝走到尽头了。天地自然之气，不能丧失它的正常秩序。如果丧失了，则说明有人扰乱了它。阳气伏在下边无法排出，被阴气压迫而无法上升，便会发生地震。如今三条河流都发生了地震，就是因为阳气失去了它在上边的位置而被阴气镇伏。阳气处在阴气下面，则河流源泉就会被堵塞，河流堵塞就会影响到国家的兴亡。水土气息通畅湿润就可生长作物以供民用；反之，民众就会缺乏财货物用，国家怎么会不灭亡呢？以前伊水和洛水枯竭，而夏朝灭亡，黄河枯竭而商朝灭亡。如今周朝的德运也像夏、商的末年了。国家河流的上源又被堵塞，则河流必然枯竭。一个国家必须依靠山川，山崩河干乃亡国的征兆。河流枯竭必定会发生山崩。倘若不过十年而国家败亡，这也是天数到了。被上天所厌弃的国家，其灭亡就不会超过天数。”恰恰在这一年，渭水、泾水和洛水都枯竭了，岐山也发生了崩塌。

※ 原文

三年，幽王嬖爱褒姒。褒姒生子伯服，幽王欲废太子。太子母申侯女，而为后。后幽王得褒姒，爱之，欲废申后，并去太子宜臼，以褒姒为后，以伯服为太子。周太史伯阳读史记曰：“周亡矣。”昔自夏后氏之衰也，有二神龙止于夏帝庭而言曰：“余，褒之二君。”夏帝卜杀之与去之与止之，莫吉。卜请其漦而藏之，乃吉。于是布币而策告之，龙亡而漦在，椟而去之。夏亡，传此器殷。殷亡，又传此器周。比三代，莫敢发之，至厉王之末，发而观之。漦流于庭，不可除。厉王使妇人裸而噪之。漦化为玄鼋，以入王后宫。后宫之童妾既龀而遭之，既笄而孕，无夫而生子，惧而弃之。

宣王之时童女谣曰："檿弧箕服，实亡周国。"于是宣王闻之，有夫妇卖是器者，宣王使执而戮之。逃于道，而见乡者后宫童妾所弃妖子出于路者，闻其夜啼，哀而收之，夫妇遂亡，奔于褒。褒人有罪，请入童妾所弃女子者于王以赎罪。弃女子出于褒，是为褒姒。当幽王三年，王之后宫见而爱之，生子伯服，竟废申后及太子，以褒姒为后，伯服为太子。太史伯阳曰："祸成矣，无可奈何！"

※ 译文

三年，幽王宠爱褒姒。褒姒生下儿子伯服，幽王就想将太子废掉。太子的母亲是申侯的女儿，是幽王的王后。后来，幽王得到了褒姒，对其宠爱有加，就想将申后废掉，同时废掉太子宜臼，然后立褒姒为王后，立伯服为太子。周太史伯阳阅读了关于历史记载的书籍后说："周要亡国了。"以往夏后氏衰败之时，有两条神龙降到夏帝宫室内说："我们是褒国的两位先君。"夏帝占卜，看对它们应该是杀掉，赶走，还是留下，结果却都不吉利。又占卜，结果说，留下神龙的唾液并将其储藏起来就吉利。于是陈列祭品，并宣读策文告诉神龙，神龙飞走时留下了它们的唾液，这唾液被藏在匣子里，并擦去痕迹。夏朝灭亡后，这个匣子就传给了殷朝。殷朝灭亡后，又将此匣子传给了周朝。连续三代都没有打开过它。厉王末年，将匣子打开看里面的唾液。唾液完全流落到宫廷的地面上，怎么都除不掉。厉王让妇人赤裸着大声吵嚷，唾液就化成了一只黑色的像蜥蜴似的动物，进入了厉王的后宫。后宫的一个年满七岁的童妾遇到了此物，结果这个小女婢成年后就怀孕了，没有丈夫就生下了孩子。她害怕，就将小孩抛弃了。

宣王的时候，女孩们唱这样的歌谣："桑木做的弓，箕木做的箭袋，会将周灭亡了呀。"正好宣王又听说有一对夫妇就是卖歌谣里唱的这种弓和箭袋的，就派人将他们捉住杀掉。夫妇俩人在路上逃命时，正好看到了那个被婢女丢弃的怪婴，听到她在黑夜里啼哭，很是可怜，就将其收养。这对夫妇逃到了褒国。褒国人得罪了周朝，就请求献上这个怪婴以赎罪。由于这个女子是在褒国长大的，所以就叫作褒姒。幽王三年的时候，幽王去后宫看到了褒姒，就宠幸她，于是生下了儿子伯服。最终，幽王将申后和太子废掉，立褒姒为王后，立伯服为太子。太史伯阳说："祸患既已至此，也就没有办法了。"

※ 原文

褒姒不好笑，幽王欲其笑万方，故不笑。幽王为烽燧大鼓，有寇至则举烽火。

诸侯悉至，至而无寇，褒姒乃大笑。幽王说之，为数举烽火。其后不信，诸侯益亦不至。

幽王以虢石父为卿，用事，国人皆怨。石父为人佞巧，善谀好利，王用之。又废申后，去太子也。申侯怒，与缯、西夷犬戎攻幽王。幽王举烽火征兵，兵莫至。遂杀幽王骊山下，虏褒姒，尽取周赂而去。于是诸侯乃即申侯而共立故幽王太子宜臼，是为平王，以奉周祀。

平王立，东迁于洛邑，辟戎寇。平王之时，周室衰微，诸侯强并弱，齐、楚、秦、晋始大，政由方伯。

四十九年，鲁隐公即位。

五十一年，平王崩，太子泄父蚤死，立其子林，是为桓王。桓王，平王孙也。

桓王三年，郑庄公朝，桓王不礼。五年，郑怨，与鲁易许田。许田，天子之用事太山田也。八年，鲁杀隐公，立桓公。十三年，伐郑，郑射伤桓王，桓王去归。

※ 译文

褒姒不爱笑，幽王便千方百计想让她笑，可是无济于事。幽王设置了烽火台和大鼓，倘若敌寇前来侵犯，就将烽火点燃报警。有一次，幽王点燃烽火，诸侯纷纷率兵赶来护驾，来后却未见敌寇，于是褒姒大笑起来。幽王非常高兴，为博得褒姒一笑，他多次点燃烽火。从此失掉了信用，诸侯便不再带兵赶来了。

幽王任虢石父做卿士，执掌朝政，结果百姓怨天载道。虢石父为人奸佞狡诈，善于阿谀奉承，贪财好利，幽王却重用他，还将申后和太子废掉。申侯大怒，就联合缯国和西夷犬戎一起攻打幽王。这时幽王又点燃烽火向诸侯求救，但是却没有人赶来。于是幽王被申侯杀于骊山下，褒姒也被俘虏，周朝的财物也都被拿走了。这样诸侯就同申侯一起拥立原来的太子宜臼，这就是平王，由他来继续供奉周王室的祭祀。

平王即位后，将京都向东迁到了洛邑，以避免西夷犬戎的侵袭。平王的时候，周王室衰微，诸侯之间强国兼并弱国，齐、楚、秦、晋四国逐渐强大，政事由四方诸侯中的首领所左右着。

四十九年，鲁国的隐公继承王位。

五十一年，平王去世，太子泄父也早已死亡，就立了太子的儿子林，即桓王。桓王就是平王的孙子。

桓王三年，郑庄公前来朝拜，桓王却不以礼相待。五年，郑国怨恨桓王，就与鲁国交换了许田。许田是周王赐给郑国的用于协助天子祭祀的邑田。八年，隐公被鲁国人所杀，桓公被立。十三年，桓王率军讨伐郑国，结果被郑人射伤，桓王失败而归。

※ 原文

二十三年，桓王崩，子庄王佗立。庄王四年，周公黑肩欲杀庄王而立王子克。辛伯告王，王杀周公。王子克奔燕。

十五年，庄王崩，子釐王胡齐立。釐王三年，齐桓公始霸。

五年，釐王崩，子惠王阆立。惠王二年。初，庄王嬖姬姚，生子颓，颓有宠。及惠王即位，夺其大臣园以为囿，故大夫边伯等五人作乱，谋召燕、卫师，伐惠王。惠王奔温，已居郑之栎。立釐王弟颓为王。乐及遍舞，郑、虢君怒。四年，郑与虢君伐杀王颓，复入惠王。惠王十年，赐齐桓公为伯。

二十五年，惠王崩，子襄王郑立。襄王母蚤死，后母曰惠后。惠后生叔带，有宠于惠王，襄王畏之。三年，叔带与戎、翟谋伐襄王，襄王欲诛叔带，叔带奔齐。齐桓公使管仲平戎于周，使隰朋平戎于晋。王以上卿礼管仲。管仲辞曰："臣贱有司也，有天子之二守国、高在。若节春秋来承王命，何以礼焉。陪臣敢辞。"王曰："舅氏，余嘉乃勋，毋逆朕命。"管仲卒受下卿之礼而还。九年，齐桓公卒。十二年，叔带复归于周。

※ 译文

二十三年，桓王去世，其子庄王佗即位。庄王四年，周公黑肩想杀掉庄王而改立王子克。辛伯报告给了庄王，于是周公被庄王所杀。王子克逃到了燕国。

十五年，庄王去世，其子釐王胡齐即位。釐王三年，齐桓公开始称霸。

五年，釐王去世，其子惠王阆即位。惠王二年，当初庄王宠幸姚姬，生下儿子颓，颓也受到宠爱。到惠王即位的时候，强夺大臣的园地来作为饲养野兽的苑囿，由此导致了大夫边伯等五人作乱，他们与燕、卫两国的军队密谋来讨伐惠王。惠王逃到温地。没多久，又到郑国的栎地居住。釐王的弟弟颓被拥立为王，颓设礼招待五位大夫，奏了全套的舞乐。郑国和虢国的国君听说后都异常愤怒。四年，郑、虢两国对王颓进行讨伐，并将其杀死，重新迎回惠王。惠王十年，赐齐桓公为诸侯的霸主。

二十五年，惠王去世，其子襄王郑即位。襄王的母亲死得早，惠后是他的后母。惠后生下叔带，受到惠王宠爱，襄王畏惧他。三年，叔带和戎族、翟族密谋攻打襄王，襄王就想诛杀叔带，叔带向齐国逃奔。齐桓公命管仲前去周平定戎族，命隰朋去晋国，让他们来援助周而讨伐戎族。襄王以上卿的礼节来款待管仲，管仲谦让道："我只是个低贱的小官，在齐国还有天子任命的上卿守臣国氏和高氏在，倘若他们在春秋两季朝聘的时间来朝见，您该以什么礼节来接待他们呢？我冒昧地请求免去此礼。"襄王说："你是我舅舅家的使者，我嘉奖你的功劳，就不要推辞了。"但管仲最终只接受了下卿的礼仪就回国了。九年，齐桓公去世。十二年，叔带又回到了周朝。

※ 原文

十三年，郑伐滑，王使游孙、伯服请滑，郑人囚之。郑文公怨惠王之入不与厉公爵，又怨襄王之与卫滑，故囚伯服。王怒，将以翟伐郑。富辰谏曰：“凡我周之东徙，晋、郑焉依。子颓之乱，又郑之由定，今以小怨弃之！”王不听。十五年，王降翟师以伐郑。王德翟人，将以其女为后。富辰谏曰：“平、桓、庄、惠皆受郑劳，王弃亲亲翟，不可从。”王不听。十六年，王绌翟后，翟人来诛，杀谭伯。富辰曰：“吾数谏不从。如是不出，王以我为怼乎？”乃以其属死之。

初，惠后欲立王子带，故以党开翟人，翟人遂入周。襄王出奔郑，郑居王于氾。子带立为王，取襄王所绌翟后与居温。十七年，襄王告急于晋，晋文公纳王而诛叔带。襄王乃赐晋文公珪鬯弓矢，为伯，以河内地与晋。二十年，晋文公召襄王，襄王会之河阳、践土，诸侯毕朝，书讳曰“天王狩于河阳”。

二十四年，晋文公卒。

三十一年，秦穆公卒。

※ 译文

十三年，郑国讨伐滑国，襄王派游孙和伯服去替滑国求情，郑国人就将此二人也给囚禁了起来。郑文公怨恨周襄王到郑国巡视时没有将玉制的酒杯送给郑厉公，还怨恨襄王偏袒卫、滑两国，所以就将伯服囚禁。襄王大怒，想借翟族来征伐郑国。富辰劝谏道：“大凡周室向东迁都，依靠的都是郑、晋两国。子颓作乱，还是由郑国平定的，如今怎么可以因为一点小怨就将其抛弃呢？”襄王不听。十五年，襄王派翟族军队讨伐郑国。襄王因感激翟族人而准备娶翟族的女子来做王后。富辰劝谏道：“平王、桓王、庄王和惠王都受到过郑国对王室的勤劳，您现在却抛弃亲族，去亲近翟族，万万不可啊！”襄王不听。十六年，襄王废掉了翟族的王后，翟族人就来诛杀，大夫谭伯被杀死。富辰说：“我一再劝谏王却不听从，倘若此时不挺身而出，君王会觉得我是心怀怨恨吧？”于是率领他的族人死斗殉难。

当初，惠王王后想让叔带即位，所以派其亲信去为翟族人开路，直到周的地界。襄王逃奔到郑国，郑国就将他安置在氾地居住。叔带立为王，就将襄王废除的翟族王后娶过来，他们一起住在温地。十七年，襄王向晋国告急，请求支援，晋文公接纳了襄王并诛杀了叔带。襄王于是赐给晋文公玉圭、香酒和弓箭，并将其封为诸侯霸主，同时赐给晋国河内地区。二十年，晋文公召襄王，他们在河阳、践土相会，天下诸侯也来朝拜。为了避讳以臣召君的事实，史书上只是说：“周天子在河阳巡视。”

二十四年，晋文公去世。

三十一年，秦穆公去世。

※ 原文

三十二年，襄王崩，子顷王壬臣立。顷王六年，崩，子匡王班立。匡王六年，崩，弟瑜立，是为定王。

定王元年，楚庄王伐陆浑之戎，次洛，使人问九鼎。王使王孙满应设以辞，楚兵乃去。十年，楚庄王围郑，郑伯降，已而复之。十六年，楚庄王卒。

二十一年，定王崩，子简王夷立。简王十三年，晋杀其君厉公，迎子周于周，立为悼公。

十四年，简王崩，子灵王泄心立。灵王二十四年，齐崔杼弑其君庄公。二十七年，灵王崩，子景王贵立。景王十八年，后太子圣而蚤卒。二十年，景王爱子朝，欲立之，会崩，子丐之党与争立，国人立长子猛为王，子朝攻杀猛。猛为悼王。晋人攻子朝而立丐，是为敬王。

敬王元年，晋人入敬王，子朝自立，敬王不得入，居泽。四年，晋率诸侯入敬王于周，子朝为臣，诸侯城周。十六年，子朝之徒复作乱，敬王奔于晋。十七年，晋定公遂入敬王于周。

三十九年，齐田常杀其君简公。

四十一年，楚灭陈。孔子卒。

四十二年，敬王崩，子元王仁立。元王八年，崩，子定王介立。

定王十六年，三晋灭智伯，分有其地。

※ 译文

三十二年，襄王去世，其子顷王壬臣即位。顷王在位六年去世，其子匡王班即位。匡王在位六年去世，其弟瑜即位，即定王。

定王元年，楚庄王征伐陆浑地区的戎族，在洛水一带驻扎，派人去询问九鼎的情况。定王派大夫王孙满设法用言辞应付了过去，楚兵才离开。十年，楚庄王围攻郑国，郑国国君投降，没过多久又光复了郑国。十六年，楚庄王去世。

二十一年，定王去世，其子简王夷即位。简王十三年，晋人杀了国君晋厉公，从周朝将子周迎回，立为悼公。

十四年，简王去世，其子灵王泄心即位。灵王二十四年，齐崔杼将其国君齐庄公杀死。二十七年，灵王去世，其子景王贵即位。景王十八年，王后生的太子很聪明，但是却死得很早。二十年，景王宠爱子朝，就想将其立为国君，可景王却不幸去世，于是子丐和其亲信同子朝争夺王位，而国人却拥立景王的长子猛做国君，子朝就进攻猛并将其杀死。由于猛即位时间不长便被杀死，所以被称作悼王。晋人又对子朝进行攻打而拥立子丐，这就是敬王。

敬王元年，晋人将敬王送入周都，子朝自立为王，敬王没有被送进来，就住在泽地。四年，晋国率领四方诸侯将敬王送入周都，子朝做臣子，诸侯为周修筑都城。十六年，子朝率领他的党羽再次作乱，敬王又逃奔到晋国。十七年，晋定公再次将敬王送到了周都。

三十九年，齐人田常将他们的国君简公杀死。

四十一年，楚国灭亡陈国。孔子去世。

四十二年，敬王去世，其子元王仁即位。元王于元王八年去世，其子定王介即位。

定王十六年，晋国的韩、赵、魏三家消灭了智伯，并瓜分了他的领地。

※ 原文

二十八年，定王崩，长子去疾立，是为哀王。哀王立三月，弟叔袭杀哀王而自立，是为思王。思王立五月，少弟嵬攻杀思王而自立，是为考王。此三王皆定王之子。

考王十五年，崩，子威烈王午立。

考王封其弟于河南，是为桓公，以续周公之官职。桓公卒，子威公代立。威公卒，子惠公代立，乃封其少子于巩以奉王，号东周惠公。

威烈王二十三年，九鼎震。命韩、魏、赵为诸侯。

二十四年，崩，子安王骄立。是岁盗杀楚声王。

安王立二十六年，崩，子烈王喜立。烈王二年，周太史儋见秦献公曰："始周与秦国合而别，别五百载复合，合十七岁而霸王者出焉。"

十年，烈王崩，弟扁立，是为显王。显王五年，贺秦献公，献公称伯。九年，致文武胙于秦孝公。二十五年，秦会诸侯于周。

二十六年，周致伯于秦孝公。三十三年，贺秦惠王。三十五年，致文武胙于秦惠王。四十四年，秦惠王称王。其后诸侯皆为王。

四十八年，显王崩，子慎靓王定立。慎靓王立六年，崩，子赧王延立。王赧时东西周分治。王赧徙都西周。

※ 译文

二十八年，定王去世，立其长子去疾，即哀王。哀王在位三个月，其弟叔袭将其杀死而自立为思王。思王在位五个月，其少弟嵬将其杀死而自立为考王。这三个王都是定王的儿子。

考王十五年，考王去世，其子威烈王午即位。

考王将其弟封到河南，就是桓公，让他来接替周公的官职。桓公去世，其子威公即位。威公去世，其子惠公即位，于是就将其小儿子封在巩地以侍奉周王，称号为东周惠公。

威烈王二十三年，九鼎震动。策命韩、魏和赵为独立的诸侯国。

二十四年，威烈王去世，其子安王骄立。就在这一年，楚声王被强盗杀死。

安王在位二十六年去世，其子烈王喜即位。烈王二年，周太史儋见秦献公说：“以前周和秦国是合在一起的，只是后来分开了，分开五百年后又合起来了，合并十七年后就会有成为霸王的人出现。”

十年，烈王去世，其弟扁即位，即显王。显王五年，天子向秦献公表示道贺，献公称霸。九年，将祭祀周文王和武王的祭肉赐给了秦孝公。二十五年，秦在周的中心地带与诸侯会盟。

二十六年，周天子赐予秦孝公方伯的称号。三十三年，周天子向秦惠王表示道贺。三十五年，又将祭祀周文王和武王的祭肉赐给了秦惠王。四十四年，秦惠王正式称王。自此以后，诸侯都称王。

四十八年，显王去世，其子慎靓王定即位。慎靓王在位六年去世，其子赧王延即位。赧王的时候，东周和西周各自为政。赧王将都城迁到了西周的王城。

※ 原文

西周武公之共太子死，有五庶子，毋適立。司马翦谓楚王曰：“不如以地资公子咎，为请太子。”左成曰：“不可。周不听，是公之知困而交疏于周也。不如请周君孰欲立，以微告翦，翦请令楚之以地。”果立公子咎为太子。

八年，秦攻宜阳，楚救之。而楚以周为秦故，将伐之。苏代为周说楚王曰：“何以周为秦之祸也？言周之为秦甚于楚者，欲令周入秦也，故谓‘周秦’也。周知其不可解，必入于秦，此为秦取周之精者也。为王计者，周于秦因善之，不于秦亦言善之，以疏之于秦。周绝于秦，必入于郢矣。”

秦借道两周之间，将以伐韩，周恐借之畏于韩，不借畏于秦。史厌谓周君曰：“何不令人谓韩公叔曰‘秦之敢绝周而伐韩者，信东周也。公何不与周地，发质使之楚’？秦必疑楚不信周，是韩不伐也。又谓秦曰‘韩强与周地，将以疑周于秦也，周不敢不受’。秦必无辞而令周不受，是受地于韩而听于秦。”

※ 译文

西周武公的太子共去世，武公有五个庶子，没有嫡子可立。司马翦对楚王说：“不如用土地来资助公子咎吧，请求立他为太子。”左成说：“不行。若周不听，您的计谋就会受阻，而且同周的交往也会疏远。不如打听一下周君想立谁，再暗示司马翦，由司马翦请求让楚国用土地来资助他吧。”果然，公子咎被立为太子。

八年，秦国进攻宜阳，楚国前去支援。楚因为周也出兵，怀疑是为了帮助秦的缘故，所以又攻打周。苏代替周游说楚王说：“为何要把周帮助秦当成是祸患呢？说周帮助秦国多于楚国的，是想让周投向秦，所以成为‘周秦’。倘若周朝知道不可避免要受到楚国的攻击，就必然投向秦。这真是帮助秦争取周的最好计策啊！为大王您考虑，周帮助秦也善待它，不帮助秦也善待它，以此令其同秦疏远。一旦周和秦断绝交往，就必然会投向楚国了。”

秦国借用西周和东周之间的道路，准备去攻讨韩国，周有些害怕。借，怕得罪韩国；不借，又怕得罪秦国。谋士史厌对周君说：“何不派人跟韩公说：‘秦国之所以敢穿过周来攻韩国，是相信东周的缘故。您何不送给周君一些土地，并送人质到楚国呢？’如此一来，秦必然怀疑楚，更不信任周君，那么它就不会攻打韩国了。再对秦说：‘韩国非要给周君土地，是想让秦怀疑周，而周又不得不接受。’秦一定没有让周推辞的理由，这样就可以从韩国得到土地，又能够得到秦国的信任。”

※ 原文

秦召西周君，西周君恶往，故令人谓韩王曰：“秦召西周君，将以使攻王之南阳也，王何不出兵于南阳？周君将以为辞于秦。周君不入秦，秦必不敢逾河而攻南阳矣。”

东周与西周战，韩救西周。或为东周说韩王曰：“西周故天子之国，多名器重宝。王案兵毋出，可以德东周，而西周之宝必可以尽矣。”

王赧谓成君。

楚围雍氏，韩征甲与粟于东周，东周君恐，召苏代而告之。代曰：“君何患于是。臣能使韩毋征甲与粟于周，又能为君得高都。”周君曰：“子苟能，请以国听子。”

代见韩相国曰：“楚围雍氏，期三月也，今五月不能拔，是楚病也。今相国乃征甲与粟于周，是告楚病也。”韩相国曰：“善。使者已行矣。”代曰：“何不与周高都？”韩相国大怒曰：“吾毋征甲与粟于周亦已多矣，何故与周高都也？”代曰：“与周高都，是周折而入于韩也，秦闻之必大怒忿周，即不通周使，是以弊高都得完周也。曷为不与？”相国曰：“善。”果与周高都。

※ 译文

秦国召见西周君主，西周君畏惧而不敢前往，所以派人对韩王说：“秦国召见西周君，想让他派兵攻打你的南阳，您为何不出兵南阳呢？这样，西周君便有理由不去秦国了。西周君不去秦国，秦国也肯定不敢渡河来攻打南阳。”

东周和西周发生了战争，韩国去支援西周。有人替东周游说韩王说：“西周过去是天子的都城，有很多奇珍异宝。您按兵不动，就是对东周的恩惠了，同时西周的宝物也会全部归韩国所有。”

王赧是名义上的周王。

韩国的雍氏城被楚军包围，韩国向东周征调兵士和军粮，东周君很恐慌，将苏代召来，告诉他情况。苏代说：“何必担心这个呢？我既能让韩国不向您征调兵士和粮草，又能让您取得高都。”东周君说：“若你做到了，我愿意让整个国家都听你的。”

苏代求见韩国的相国说：“楚国包围雍氏城，计划三个月将其拿下，如今已经五个月了却还没有攻下来，可见楚军已经疲惫了。现在相国您却向东周征调兵士和粮草，这不是明显地要告诉楚国你们也已经疲惫了吗？”韩国相国说：“不错。但是我派的使者已经上路了。”苏代说：“何不将高都让给东周呢？”韩国相国怒道：“我不向东周征调兵士粮草已经很够可以了，为何还得将高都送上呢？”苏代说：“将高都给了东周，这是东周又反过来投靠韩国了啊。秦国听说后，必定会对东周大为恼怒，就会断绝与东周使臣的往来，这样不就是用一个高都来换取了完整的东周吗？何乐而不为呢？”相国说：“很好。”果然将高都送给了东周。

※ 原文

三十四年，苏厉谓周君曰：“秦破韩、魏，扑师武，北取赵蔺、离石者，皆白起也。是善用兵，又有天命。今又将兵出塞攻梁，梁破则周危矣。君何不令人说白起乎？曰：‘楚有养由基者，善射者也。去柳叶百步而射之，百发而百中之。左右观者数千人，皆曰善射。有一夫立其旁，曰：‘善，可教射矣。’养由基怒，释弓扼剑，曰：‘客安能教我射乎？’客曰：‘非吾能教子支左诎右也。夫去柳叶百步而射之，百发而百中之，不以善息；少焉气衰力倦，弓拨矢钩，一发不中者，百发尽息。’今破韩、魏，扑师武，北取赵蔺、离石者，公之功多矣。今又将兵出塞，过两周，倍韩攻梁，一举不得，前功尽弃。公不如称病而无出。”

四十二年，秦破华阳约。马犯谓周君曰：“请令梁城周。”乃谓梁王曰：“周王病若死，则犯必死矣。犯请以九鼎自入于王，王受九鼎而图犯。”梁王曰：“善。”遂与之卒，言戍周。因谓秦王曰：“梁非戍周也，将伐周也。王试出兵境以观之。”秦果出兵。又谓梁王曰：“周王病甚矣，犯请后可而复之。今王使卒之周，诸侯皆生心，后举事且不信。不若令卒为周城，以匿事端。”梁王曰：“善。”遂使城周。

※ 译文

三十四年，苏厉对周君说：“秦攻破韩国和魏国，打败魏国将领师武，北边夺得了赵国的蔺石和离石，这些都是白起干的。此人尤善用兵，又有天助。现在他又率兵出伊阙塞，去攻打梁国了。若梁国被攻下，则周就危险了。您何不派人去游说白起呢？就说：‘楚国有个人叫养由基，他善于射箭，能够百步穿杨，旁观者数千人都说他善于射箭。有个人到他身边说：‘不错，可以教你射箭了。’养由基很生气，将弓放下，将剑拿起，说：‘你怎么能教我射箭呢？’那人说：‘并非是我能教你左手持弓，右手放箭的技术和姿势，而是想告诉你，你若能百步穿杨却不能见好就收，等一会儿气衰力竭，弓箭不正了，只要有一次没有射中，则百发百中的前功就会尽弃了。’如今，攻破韩国和魏国，打败魏国将领师武，北边夺得了赵国的蔺石和离石，您的功劳已经很多了。现在您又要率兵出伊阙塞，越过东周和西周，背对着韩国去攻打梁国，一旦有一次战役不能成功，那么将军您就前功尽弃了。您不如推说有病而不带兵出征呢。”

四十二年，秦国破坏了和魏国订立的和约，攻破了魏国的华阳。马犯对周君说：“请让我去叫梁国来周都筑城。”于是就去对梁王说：“周王由于畏惧秦兵而重病缠身，若他病死，我也就不活了。我请求将周朝的九鼎献给大王您，希望大王您得了九鼎后想办法救救我。”梁王说：“好。”于是就给马犯兵卒，说是去戍守周的都城。马犯又去对秦王说：“梁国并不是去戍守周的都城，而是想对周进行攻打。您若不信就去边境上看一下。”秦国果然出兵。马犯又去对梁王说：“周王的病更加严重了，我请求等他的病情有所好转的时候，再重新将九鼎交给您。现在您让兵卒到了周，各诸侯国都对您起了疑心，以后做什么事都将不能使人信服了。干脆命令兵卒为周筑城，将此事平息了吧。”梁王说：“好吧。”于是就让兵卒在周的国都修城。

※ 原文

四十五年，周君之秦，客谓周最曰：“公不若誉秦王之孝，因以应为太后养地，秦王必喜，是公有秦交。交善，周君必以为公功。交恶，劝周君入秦者必有罪矣。”秦攻周，而周最谓秦王曰：“为王计者不攻周。攻周，实不足以利，声畏天下。天下以声畏秦，必东合于齐。兵弊于周。合天下于齐，则秦不王矣。天下欲弊秦，劝王攻周。秦与天下弊，则令不行矣。”

五十八年，三晋距秦。周令其相国之秦，以秦之轻也，还其行。客谓相国曰：“秦之轻重未可知也。秦欲知三国之情。公不如急见秦王曰‘请为王听东方之变’，秦王必重公。重公，是秦重周，周以取秦也；齐重，则固有周聚以收齐：是周常不失重国之交也。”秦信周，发兵攻三晋。

※ 译文

四十五年，周君到秦国，宾客对周的公子说：“您不如称赞秦王的孝道，并且将周的应地送给秦王的母亲宣太后，作为她养老的地方，秦王一定会很高兴，这样您就跟秦国有交情了。交情好，周君必然会认为是你的功劳。交情不好，则劝说周君依附秦国的人就必定会有罪过。”秦攻伐周，周最对秦王说：“我为大王您着想，还是不要攻周的好。攻周，实在没有什么好处，只不过在名声上因为进攻天子之国而使天下害怕罢了。若天下因为这种声威而惧怕秦国，则必定会东联齐国。秦军由于进攻周而疲惫，又给了天下与齐联合的机会，则秦国就无法称王天下了。天下有人想让秦国疲惫，就会劝您进攻周。倘若秦国为天下诸侯所疲弊，则您的政令就无法在诸侯中推行了。”

五十八年，韩、赵、魏三国抗拒秦国。周天子让他的相国去秦国，由于相国担心秦国会看不起他，走到半路又返回了。宾客对相国说：“秦国对您是轻视还是重视，现在还不知道呢。秦国想知道韩、赵、魏三国的情况。您何不赶快去见秦王，对他说：‘请让我将东方情势的变化告诉大王您吧。’秦王必然不会轻视您了。重视您，就是秦国重视周，周也会因此而得到秦王的信任；齐国重视周，是因为本来就有三公子与齐国交好。这样，周就可以不失掉同大国之间的交往了。”秦国相信周，于是发兵攻打韩、赵、魏。

※ 原文

五十九年，秦取韩阳城、负黍，西周恐，倍秦，与诸侯约从，将天下锐师出伊阙攻秦，令秦无得通阳城。秦昭王怒，使将军摎攻西周。西周君奔秦，顿首受罪，尽献其邑三十六，口三万。秦受其献，归其君于周。

周君、王赧卒，周民遂东亡。秦取九鼎宝器，而迁西周公于惪狐。后七岁，秦庄襄王灭东、西周。东、西周皆入于秦，周既不祀。

太史公曰：学者皆称周伐纣，居洛邑，综其实不然。武王营之，成王使召公卜居，居九鼎焉，而周复都丰、镐。至犬戎败幽王，周乃东徙于洛邑。所谓周公“葬我毕”，毕在镐东南杜中。秦灭周。汉兴九十有余载，天子将封泰山，东巡狩至河南，求周苗裔，封其后嘉三十里地，号曰周子南君，比列侯，以奉其先祭祀。

※ 译文

五十九年，秦国攻取韩国的阳城、负黍，西周恐惧，背离秦，与诸侯国相约合纵，率领天下的精锐军队出伊阙塞攻打秦国，使秦国无法通往阳城。秦昭王大怒，派遣将军摎去攻打西周。西周君主就跑到秦国，跪拜叩头接受重罚，把西周的三十六个城邑和三万人口都献给了秦国。秦国接受了这些献礼，就将西周的君主放回了周国。

周君、王赧去世后，周朝百姓就向东逃亡。秦国收取九鼎宝器，将西周君主迁徙到狐。七年以后，秦庄襄王灭亡了东周。东周和西周的土地都归秦国所有，周朝自此便再也没有主持祭祀的人了。

太史公说：很多学者说周朝讨伐了商纣以后，把都城设在了洛邑。但是经过一番考察发现并非如此。武王营造洛邑，成王命召公占卜是否可以定都在此，结果只是把九鼎放在了洛邑，都城定在了丰、镐。等到幽王被犬戎打败，周方将都城东迁至洛邑。所说的“周公安葬在我们的毕地”，就是指镐京东南的杜地。周被秦国灭亡。汉朝兴起九十年后，天子将去泰山封禅，向东巡视来到了河南，寻找周室的后裔，并封给他们嘉三十里地，号称“周子南君”，地位与列侯同，以便保持他们对祖先的祭祀。

※ 评析

可以看出，相对于前两篇夏和殷的本纪来说，作者撰写周史所能利用的素材资料已经丰富了很多。由于很多文献，如《诗经》《尚书》《国语》等对西周的历史都有详细的记载，这就给司马迁浓墨重彩的铺叙创造了条件。此篇对于西周史，司马迁更是以一个“德”字贯穿于始终。周以有德而兴邦，同时又以失德而破国，这其中蕴含的教训不能不令后人警醒。作者描述了周国不同时期的历史，其中春秋时期的历史主要突出了王道衰微的内容。所谓“道”，就是指做人、做事要遵循的一个准则。先人早在很久以前就告诉了我们这样的道理，这就是孟子说的“得道多助，失道寡助”。一个人，一个企业，抑或一个国家，都要为自己制定一个行为准则，严格要求自身的同时也会无形中提高自身的威望，远离失道寡德，自然就会“多助”。如此一来，生存和发展才不会成为一纸空谈。

秦始皇本纪第六

※ 原文

秦始皇帝者，秦庄襄王子也。庄襄王为秦质子于赵，见吕不韦姬，悦而取之，生始皇。以秦昭王四十八年正月生于邯郸。及生，名为政，姓赵氏。年十三岁，庄襄王死，政代立为秦王。当是之时，秦地已并巴、蜀、汉中，越宛有郢，置南郡矣；北收上郡以东，有河东、太原、上党郡；东至荥阳，灭二周，置三川郡。吕不韦为相，封十万户，号曰文信侯。招致宾客游士，欲以并天下。李斯为舍人。蒙骜、王齮、麃公等为将军。王年少，初即位，委国事大臣。

晋阳反，元年，将军蒙骜击定之。二年，麃公将卒攻卷，斩首三万。三年，蒙骜攻韩，取十三城。王龁死。十月，将军蒙骜攻魏氏畼、有诡。岁大饥。四年，拔畼、有诡。三月，军罢。秦质子归自赵，赵太子出归国。十月庚寅，蝗虫从东方来，蔽天。天下疫。百姓内粟千石，拜爵一级。五年，将军骜攻魏，定酸枣、燕、虚、长平、雍丘、山阳城，皆拔之，取二十城。初置东郡。冬雷。

六年，韩、魏、赵、卫、楚共击秦，取寿陵。秦出兵，五国兵罢。拔卫，迫东郡，其君角率其支属徙居野王，阻其山以保魏之河内。七年，彗星先出东方，见北方，五月见西方。将军骜死。以攻龙、孤、庆都，还兵攻汲。彗星复见西方十六日。夏太后死。八年，王弟长安君成蟜将军击赵，反，死屯留，军吏皆斩死，迁其民于临洮。将军壁死，卒屯留、蒲鶮反，戮其尸。河鱼大上，轻车重马东就食。

※ 译文

秦始皇是秦庄襄王的儿子。庄襄王在赵国做秦国的质子时，遇见了吕不韦的姬妾，很是喜欢，就娶了她，生下秦始皇。秦昭王四十八年正月，秦始皇生于邯郸。生下来就取名为政，姓赵。十三岁那年，庄襄王去世，政接替秦王位。当时，秦国已经兼并了巴、蜀、汉中，并且越过了宛而占有了郢，还在那里设置了南郡；往北收取了上郡以东的地区，占有了河东、太原和上党三郡；往东到了荥阳，灭亡了东、西二周，设置了三川郡。吕不韦做丞相，被封邑十万户，号为文信侯。他招揽宾客游士，想以此来吞并天下。李斯担任舍人。蒙骜、王龁、麃公等人为将军。秦王年少，再加上即位不久，国家大事就由大臣来处理。

元年，晋阳叛乱，将军蒙骜前去讨伐并将其平定。二年，麃公率领军队攻打卷邑，斩杀敌军三万。三年，蒙骜进攻韩国，攻下了十三座城。这一年王龁死。十月，将军蒙骜进攻魏国的畼和有诡。这一年闹饥荒。四年，攻下了畼和有诡。三月，罢兵。秦国的质子从赵国返回，赵国的太子也离开秦国回赵国。十月庚寅，从东方飞来蝗虫，遮天蔽日。天下发生瘟疫。民众只要向官府交纳一千石粟，就会被封一级爵位。五年，将军骜攻打魏国，将酸枣、燕、虚、长平、雍丘、山阳等地平定，一共攻下了二十座城。首次设置了东郡。冬天，有打雷的异常现象发生。

六年，韩、魏、赵、卫、楚联合进攻秦国，并将寿陵占领。秦出兵反击，五国才罢兵。秦国攻占卫国，进逼东郡，卫国国君角带领他的宗族迁居野王，凭借山势险阻而坚守魏国的河内地区。七年，彗星先出现在东方，后又在北方出现，五月时又在西方出现。将军骜去世，是因为他率军攻打龙、孤、庆等城邑，返回时又攻打汲而死去的。彗星又在西方出现足足有十六日。夏太后去世。八年，秦王的弟弟长安君成蟜率兵进攻赵国，中途谋反，死在屯留，其随从军吏都被斩杀，并将该地民众迁往临洮。将军壁死后，屯留和蒲鶮两地的兵卒又起来造反，对壁的尸体进行鞭戮。黄河泛滥，导致河里的鱼大量涌上河岸，很多人都赶着车马到东方去另谋生计。

※ 原文

嫪毐封为长信侯。予之山阳地，令毐居之。宫室车马衣服苑囿驰猎恣毐，事无小大皆决于毐。又以河西太原郡更为毐国。九年，彗星见，或竟天。攻魏垣、蒲阳。四月，上宿雍。己酉，王冠，带剑。长信侯毐作乱而觉，矫王御玺及太后玺以发县卒及卫卒、官骑、戎翟君公、舍人，将欲攻蕲年宫为乱。王知之，令相国昌平君、昌文君发卒攻毐。战咸阳，斩首数百，皆拜爵，及宦者皆在战中，亦拜爵一级。毐等败走。即令国中：有生得毐，赐钱百万；杀之，五十万。尽得毐等。

卫尉竭、内史肆、佐弋竭、中大夫令齐等二十人皆枭首。车裂以徇，灭其宗。及其舍人，轻者为鬼薪。及夺爵迁蜀四千余家，家房陵。是月寒冻，有死者。杨端和攻衍氏。彗星见西方，又见北方，从斗以南八十日。十年，相国吕不韦坐嫪毐免。桓齮为将军。齐、赵来置酒。齐人茅焦说秦王曰："秦方以天下为事，而大王有迁母太后之名，恐诸侯闻之，由此倍秦也。"秦王乃迎太后于雍而入咸阳，复居甘泉宫。

※ 译文

嫪毐被封为长信侯。将山阳赐给他作为封地，让其居住。宫室、车马、衣服、苑囿、驰猎场等，嫪毐都可以随便使用；大小事务都由嫪毐决定。还将河西太原郡改名为毐国。九年，彗星出现，有时甚至光芒横贯天空。秦进攻魏国的垣城和蒲阳。四月，秦王在雍城留宿。己酉日，秦王举行成年加冠礼，并佩带宝剑。长信侯嫪毐想叛乱而被发现，他就假造秦王的玉玺和太后的印玺，来调动县里的军队、戍卒、侍卫、官骑、戎翟君公、舍人等，阴谋叛乱，进攻蕲年宫。秦王知道后，命相国昌平君和昌文君率领兵士攻伐嫪毐。在咸阳展开决战，数百兵士被斩首。平叛的功臣都被升了爵位，甚至那些参加作战的宦官都得到一级爵位。嫪毐等人战败而逃亡。于是通令全国上下：能将嫪毐活捉的，可得到百万赏钱；将其杀死的，可得到五十万赏钱。最终嫪毐等人都被全部捉拿。

卫尉竭、内史肆、佐弋竭、中大夫令齐等二十人全被斩首，又被车裂示众，其宗族也被诛灭。他们的门客，罪轻的罚三年劳役。那些被削去爵位并被流放到蜀地的四千多家，都居住在房陵。这个月天寒地冻，有人甚至被冻死。秦将杨端和攻打衍氏。彗星在西方出现，又在北方出现，再由北斗星附近转向南方，一共持续了八十天。十年，相国吕不韦因受嫪毐的牵连而被免去官职。任桓齮为将军。齐、赵两国的使臣受到了秦王酒宴的款待。齐国人茅焦游说秦王说："秦国正在以统一天下大业为己任的时候，而大王却有了流放母后的名声，恐怕诸侯听说了，会不服从秦国啊！"于是秦王就将太后从雍城迎回到咸阳，还是让她在甘泉宫中居住。

※ 原文

大索，逐客，李斯上书说，乃止逐客令。李斯因说秦王，请先取韩以恐他国，于是使斯下韩。韩王患之。与韩非谋弱秦。大梁人尉缭来，说秦王曰："以秦之强，诸侯譬如郡县之君，臣但恐诸侯合从，翕而出不意，此乃智伯、夫差、湣王之所以亡也。愿大王毋爱财物，赂其豪臣，以乱其谋，不过亡三十万金，则诸侯可尽。"秦王从其计，见尉缭亢礼，衣服食饮与缭同。缭曰："秦王为人，蜂准，长目，挚鸟膺，豺声，少恩而虎狼心，居约易出人下，得志亦轻食人。我布衣，然见我常身自下我。诚使秦王得志于天下，天下皆为虏矣。不可与久游。"乃亡去。秦王觉，固止，以为秦国尉，卒用其计策。而李斯用事。

十一年，王翦、桓齮、杨端和攻邺，取九城。王翦攻阏与、橑杨，皆并为一军。翦将十八日，军归斗食以下，什推二人从军，取邺安阳，桓齮将。十二年，文信侯不韦死，窃葬。其舍人临者，晋人也逐出之；秦人六百石以上夺爵，迁；五百石以下不临，迁，勿夺爵。自今以来，操国事不道如嫪毐、不韦者籍其门，视此。秋，复嫪毐舍人迁蜀者。当是之时，天下大旱，六月至八月乃雨。

※ 译文

秦王在全国进行大规模的搜查，驱逐从各国来秦的门客，李斯上书劝说，才废除了逐客令。李斯又借机建议秦王先取韩国，以此来震慑其他诸侯国，所以秦王就派李斯去进攻韩国。韩王为此很是担忧，就与韩非商讨削弱秦国的计策。大梁人尉缭来到秦国，建议秦王说："以秦国如此强大的实力，诸侯与之相比就像郡县的首长，我担心的是诸侯国联合起来对秦进行出其不意的袭击，这也是以前智伯、夫差、湣王之所以灭亡的原因。请大王您别吝惜财物，馈赠给各国权贵大臣厚礼，以此来打乱诸侯的计划，这样只不过损失三十万金，而秦却可以吞并各诸侯国。"秦王按照他的计谋采取了行动，以平等的礼节相对尉缭，衣服饮食也同尉缭一样。尉缭说："秦王这个人的相貌，高鼻梁，细长的眼睛，挚鸟的胸脯，豺狼般的声音，他缺乏仁德，却又有虎狼之心，不得志的时候很容易对人谦下；一旦得志，也会很轻易地吞食他人。我仅仅是个平民，可他见我时总是那样谦下。倘若他夺取天下的心愿真的实现了，则天下的人都将成为他奴隶了。我不能长时间地跟他共事。"于是就想逃走，秦王觉察后，执意劝止，并任命他为秦国的最高军事长官，还最终采用了他的计谋。这时起，李斯执掌秦国的国政。

十一年，王翦、桓齮、杨端和攻打邺城，夺取了九座城邑。王翦又攻打阏与和橑杨，把士兵合并为一支军队。王翦统率军队，十八天后让军中年俸禄不满百石的人撤回，从每十人中挑选二人留在军队。将邺城的安阳攻下后，桓齮被任命为主将。十二年，文信侯吕不韦去世，他的门客偷偷把他安葬在洛阳北芒山。对于那些参加哭吊的门客，若是晋国人，就将他们赶出国境；若是秦国人，俸禄在六百石以上的官员被剥夺爵位，迁到房陵；俸禄在五百石以下而没有参与哭吊的，也迁到房陵，但不剥夺官爵。自此以后，掌管国事不守正道，像嫪毐和吕不韦这样一类人，就登记没收他的家人充作奴隶，并且不得做官，全部都得照此办理。秋天，赦免迁居蜀郡的嫪毐的门客。当时全国大旱，从六月开始，一直到八月才下了雨。

※ 原文

十三年，桓齮攻赵平阳，杀赵将扈辄，斩首十万。王之河南。正月，彗星见东方。十月，桓齮攻赵。十四年，攻赵军于平阳，取宜安，破之，杀其将军。桓定平阳、武城。韩非使秦，秦用李斯谋，留非，非死云阳。韩王请为臣。

十五年，大兴兵，一军至邺，一军至太原，取狼孟。地动。十六年九月，发卒受地韩南阳假守腾。初令男子书年。魏献地于秦。秦置丽邑。十七年，内史腾攻韩，得韩王安，尽纳其地，以其地为郡，命曰颍川。地动。华阳太后卒。民大饥。

十八年，大兴兵攻赵，王翦将上地，下井陉，端和将河内，羌瘣伐赵，端和围邯郸城。十九年，王翦、羌瘣尽定取赵地东阳，得赵王。引兵欲攻燕，屯中山。秦王之邯郸，诸尝与王生赵时母家有仇怨，皆坑之。秦王还，从太原、上郡归。始皇帝母太后崩。赵公子嘉率其宗数百人之代，自立为代王，东与燕合兵，军上谷。大饥。

※ 译文

十三年，桓齮攻打赵国的平阳城，将赵将扈辄斩杀，并斩首十万人。赵王逃往河南。正月，彗星在东方出现。十月，桓齮攻打赵国。十四年，在平阳攻击赵军，并把宜安攻占了，将赵国军队打败，把赵国的将军杀死。接着他又平定了平阳和武城。韩非出使秦国，秦王按照李斯的计谋，将韩非扣留，韩非死在云阳。韩王主动请求向秦称臣。

十五年，秦国大举出兵，一支军队到达邺县，一支军队到达太原，攻占狼孟。这年发生了地震。十六年九月，秦国派军队将原韩国南阳一带土地接收过来，内史腾代理南阳太守。开始命男子呈报年龄。魏国向秦国献地。秦国设置了丽邑。十七年，内史腾对韩国发起攻伐，将韩王安擒获，并将其全部土地收缴。那个地方被设置为郡，命名为颍川郡。这年又发生了地震。华阳太后去世。百姓遭遇严重饥荒。

十八年，秦国又大举兴兵攻打赵国，王翦统率上地的军队，攻下了井陉。杨端和率领河内的军队，羌瘣也一并攻打赵国，杨端和将邯郸城包围。十九年，王翦和羌瘣将赵国的东阳彻底平定，并俘获了赵王。他们又准备率兵攻打燕国，把军队驻扎在中山。秦王去邯郸，凡是当初与秦王生在赵国时与母亲家中有仇的人，全部都被活埋。秦王从太原和上郡，回到秦国。秦始皇的母亲去世。赵国的公子嘉带着他的宗族几百人来到代地，自立为代王，并向东与燕国的军队会合，在上谷郡驻扎。这年饥荒严重。

※ 原文

二十年，燕太子丹患秦兵至国，恐，使荆轲刺秦王。秦王觉之，体解轲以徇，而使王翦、辛胜攻燕。燕、代发兵击秦军，秦军破燕易水之西。二十一年，王贲攻荆。乃益发卒诣王翦军，遂破燕太子军，取燕蓟城，得太子丹之首。燕王东收辽东而王之。王翦谢病老归。新郑反。昌平君徙于郢。大雨雪，深二尺五寸。

二十二年，王贲攻魏，引河沟灌大梁，大梁城坏，其王请降，尽取其地。

二十三年，秦王复召王翦，强起之，使将击荆。取陈以南至平舆，虏荆王。秦王游至郢陈。荆将项燕立昌平君为荆王，反秦于淮南。

二十四年，王翦、蒙武攻荆，破荆军，昌平君死，项燕遂自杀。

二十五年，大兴兵，使王贲将，攻燕辽东，得燕王喜。还攻代，虏代王嘉。王翦遂定荆江南地，降越君，置会稽郡。五月，天下大酺。

※ 译文

二十年，燕太子丹担忧秦军会打到燕国来，异常恐慌，于是就派荆轲去刺杀秦王。被秦王发现，将荆轲处以肢解之刑来示众，然后派王翦和辛胜去攻伐燕国。燕国和代国联合发兵迎击秦军，在易水西边，燕军被秦军击溃。二十一年，王贲攻伐楚国。秦王派兵增援王翦，终于将燕太子的军队打败，并将燕国的蓟城攻占，同时还拿到了燕太子丹的首级。燕王向东得到了辽东郡的地盘，在那里称王。王翦推说自己体弱多病而告老还乡。新郑发生叛乱。昌平君被迁谪到郢城。这一年，下了足足有二尺五寸厚的大雪。

二十二年，王贲对魏国进行攻打，将汴河的水引来灌大梁城，大梁城的城墙塌坏，魏王只好请求投降，于是魏国的全部土地都归属了秦国。

二十三年，秦王再次征召王翦，强行起用他，命他去攻打楚国。陈县往南直到平舆县的土地都被攻占，同时楚王也被俘虏了。秦王巡游来到郢都和陈县。楚将项燕拥立昌平君为楚王，在淮河以南反叛秦军。

二十四年，王翦和蒙武去攻打楚国，大败楚军，昌平君战死，项燕也自杀而亡。

二十五年，秦国大举出兵，以王贲为将，率军攻打燕国的辽东郡，将燕王姬喜俘获。

一辆车要用六匹马拉。将黄河改名为“德水”，以此来表示水德的开始。始皇为政刚毅、严厉、苛刻，万事都要按照法律来进行裁决，刻薄而不讲仁爱、恩惠、和善、情义，认为这才符合五德中水主阴的命数。于是他急迫地加强法制，对囚禁很久的罪犯也不宽赦。

※ 原文

丞相绾等言：“诸侯初破，燕、齐、荆地远，不为置王，毋以填之。请立诸子，唯上幸许。”始皇下其议于群臣，群臣皆以为便。廷尉李斯议曰：“周文武所封子弟同姓甚众，然后属疏远，相攻击如仇雠，诸侯更相诛伐，周天子弗能禁止。今海内赖陛下神灵一统，皆为郡县，诸子功臣以公赋税重赏赐之，甚足易制。天下无异意，则安宁之术也。置诸侯不便。”始皇曰：“天下共苦战斗不休，以有侯王。赖宗庙，天下初定，又复立国，是树兵也，而求其宁息，岂不难哉！廷尉议是。”

分天下以为三十六郡，郡置守、尉、监。更名民曰“黔首”。大酺。收天下兵，聚之咸阳，销以为钟鐻，金人十二，重各千石，置廷宫中。一法度衡石丈尺，车同轨，书同文字。地东至海暨朝鲜，西至临洮、羌中，南至北乡户，北据河为塞，并阴山至辽东。徙天下豪富于咸阳十二万户。诸庙及章台、上林皆在渭南。秦每破诸侯，写放其宫室，作之咸阳北阪上，南临渭，自雍门以东至泾、渭，殿屋复道周阁相属。所得诸侯美人钟鼓，以充入之。

※ 译文

丞相王绾等进言说：“诸侯刚刚被打败，燕国、齐国、楚国地处偏远，倘若不给它们设王，则无法镇抚那里。请将各位皇子封立为王，希望皇上恩准。”始皇把这个建议交给群臣商讨，群臣都认为这样做很合适。廷尉李斯发表意见说：“周文王、周武王分封了不少子弟和同姓亲属，但是他们的后代逐渐疏远了，就像仇人一样互相攻击，诸侯之间互相征伐，周天子也阻止不了。如今天下由于您的神灵之威得到了统一，将其都划分成郡县，对于皇子和那些功臣，只要用公家的赋税重重加以赏赐，控制就不难了。使天下人都无邪异之心，才是安定天下的好办法啊。设置诸侯并没有什么好处。”始皇说：“以前，天下人都被连年战争所累，主要就是由于有那些诸侯王。如今我依仗祖宗的神灵，天下初定，倘若再设立诸侯国，这岂不是又要挑起战争吗？想要求得太平安宁不就更难实现了吗？还是廷尉说得对啊。”

于是始皇就将天下分为了三十六个郡。每个郡都设置了守、尉、监。改称百姓为“黔首”。诏令全国上下特许聚饮狂欢。收集天下的兵器，并将这些聚集到咸阳，熔化之后铸成大钟鐻，还造了十二个铜人，每个重达千石，放置在宫廷里。他统一了法令和度量衡的标准，规定了车辆两轮间的宽度，统一了书写的文字。秦国的疆土东到大海和朝鲜，西到临洮、羌中，南边到北向户，往北依守黄河作为要塞，沿着阴山往东一直到达辽东郡。将天下十二万户富豪人家迁到咸阳居住。各代先祖的陵庙，以及章台宫、上林苑都在渭水的南岸。秦国每灭掉一个诸侯，都会照着该国宫室的样子，在咸阳北面的山坡上再仿造一座，南边濒临渭水，从雍门向东一直到泾水和渭水交汇的地方，殿屋之间的天桥和环行长廊相互连接。将从诸侯那里虏得的美人和钟鼓乐器之类，都放在这些宫殿里面。

※ 原文

二十七年，始皇巡陇西、北地，出鸡头山，过回中。焉作信宫渭南，已更命信宫为极庙，象天极。自极庙道通郦山，作甘泉前殿。筑甬道，自咸阳属之。是岁，赐爵一级。治驰道。

二十八年，始皇东行郡县，上邹峄山。立石，与鲁诸儒生议，刻石颂秦德，议封禅望祭山川之事。乃遂上泰山，立石，封，祠祀。下，风雨暴至，休于树下，因封其树为五大夫。禅梁父。刻所立石，其辞曰：

皇帝临位，作制明法，臣下修饬。二十有六年，初并天下，罔不宾服。亲巡远方黎民，登兹泰山，周览东极。从臣思迹，本原事业，祗诵功德。治道运行，诸产得宜，皆有法式。大义休明，垂于后世，顺承勿革。皇帝躬圣，既平天下，不懈于治。夙兴夜寐，建设长利，专隆教诲。训经宣达，远近毕理，咸承圣志。贵贱分明，男女礼顺，慎遵职事。昭隔内外，靡不清净，施于后嗣。化及无穷，遵奉遗诏，永承重戒。

于是乃并勃海以东，过黄、腄，穷成山，登之罘，立石颂秦德焉而去。

※ 译文

二十七年，秦始皇去巡视陇西、北地，越过鸡头山，路经回中。于是在渭水南面建造信宫。不久又改信宫名为极庙，象征处于天极的北极星。从极庙修筑道路直到郦山（即骊山），又修建了甘泉宫前殿。又在驰道两旁筑墙，从咸阳一直连接到这里。这一年，赐给国民爵位一级。又增修了供皇帝巡行用的通向全国各地的驰道。

二十八年，秦始皇到东方去巡视郡县，登上邹地的峄山。在山上树立了石碑，又跟鲁地儒生们商讨碑文，想刻石以颂扬秦之德业，还讨论了在泰山祭天、在梁父山祭地和遥祭名山大川的事宜。于是就登上泰山，树立起石碑，并筑起土坛，举行祭天盛典。下山时，狂风暴雨骤至，始皇在一棵树下避雨休息，因此赐封那棵树为“五大夫”，接着在梁父山辟地为基，举行祭地典礼，树立石碑并镌刻了碑文。碑文是：

皇帝登基即位，制订昌明法度，臣下端正谨慎。就在二十六年，首次统一天下，有仙人在那里居住。希望能斋戒沐浴，带领童男童女前往寻求神仙。于是就派徐市挑选几千名童男童女，到海中去寻找神仙了。

※ 原文

始皇还，过彭城，斋戒祷祠，欲出周鼎泗水。使千人没水求之，弗得。乃西南渡淮水，之衡山、南郡。浮江，至湘山祠。逢大风，几不得渡。上问博士曰："湘君何神？"博士对曰："闻之，尧女，舜之妻，而葬此。"于是始皇大怒，使刑徒三千人皆伐湘山树，赭其山。上自南郡由武关归。

二十九年，始皇东游。至阳武博狼沙中，为盗所惊。求弗得，乃令天下大索十日。

登之罘，刻石。其辞曰：

维二十九年，时在中春，阳和方起。皇帝东游，巡登之罘，临照于海。从臣嘉观，原念休烈，追诵本始。大圣作治，建定法度，显箸纲纪。外教诸侯，光施文惠，明以义理。六国回辟，贪戾无厌，虐杀不已。皇帝哀众，遂发讨师，奋扬武德。义诛信行，威燀旁达，莫不宾服。烹灭强暴，振救黔首，周定四极。普施明法，经纬天下，永为仪则。大矣哉。宇县之中，承顺圣意。群臣诵功，请刻于石，表垂于常式。

※ 译文

始皇返回时，路过彭城，斋戒祈祷，想要把那只落水的周鼎从泗水中打捞出来。派了一千人潜入水底寻找，没有找到。于是就向西南渡过淮水，前往衡山和南郡。乘船顺江而下，到达湘山祠。遇上了大风，差点不能渡过。皇上问博士说："湘君是什么神？"博士说："传说是尧帝的女儿，舜帝的妻子，葬在此处。"于是始皇很生气，就派了三千服刑役的罪犯砍光了湘山上的所有树木，由于当地是红土，所以山就变成了赭红色，并且光秃秃的。皇上从南郡经由武关回到京城。

二十九年，始皇到东方去巡游。到达阳武县博狼沙这个地方的时候，被刺客行刺，受了惊吓。始皇没有捉到刺客，就命全国上下进行大规模搜捕，持续了十天之久。

秦始皇登上之罘山，刻石立碑，碑文是：

二十九年，正值仲春时节，春日暖意融融。皇帝东行游览，巡行登上之罘，亲临观赏汪洋大海。众臣赞赏景物，想起伟业根源，追颂创业之本。圣君始建治道，制定法律制度，彰明准则纪纲。对外教化诸侯，广施文治恩德，晓明大义公理。六国之君邪僻，贪婪狠戾无比，疯狂虐杀不止。皇帝哀怜民众，发动军队征讨，武德奋扬大振。仗义诛讨、行事守信，声威慑服远方，海内无不臣服。消灭强暴势力，努力拯救民众，平定天下四方。明法普遍施行，主宰治理天下，永为法则典范。多么伟大啊！天地神州赤县，顺从遵循圣意。群臣歌颂功德，请求刻于石碑之上，以表率千古作永恒法则。

※ 原文

其东观曰：

维二十九年，皇帝春游，览省远方。逮于海隅，遂登之罘，昭临朝阳。观望广丽，从臣咸念，原道至明。圣法初兴，清理疆内，外诛暴强。武威旁畅，振动四极，禽灭六王。阐并天下，甾害绝息，永偃戎兵。皇帝明德，经理宇内，视听不怠。作立大义，昭设备器，咸有章旗。职臣遵分，各知所行，事无嫌疑。黔首改化，远迩同度，临古绝尤。常职既定，后嗣循业，长承圣治。群臣嘉德，祗诵圣烈，请刻之罘。旋，遂之琅邪，道上党人。

三十年，无事。

三十一年十二月，更名腊曰“嘉平”。赐黔首里六石米，二羊。始皇为微行咸阳，与武士四人俱，夜出逢盗兰池，见窘，武士击杀盗，关中大索二十日。米石千六百。

※ 译文

在东观刻的碑文说：

二十九年，皇帝春日出游，视察远方。幸临东海之滨，登上之罘高山，观赏初升朝阳。遥望广阔绚丽的山河，众臣全都在思念，寻思皇帝以往所奉行的大道，那是最正确、最英明的。圣法刚刚实行的时候，对内清理异端，对外诛伐暴强。军威远扬四海，震撼天下四方，最终消灭六国俘获他国的王。开拓领土一统天下，根除种种祸害，永远停止战争。皇帝修明圣德，经略治理天下，明视兼听不怠。谋划申明大义，设置种种器物，等级标志显著。大臣尽职守分，明确各自权限，诸事必无猜疑。百姓移风易俗，远近同一法度，终身坚定守法。惯常职务已定，后人遵循祖业，永远承袭圣治。群臣赞美大德，称颂圣明伟业，请求在之罘山立碑刻字。事后不久，始皇前往琅邪，经由上党返回京城。

三十年，没有发生重大的事情。

三十一年十二月，把腊祭改名为“嘉平”。赏赐给每一百户六石米和两只羊。始皇在咸阳穿便装出行，和四个武士一起，夜里出来，在兰池遇到了强盗行刺，情势危急，武士打死了盗贼，于是就在关中地区进行大规模搜查，持续了二十天。米价涨到每石一千六百钱。

※ 原文

三十二年，始皇之碣石，使燕人卢生求羡门、高誓。刻碣石门。坏城郭，决通隄防。其辞曰：

遂兴师旅，诛戮无道，为逆灭息。武殄暴逆，文复无罪，庶心咸服。惠论功劳，

※ 译文

丞相李斯说："五帝的制度不是一代重复一代，三代的国家制度也不相因袭，他们都凭着各自的制度治理好了，这并非他们有意要彼此相反，而是由于时代变化了的结果。现在陛下创建了伟大的功业，建立起万世不朽的功勋，这本来就不是那些迂腐的儒生所能理解的。更何况淳于越所说的是三代的事，有什么值得取法的呢？从前是由于诸侯并起纷争，才大量招揽游说之士。现在已经天下平定，法令出于一统，百姓在家就应该致力于农工生产，士人就应该学习法令刑禁。现在那些儒生不学习当今的却要效法古代的，以此来诽谤当世，惑乱民众思想。臣李斯冒死罪进言：古代天下散乱，没有人能够统一，所以诸侯并立兴起，说话都是称引古代而损害当今，矫饰虚言来扰乱名实，人们只认为自己私下所学的知识是正确的，对朝廷所建立的制度进行谴责。当今皇帝已统一天下，分辨了是非黑白，并且还规定了一切决定于至尊皇帝一人。可是私家之学却相互勾结，对法令教化进行非议。这些人一听说法令发布，就各自根据他们自己所学的东西加以议论，入朝就在心里指责，离开朝堂就去街巷谈议，在君主面前，他们夸耀自己以博取名利，追求奇异说法以表示自己高明，带领民众制造谤言。像这样的情况却不加以禁止，上则造成君主的权威下降，下则导致结党营私。臣以为禁止这种情况是合适的。我请求让史官烧毁除《秦记》以外的全部典籍。除博士官署所掌管的之外，天下倘若有人收藏着《诗经》《尚书》、诸子百家等著作，都要将这些全部送到地方官那里，一起烧掉。如果谁敢在一起谈议《诗经》《尚书》，就处以死刑示众，用古代的事情来对今天进行非议的一律满门抄斩。官吏中倘若有知道却又不举报的，以同罪论处。如果命令下达了三十天，还有不烧书的，则对其处以脸上刺字的黥刑，然后再将其发配到边疆去修筑长城。所不取缔的书籍，是那些关于医药、占卜、种植的。若有人想要学习法令，就应该以官吏为师。"始皇下诏说："可以。"

※ 原文

三十五年，除道，道九原抵云阳，堑山堙谷，直通之。于是始皇以为咸阳人多，先王之宫廷小，吾闻周文王都丰，武王都镐，丰镐之间，帝王之都也。乃营作朝宫渭南上林苑中。先作前殿阿房，东西五百步，南北五十丈，上可以坐万人，下可以建五丈旗。周驰为阁道，自殿下直抵南山。表南山之颠以为阙。为复道，自阿房渡渭，属之咸阳，以象天极阁道绝汉抵营室也。阿房宫未成；成，欲更择令名名之。作宫阿房，故天下谓之阿房宫。隐宫徒刑者七十余万人，乃分作阿房宫，或作丽山。发北山石椁，乃写蜀、荆地材皆至。关中计宫三百，关外四百余。于是立石东海上朐界中，以为秦东门。因徙三万家丽邑，五万家云阳，皆复不事十岁。

※ 译文

三十五年，开始修筑大道，经过九原郡一直修到云阳县，将山峰挖掉，将河谷填平，笔直贯通。这时始皇认为咸阳人口多，先王宫廷又狭小，听说周文王建都在丰，武王建都在镐，丰和镐两城之间，才是帝王定都城的地方。于是就在渭水南面的上林苑内修建朝宫。首先在阿房建前殿，它东西有五百步长，南北有五十丈宽，宫中可以容纳一万人，下面可以树立五丈高的大旗。四周环绕着回廊通道以供驰走，从宫殿之下一直通到南山。在南山的顶峰建造门阙作为标志。又修建天桥，从阿房跨过渭水，再连接咸阳，以此象征天上的北极星和阁道星跨过银河抵达营室星。阿房宫还没有建成；等竣工后，再给它选择一个好名字。因为此宫是在阿房修筑的，所以就先称它为阿房宫。七十多万受过宫刑和徒刑的人，分成几批被派去修筑阿房宫，有一部分去营建骊山墓。从北山开采山石来制作石敦，从蜀地、荆地运来木料。关中总共建有三百座宫殿，关外建四百座。于是在东海边的朐山上竖立石碑，用来作为秦朝国境的东门。为此迁徙三万户民众到丽邑，五万户到云阳，都免除了他们十年的赋税和徭役。

※ 原文

卢生说始皇曰："臣等求芝奇药仙者常弗遇，类物有害之者。方中：人主时为微行以辟恶鬼，恶鬼辟，真人至。人主所居而人臣知之，则害于神。真人者，入水不濡，入火不爇，陵云气，与天地久长。今上治天下，未能恬倓。愿上所居宫毋令人知，然后不死之药殆可得也。"于是始皇曰："吾慕真人，自谓'真人'，不称'朕'。"乃令咸阳之旁二百里内宫观二百七十复道甬道相连，帷帐钟鼓美人充之，各案署，不移徙。行所幸，有言其处者，罪死。始皇帝幸梁山宫，从山上见丞相车骑众，弗善也。中人或告丞相，丞相后损车骑。始皇怒曰："此中人泄吾语。"案问莫服。当是时，诏捕诸时在旁者，皆杀之。自是后莫知行之所在。听事，群臣受决事，悉于咸阳宫。

※ 译文

卢生劝说始皇道："我们去寻求灵芝、奇药和仙人，却一直都没有找到，似乎是有什么东西伤害了它们。仙方上说：皇上应该秘密出行以便驱逐恶鬼，恶鬼避开了，神仙真人才会来临。皇上住的地方若让臣子们知道了，就会妨害神灵。真人往往都是入水不会被沾湿，入火不会被烧伤，他们能够乘驾云气遨游，寿命与天地一样久长。现在皇上治理天下，还没能做到清静安宁。希望皇上所住的宫室不要让别人知道，这样可能就会得到不死之药了。"于是始皇说："我羡慕神仙真人，我就称自己为'真人'，不再称'朕'了。"于是命咸阳方圆二百里内的二百七十座宫观都用天桥和有围墙的甬道相互连接起来；在里边安置帷帐、钟鼓和美人，全部按照所登记的位置不得移动。皇帝所到之处，倘若有人将其说出去了，就会被判处死罪。皇帝来到梁山宫，从山上看见丞相的随从车马队伍庞大，很不赞成。宦官近臣里有人告诉了丞相这件事，此后丞相就将车马数目减少了，始皇很生气，他说：“宫中有人把我的话泄露出去了。”经过审问，没有人肯招供认罪，于是皇帝就下诏把当时跟随在旁的人全部抓起来，统统杀死。从此再无人知晓皇帝的行踪了。处理国事，群臣接受皇帝的决策命令，全在咸阳宫进行。

※ 原文

侯生、卢生相与谋曰：“始皇为人，天性刚戾自用，起诸侯，并天下，意得欲从，以为自古莫及己。专任狱吏，狱吏得亲幸。博士虽七十人，特备员弗用。丞相诸大臣皆受成事，倚辨于上。上乐以刑杀为威，天下畏罪持禄，莫敢尽忠。上不闻过而日骄，下慑伏谩欺以取容。秦法，不得兼方，不验，辄死。然候星气者至三百人，皆良士，畏忌讳谀，不敢端言其过。天下之事无小大皆决于上，上至以衡石量书，日夜有呈，不中呈不得休息。贪于权势至如此，未可为求仙药。”于是乃亡去。

始皇闻亡，乃大怒曰：“吾前收天下书不中用者尽去之。悉召文学方术士甚众，欲以兴太平，方士欲练以求奇药。今闻韩众去不报，徐市等费以巨万计，终不得药，徒奸利相告日闻。卢生等吾尊赐之甚厚，今乃诽谤我，以重吾不德也。诸生在咸阳者，吾使人廉问，或为妖言以乱黔首。”于是使御史悉案问诸生，诸生传相告引，乃自除犯禁者四百六十余人，皆坑之咸阳，使天下知之，以惩后。益发谪徙边。始皇长子扶苏谏曰：“天下初定，远方黔首未集，诸生皆诵法孔子，今上皆重法绳之，臣恐天下不安。唯上察之。”始皇怒，使扶苏北监蒙恬于上郡。

※ 译文

侯生、卢生一起商量道：“始皇的为人，天性粗暴狠毒，自以为是，他出身诸侯，却将天下兼并，志得意满，为所欲为，认为自古至今无人能与他相比。他专门任用治狱的官吏，狱吏们都能受到皇帝亲近和宠幸。博士虽然也有七十人，但只不过是虚设充数却不得任用。丞相和各位大臣都只是接受皇上已经决定的命令，一切事情都由皇上裁决。皇上酷爱重刑和杀戮以显示其威严，官员们都怕获罪，他们一心想保持住禄位，因此谁都不敢真正竭诚尽忠。皇上听不到自己的过错，因而日益骄横。臣子们因担心害怕而说谎欺瞒，屈从讨好。秦法规定，一个方术不能试验两次，倘若方术不能应验，方士就得被处死。然而占侯星象云气以测吉凶的人虽然多达三百，他们都是技艺精湛的良士，但是因为他们害怕获罪，就避讳奉承，不敢正直地说出皇帝的过失。天下的大小事都由皇上来决定，皇上甚至都要用秤来称每天批阅的各种上奏文书，日夜都有奏呈，如果批阅达不到定额，就绝不休息。他如此贪恋权势，我们不能为他去寻求仙药了。”于是就逃跑了。

始皇听说此二人逃跑了，十分恼怒地说：“我先前查收了天下所有不适用的书并且把它们都烧掉了。征召了大批博学多才和有各种技艺的方术之士，想以此来使国家太平，这些方士想要以炼造仙丹来求得奇药。现在听说韩众逃跑了一去无回。徐市等人花费了数以万计的钱，最终也没找到奇药，只是我听说了他们非法牟利、互相告发的消息。我很尊重卢生等人，给予他们优厚的赏赐，可是他们现在却诽谤我，企图加大我的罪名。那些在咸阳的儒生们，我派人去查问过了，有人竟妖言惑众。”于是派御史去一一审查，他们互相告发，一个供出一个，查出一共有四百六十多人触犯了禁令，于是就全部被活埋在咸阳，让天下的人都知道，以警示后人。征发更多的流放人员去边疆戍守。始皇的大儿子扶苏进谏说：“天下刚刚平定，远方民众尚未归附，儒生们都诵读诗书，效法孔子，现在皇上一律用严刑酷法来对他们进行制裁，我恐怕天下将不会安定，希望皇上对此进行明察。”始皇听后勃然大怒，就派扶苏到北方上郡去监督蒙恬的军队。

※ 原文

三十六年，荧惑守心。有坠星下东郡，至地为石，黔首或刻其石曰“始皇帝死而地分”。始皇闻之，遣御史逐问，莫服，尽取石旁居人诛之，因燔销其石。始皇不乐，使博士为《仙真人诗》，及行所游天下，传令乐人歌弦之。秋，使者从关东夜过华阴平舒道，有人持璧遮使者曰：“为吾遗滈池君。”因言曰：“今年祖龙死。”使者问其故，因忽不见，置其璧去。使者奉璧具以闻。始皇默然良久，曰：“山鬼固不过知一岁事也。”退言曰：“祖龙者，人之先也。”使御府视璧，乃二十八年行渡江所沈璧也。于是始皇卜之，卦得游徙吉。迁北河、榆中三万家。拜爵一级。

三十七年十月癸丑，始皇出游。左丞相斯从，右丞相去疾守。少子胡亥爱慕请从，上许之。十一月，行至云梦，望祀虞舜于九疑山。浮江下，观籍柯，渡海渚。过丹阳，至钱唐。临浙江，水波恶，乃西百二十里从狭中渡。上会稽，祭大禹，望于南海，而立石刻颂秦德。

※ 译文

三十六年，火星接近心宿。有一颗流星坠落在东郡，落地后变为陨石，百姓中有人在那块陨石上刻了“始皇帝死而土地分”。始皇听说后，就派御史前去挨家查问，没有人认罪，于是就将陨石附近的那些人全部抓来杀了，并将那块陨石焚毁了。始皇不高兴，命令博士作了一首《仙真人诗》，在他巡行天下时，每走到一处就传令乐师弹奏演唱。秋天，使者走夜路从关东路经过华阴平舒道，有人手持玉璧拦住使者说："替我把它送给滈池君。"接着又说："今年祖龙将会死去。"使者问他缘由，那人却忽然就消失不见了，留下了那块玉璧。使者捧回玉璧向秦王详细地陈述了所遇见的情况。始皇沉默了好一会儿，说："山鬼本来是只能预知一年内的事。"到退朝后他又说："祖龙就是人的首领。"始皇让御府察看那块玉璧，竟然是始皇在二十八年巡行渡江时沉入水中的那块。于是始皇为此事进行占卜，占卜的结果是巡游迁徙才会吉祥。于是迁移三万户人家到北河和榆中地区定居，每户赏赐一级爵位。

三十七年十月癸丑日，始皇外出巡游。左丞相李斯跟随，右丞相冯去疾在京都留守。小儿子胡亥想去巡游，请求跟随，皇上答应了他的请求。十一月，走到云梦，在九疑山遥祭虞舜。然后坐船顺着长江漂流而下，观览庐山瀑布，渡过采石矶，经过丹阳，到达钱塘。来到浙江边上的时候，水势险恶，就向西走了一百二十里，从江面最狭窄的地方渡江。登上会稽山，对大禹进行祭祀，遥望南海。在那里立碑刻字，歌颂秦朝的功德。

※ 原文

其文曰：

皇帝休烈，平一宇内，德惠修长。三十有七年，亲巡天下，周览远方。遂登会稽，宣省习俗，黔首斋庄。群臣诵功，本原事迹，追首高明。秦圣临国，始定刑名，显陈旧章。初平法式，审别职任，以立恒常。六王专倍，贪戾慠猛，率众自强。暴虐恣行，负力而骄，数动甲兵。阴通间使，以事合从，行为辟方。内饰诈谋，外来侵边，遂起祸殃。义威诛之，殄熄暴悖，乱贼灭亡。圣德广密，六合之中，被泽无疆。皇帝并宇，兼听万事，远近毕清。运理群物，考验事实，各载其名。贵贱并通，善否陈前，靡有隐情。饰省宣义，有子而嫁，倍死不贞。防隔内外，禁止淫泆，男女絜诚。夫为寄豭，杀之无罪，男秉义程。妻为逃嫁，子不得母，咸化廉清。大治濯俗，天下承风，蒙被休经。皆遵度轨，和安敦勉，莫不顺令。黔首修絜，人乐同则，嘉保太平。后敬奉法，常治无极，舆舟不倾。从臣诵烈，请刻此石，光垂休铭。

※ 译文

碑文是：

皇帝功业伟大，统一平定天下，德惠恩泽久长。三十七年，亲自巡行天下，周游遍览远方。登临会稽山峰，考察当地习俗，百姓恭敬端庄。群臣齐颂功德，回顾创业事迹，追溯英明决策。秦朝圣王登位，始定法度刑名，阐述旧有规章。初定公平法则，审慎区分职责，确立永久纲纪。六王专横背叛，贪利狂傲凶狠，凭借人多逞强。

暴虐恣意横行，倚仗武力骄横，屡次挑起战争。暗中安插间谍，奉行六国合纵，行为卑鄙猖狂。对内修饰狡诈，对外犯我边疆，由此引起祸殃。仗义扬威诛讨，铲除凶暴叛逆，乱臣贼子灭亡。圣德广博深厚，天地四海之内，被受恩泽无疆。皇帝统一天下，一人治理万事，远近处处清明。协调管理国政，考察验证事实，各使符合其名。贵贱都能相通，善恶当前陈述，没有丝毫隐瞒。纠正过失宣扬正义，有夫弃子而嫁，视为叛夫不贞。以礼分别内外，禁止放荡淫乱，男女都应洁诚。丈夫在外淫乱，杀之没有罪过，男子须守规程。妻子弃夫另嫁，子不认她为母，都要感化清正。盛世洁澄恶俗，天下承受教化，民众沐浴新风。人人遵循法度，和睦安定互勉，无不顺从命令。民众善美修德，乐于遵守法纪，永保天下太平。后人敬奉圣法，永保盛事无极，车船不翻不倾。众臣颂扬伟业，请求刻石作铭，永传千古美名。

※ 原文

还过吴，从江乘渡。并海上，北至琅邪。方士徐市等入海求神药，数岁不得，费多，恐谴，乃诈曰：“蓬莱药可得，然常为大鲛鱼所苦，故不得至，愿请善射与俱，见则以连弩射之。”始皇梦与海神战，如人状。问占梦，博士曰：“水神不可见，以大鱼蛟龙为候。今上祷祠备谨，而有此恶神，当除去，而善神可致。”乃令入海者赍捕巨鱼具，而自以连弩候大鱼出射之。自琅邪北至荣成山，弗见。至之罘，见巨鱼，射杀一鱼。遂并海西。

至平原津而病。始皇恶言死，群臣莫敢言死事。上病益甚，乃为玺书赐公子扶苏曰：“与丧会咸阳而葬。”书已封，在中车府令赵高行符玺事所，未授使者。七月丙寅，始皇崩于沙丘平台。丞相斯为上崩在外，恐诸公子及天下有变，乃秘之，不发丧。棺载辒凉车中，故幸宦者参乘，所至上食。百官奏事如故，宦者辄从辒凉车中可其奏事。独子胡亥、赵高及所幸宦者五六人知上死。赵高故尝教胡亥书及狱律令法事，胡亥私幸之。高乃与公子胡亥、丞相斯阴谋破去始皇所封书赐公子扶苏者，而更诈为丞相斯受始皇遗诏沙丘，立子胡亥为太子。更为书赐公子扶苏、蒙恬，数以罪，赐死。语具在李斯传中。行，遂从井陉抵九原。会暑，上辒车臭，乃诏从官令车载一石鲍鱼，以乱其臭。

※ 译文

始皇返回的时候路过吴地，从江乘县渡江。沿着海岸向北行，到达琅邪。方士徐市等人入海去寻仙求药，好几年也没找到，花费了很多钱财，由于害怕遭受责罚，就欺骗始皇说：“蓬莱仙药是可以找到的，但由于有大鲨鱼的困扰，所以总无法到达，请皇上派善于射箭的人一起去，在遇到大鲨鱼时就用连弩射它。”始皇做梦与海神交战，海神的形状跟人很像。请占梦的博士给解梦，博士说："水神原本是看不到的，它以大鱼蛟龙为斥候。如今皇上您祭祀周到恭敬，反而出现了这种恶神，就应当将其除掉，这样才会有真正的善神到来。"于是始皇就命入海的人携带捕大鱼的工具，他还亲自带着弓弩去等待大鱼出来以便射它。从琅邪向北一直到荣成山，都没有遇见大鲨鱼。在到达之罘的时候，遇见了大鱼，射死了一条。接着又沿海向西进发。

秦始皇到达平原津时生了病。始皇不喜欢说"死"这个字，众臣也就没人敢说死的事情。皇帝病得更加严重了，就写了一封盖上御印的信给公子扶苏说："到咸阳来参加丧事，在咸阳安葬。"信封好后，就存放在中东府令赵高兼掌印玺事务的办公处，没有交给使者。七月丙寅日，始皇在沙丘平台逝世。丞相李斯认为皇帝逝世在外，恐怕众皇子和各地乘机叛乱，就采取秘不发丧的办法。把棺材放在既密闭又能通风的辒凉车中，还让过去受始皇宠幸的宦官陪乘，每走到合适的地方，就将饭食献上，百官向皇上奏事一如往常。宦官就在辒凉车中降诏批签。只有胡亥、赵高和五六个曾受宠幸的宦官知道皇上已经死了。赵高曾经教胡亥写字和狱律法令等事情，胡亥私下里对他很有好感。赵高与公子胡亥、丞相李斯秘密商讨将始皇赐给公子扶苏的那封已封好的信毁去。谎称李斯在沙丘接受了始皇遗诏，立胡亥为太子。又给公子扶苏和蒙恬写了一封信，捏造他们的罪状，并命令他们自杀。这些事都记载在《李斯列传》中。胡亥等人继续前行，从井陉口北上，到达九原郡。正赶上暑天，皇上的尸体在辒凉车中已经发臭，就命随从官员们往车里装一石有腥臭气的咸干鱼，以混淆尸臭。

※ 原文

行从直道至咸阳，发丧。太子胡亥袭位，为二世皇帝。九月，葬始皇郦山。始皇初即位，穿治郦山；及并天下，天下徒送诣七十余万人，穿三泉，下铜而致椁，宫观百官奇器珍怪徙臧满之。令匠作机弩矢，有所穿近者辄射之。以水银为百川江河大海，机相灌输，上具天文，下具地理。以人鱼膏为烛，度不灭者久之。二世曰："先帝后宫非有子者，出焉不宜。"皆令从死，死者甚众。葬既已下，或言工匠为机，臧皆知之，臧重即泄。大事毕，已臧，闭中羡，下外羡门，尽闭工匠臧者，无复出者。树草木以象山。

二世皇帝元年，年二十一。赵高为郎中令，任用事。二世下诏，增始皇寝庙牺牲及山川百祀之礼。令群臣议尊始皇庙。群臣皆顿首言曰："古者天子七庙，诸侯五，大夫三，虽万世世不轶毁。今始皇为极庙，四海之内皆献贡职，增牺牲，礼咸备，毋以加。先王庙或在西雍，或在咸阳。天子仪当独奉酌祠始皇庙。自襄公已下轶毁。所置凡七庙。群臣以礼进祠，以尊始皇庙为帝者祖庙。皇帝复自称'朕'。"

※ 译文

一行人从直道回到咸阳，才发布治丧公告。胡亥太子继位，就是二世皇帝。九月，把始皇安葬在郦山墓。始皇刚刚登位的时候，就挖掘开凿郦山，统一天下后，又从全国各地调来七十多万徒役，凿地足足有三重泉水那么深，灌注铜水，并填塞缝隙，才把外棺放进去。然后又仿造了宫殿，设置了百官位次，并将很多奇珍异物、珍宝怪石等搬进去了，放得满满的。命工匠制造由机关操纵的弓箭，倘若有人盗墓，则一靠近就会被射死。百川江河大海是用水银做成的，通过机器互相灌注流动，顶壁装有天文图像，下面按照地理图形进行布置。用娃娃鱼的油脂做成火炬，估计能燃烧很久而不熄灭。二世说："先帝后宫那些没有子女的妃嫔，放她们出去不合适。"于是就命令这些人全部殉葬，殉葬的人很多。葬礼完毕，有人说机械是工匠制造的，墓中所藏宝物他们都知道，宝物多而贵重，这很可能会泄露出去。所以当隆重的丧礼完毕，已经藏好宝物，就将墓道的中间一道门封闭了，还把墓地最外面的一道门放下来，把工匠们全都封闭在里边了，没有一个出来的。墓上栽种草木，看上去好像一座山。

二世皇帝元年，二世二十一岁，赵高担任郎中令，掌管朝政大权。二世下诏，始皇祠庙里用来祭祀的牲畜数量要增加，山川各种祭祀的礼仪要增加。命大臣们讨论推尊始皇庙号的事。大臣们都跪拜叩头说："古时候天子的祖庙为七庙，祭祀七代祖宗，诸侯五庙，大夫三庙，虽然历经很久了但是仍然没有荒废。如今始皇庙是至高无上的，四海之内都得按照职阶来进献祭品，还增加了牛、羊、猪等祭祀牲畜的数量。礼仪完全具备，其他庙祭的标准不能再高于这个了。先王庙有的在西雍，有的在咸阳。按照天子的礼仪，应当手持酒爵亲自祭拜始皇庙。自襄公以下的庙都毁除。所建造的祭祀先王的庙共七座。大臣们要按照礼法去进献祭祀，遵奉始皇庙为皇帝始祖庙。皇帝仍自称为'朕'。"

※ 原文

二世与赵高谋曰："朕年少，初即位，黔首未集附。先帝巡行郡县，以示强，威服海内。今晏然不巡行，即见弱，毋以臣畜天下。"春，二世东行郡县，李斯从。到碣石，并海，南至会稽，而尽刻始皇所立刻石，石旁著大臣从者名，以章先帝成功盛德焉。

皇帝曰："金石刻，尽始皇帝所为也。今袭号，而金石刻辞不称'始皇帝'，其于久远也如后嗣为之者，不称成功盛德。"丞相臣斯、臣去疾、御史大夫臣德昧死言："臣请具刻诏书刻石，因明白矣。臣昧死请。"制曰："可。"遂至辽东而还。

※ 译文

二世跟赵高商讨说："我年纪轻，又是刚即位，百姓还不顺从。先帝通过巡视各郡县来显示他的强大，以便威慑四海。现在我在皇宫安然享受而不出去巡游，就会被人看作无能，这样就没有办法统治天下了。"春天，二世东行巡视郡县，李斯跟从。到达碣石山后，又沿海向南行进直到会稽，并在始皇所立的石碑上又都刻上了字，碑石旁还都增刻上了随从大臣的名字，以进一步彰扬先帝的功业和盛德。

皇帝说："金石碑刻全由始皇帝建造。现在我承袭了帝号，可是金石碑刻上不称始皇帝，如此一来，等年代久远以后，就好像是后代子孙所树立的，以致无法称扬始皇帝的功业和盛德。"丞相臣李斯、大臣冯去疾、御史大夫臣德冒死进言："我们请求把诏书全刻在石碑上，这样就明白了。为臣冒死请求。"制书批复说："可以。"接着到达了辽东，然后就返回京都。

※ 原文

于是二世乃遵用赵高，申法令。乃阴与赵高谋曰："大臣不服，官吏尚强，及诸公子必与我争，为之奈何？"高曰："臣固愿言而未敢也。先帝之大臣，皆天下累世名贵人也，积功劳世以相传久矣。今高素小贱，陛下幸称举，令在上位，管中事。大臣鞅鞅，特以貌从臣，其心实不服。今上出，不因此时案郡县守尉有罪者诛之，上以振威天下，下以除去上生平所不可者。今时不师文而决于武力，愿陛下遂从时毋疑，即群臣不及谋。明主收举余民，贱者贵之，贫者富之，远者近之，则上下集而国安矣。"二世曰："善。"

乃行诛大臣及诸公子，以罪过连逮少近官三郎，无得立者，而六公子戮死于杜。公子将闾昆弟三人囚于内宫，议其罪独后。二世使使令将闾曰："公子不臣，罪当死，吏致法焉。"将闾曰："阙廷之礼，吾未尝敢不从宾赞也；廊庙之位，吾未尝敢失节也；受命应对，吾未尝敢失辞也。何谓不臣？愿闻罪而死。"使者曰："臣不得与谋，奉书从事。"将闾乃仰天大呼天者三，曰："天乎！吾无罪！"昆弟三人皆流涕拔剑自杀。宗室振恐。群臣谏者以为诽谤，大吏持禄取容，黔首振恐。

※ 译文

这时秦二世就根据赵高的建议，申明法令。他私下里同赵高谋划说："大臣们都不服从，官吏还有强大的势力，另外还有各位皇子要跟我争权，对此我该如何处置呢？"赵高说："这些话我早就想说了，却一直都没敢说。先帝在位时的大臣，都是具有累世功名的贵人，建功立业，世代相传，已经很久了。如今为臣出身卑贱，幸蒙陛下抬举，让我官高位显，管理宫廷事务。大臣们不满意，因此只在表面上服从，其实心里并不服。如今皇上出巡，何不借此机会将郡县守尉中的有罪者查办，并杀掉他们，这样，在上可以使皇上威慑天下，在下可以把那些皇上不满意的人除掉。现时不能师法文治而应采用武力，请陛下您顺应时势，千万不要犹豫，这样大臣们就来不及谋划造反了。英明的君主往往会收集举用那些被弃不用的人。让卑贱的人变得显贵，让贫穷的人变得富裕，让疏远的人变得亲近，这样就能上下团结，国家安定了。”二世说：“好！”

于是就开始诛杀大臣和皇子，捏造罪名连带拘捕近侍小臣中郎、外郎、散郎，无人得以幸免，六个皇子被杀死在杜县。公子将闾兄弟三人被囚禁在内宫，由于需要议定他们的罪状而被单独拖延在后。秦二世派使者对将闾说：“你们不尽臣道，应当判处死罪，官吏依法行刑来了。”将闾说：“宫廷的礼节，我从来不敢不顺从宾赞的引导；朝廷的位次，我从来不敢有失礼节；奉命回答提问，我从来不敢说错话。怎么能说我没有尽臣道呢？希望能让我明白罪名以后再死。”使者说：“我不能参与谋议，只是奉诏书行事。”将闾仰天大声呼喊几次，说：“天啊！我没有罪！”兄弟三人都流着眼泪拔剑自刎了。宗室的人为此感到震惊恐慌。大臣们进谏的被认为是诽谤朝政，大官们为保住禄位而屈从讨好，民众震惊恐惧。

※ 原文

四月，二世还至咸阳，曰：“先帝为咸阳朝廷小，故营阿房宫为室堂。未就，会上崩，罢其作者，复土郦山。郦山事大毕，今释阿房宫弗就，则是章先帝举事过也。”复作阿房宫。外抚四夷，如始皇计。尽征其材士五万人为屯卫咸阳，令教射狗马禽兽。当食者多，度不足，下调郡县转输菽粟刍藁，皆令自赍粮食，咸阳三百里内不得食其谷。用法益刻深。

七月，戍卒陈胜等反故荆地，为“张楚”。胜自立为楚王，居陈，遣诸将徇地。山东郡县少年苦秦吏，皆杀其守尉令丞反，以应陈涉，相立为侯王，合从西乡，名为“伐秦”，不可胜数也。谒者使东方来，以反者闻二世。二世怒，下吏。后使者至，上问，对曰：“群盗，郡守尉方逐捕，今尽得，不足忧。”上悦。武臣自立为赵王，魏咎为魏王，田儋为齐王。沛公起沛。项梁举兵会稽郡。

二年冬，陈涉所遣周章等将西至戏，兵数十万。二世大惊，与群臣谋曰：“奈何？”少府章邯曰：“盗已至，众强，今发近县不及矣。郦山徒多，请赦之，授兵以击之。”二世乃大赦天下，使章邯将，击破周章军而走，遂杀章曹阳。二世益遣长史司马欣、董翳佐章邯击盗，杀陈胜城父，破项梁定陶，灭魏咎临济。楚地盗名将已死，章邯乃北渡河，击赵王歇等于钜鹿。

※ 译文

四月，二世返回到咸阳，说：“先帝因为觉得咸阳宫殿小，才营建阿房宫，但殿堂还没有建成，先帝就去世了，只好停止修建，把人调到郦山去修墓。郦山修墓的工作已全部完毕，现在如果放弃阿房宫而不建成它，岂不是表明先帝办事有失误吗？”于是又开始修建阿房宫。对外安抚四方的外族，按照始皇的策略，征召五万健壮的兵丁守卫咸阳。下令教习兵丁射箭，并且学习饲养供宫廷玩赏的狗马禽兽，这些都需要耗费很多粮食，估计咸阳仓里的粮食不够用，于是就从各郡县征调粮食和饲料，命转运粮食人员自带干粮，而且咸阳四百里之内的地区不准吃这些粮食。刑法更加严苛。

七月，戍卒陈胜等在以前的楚地造反，国号为“张楚”。陈胜自立为楚王，住在陈县，派遣各路将领夺取土地。崤山以东的各郡县，年轻人因为受尽秦朝官吏之苦，把郡守、郡尉、县令、县丞等杀死后也跟着起来造反，以响应陈胜，并相继拥立为侯王，联合起来向西进攻，都打着讨伐秦朝的旗号，造反的人不计其数。掌管传达情报的谒者出使崤山以东回来，向二世报告了崤山以东造反的情况。二世很生气，就让主管官吏去处理谒者。后边的使者回来后，皇上问他，答道：“只不过是一群盗匪，郡守和郡尉正在追捕，现在他们全部被抓获，不值得忧虑。”皇上很高兴。武臣自立为赵王，魏咎为魏王，田儋为齐王。沛公在沛县起义。项梁在会稽郡起兵。

二年冬天，陈胜派遣周章等人率领的军队向西到达戏水，兵力有几十万。二世非常吃惊，跟群臣讨论道：“怎么办呀？”少府章邯说：“盗匪已经来了，人多势众，现在已经来不及征发附近各县的军队了。郦山有很多徒役，请赦免他们，并给他们兵器，让他们去迎击起义军。”于是二世就大赦天下，派章邯领兵为将，把周章的军队打败了，周章败逃，被杀死在曹阳。二世又增派长史司马欣和董翳去帮助章邯攻打起义军，陈胜被杀死在城父，项梁在定陶也被打败，魏咎在临济被杀死。楚地起义军的名将已经被杀死，章邯就向北渡过黄河，到巨鹿去攻打赵王歇等人。

※ 原文

赵高说二世曰：“先帝临制天下久，故群臣不敢为非，进邪说。今陛下富于春秋，初即位，奈何与公卿廷决事？事即有误，示群臣短也。天子称朕，固不闻声。”于是二世常居禁中，与高决诸事。其后公卿希得朝见，盗贼益多，而关中卒发东击盗者毋已。右丞相去疾、左丞相斯、将军冯劫进谏曰：“关东群盗并起，秦发兵诛击，所杀亡甚众，然犹不止。盗多，皆以戍漕转作事苦，赋税大也。请且止阿房宫作者，减省四边戍转。”

二世曰：“吾闻之韩子曰：‘尧舜采椽不刮，茅茨不翦，饭土熘，啜土形，虽监门之养，不觳于此。禹凿龙门，通大夏，决河亭水，放之海，身自持筑臿，胫毋毛，臣虏之劳不烈于此矣。’凡所为贵有天下者，得肆意极欲，主重明法，下不敢为非，以制御海内矣。夫虞、夏之主，贵为天子，亲处穷苦之实，以徇百姓，尚何于法？朕尊万乘，毋其实，吾欲造千乘之驾，万乘之属，充吾号名。且先帝起诸侯，兼天下，天下已定，外攘四夷以安边竟，作宫室以章得意，而君观先帝功业有绪。今朕即位二年之间，群盗并起，君不能禁，又欲罢先帝之所为，是上毋以报先帝，次不为朕尽忠力，何以在位？”下去疾、斯、劫吏，案责他罪。去疾、劫曰：“将相不辱。”自杀。斯卒囚，就五刑。

※ 译文

赵高劝说二世道：“先帝登位治理天下已经很长时间了，所以群臣不敢做非分之事，不敢进言异端邪说。如今陛下您正年轻，又是刚刚登上皇位，怎么能跟公卿在朝廷上议决大事呢？倘若事情有错误，就会被群臣看出自己的弱点。天子称‘朕’，本来就是不应该让别人直接听到他的声音。”于是二世经常居住在深宫之内，只跟赵高决策各种事情。自此以后，公卿就很少有机会朝见皇上，各地起义的人也越来越多了，只好不停地征调关中军队到东边去攻打起义军。右丞相冯去疾、左丞相李斯、将军冯劫进谏说：“关东各路盗贼纷纷而起，朝廷派军前去诛讨他们，杀死了很多人，可是依然还不能平息。盗贼多是因为戍边、运输、劳作的事情太多、太劳苦，赋税太重。我们请求暂时停止修建阿房宫，减少戍边兵役和运输徭役。”

二世说：“我听韩子说：‘尧、舜用柞木做椽子，不进行砍削加工，用芦苇茅草盖屋顶而不加修剪，用瓦碗吃饭，用瓦罐喝水，就算是现在看门人的供养，也不会比这再俭薄了。禹平凿龙门，疏通大夏，决通黄河淤积停滞之水，把水引入海，亲自拿着杵和锹，小腿上的汗毛都被泡掉光了，就算是现在的奴隶，也不会比这更辛劳了。’凡是尊贵而享有天下的人，就是应该这样尽情享受，为所欲为。做君主重要的是修明法制，这样，臣下就不敢胡作非为，就能驾驭天下了。虞、夏的君主，地位尊贵，做了天子，却身处穷苦劳作的境地，为百姓做出牺牲，这还有什么值得效法的呢？我被称为万乘之主，却没有享受到万乘之实，我要建造千乘之车驾，设立万乘之徒属，让我名实相符。再说，先帝以诸侯出身而兼并天下，天下既已平定，对外抵抗四方外族以安定边境，对内修建宫室来彰显满足之情，你们都看到了，先帝功业已经有了好的开始。而现在我登位两年的时间，盗贼纷起，你们无法将其禁止，又想要废除先帝所要做的事情。这样做，上无法报答先帝，其次也不能为我尽忠尽力，你们还有什么资格身处高位呢？”于是就把冯去疾、李斯、冯劫下交给狱吏，审讯追究三人的其他罪行。冯去疾、冯劫说：“将相不能受侮辱。”他们就自杀了。李斯最终被囚禁，受遍了各种刑罚。

※ 原文

三年，章邯等将其卒围钜鹿，楚上将军项羽将楚卒往救钜鹿。冬，赵高为丞相，竟案李斯杀之。夏，章邯等战数却，二世使人让邯，邯恐，使长史欣请事。赵高弗见，又弗信。欣恐，亡去，高使人捕追不及。欣见邯曰："赵高用事于中，将军有功亦诛，无功亦诛。"项羽急击秦军，虏王离，邯等遂以兵降诸侯。八月己亥，赵高欲为乱，恐群臣不听，乃先设验，持鹿献于二世，曰："马也。"二世笑曰："丞相误邪？谓鹿为马。"问左右，左右或默，或言马以阿顺赵高。或言鹿，高因阴中诸言鹿者以法。后群臣皆畏高。

高前数言"关东盗毋能为也"，及项羽虏秦将王离等钜鹿下而前，章邯等军数却，上书请益助，燕、赵、齐、楚、韩、魏皆立为王，自关以东，大氐尽畔秦吏应诸侯，诸侯咸率其众西乡。沛公将数万人已屠武关，使人私于高，高恐二世怒，诛及其身，乃谢病不朝见。二世梦白虎啮其左骖马，杀之，心不乐，怪问占梦。卜曰："泾水为祟。"二世乃斋于望夷宫，欲祠泾，沈四白马。使使责让高以盗贼事。高惧，乃阴与其婿咸阳令阎乐、其弟赵成谋曰："上不听谏，今事急，欲归祸于吾宗。吾欲易置上，更立公子婴。子婴仁俭，百姓皆载其言。"使郎中令为内应，诈为有大贼，令乐召吏发卒，追劫乐母置高舍。遣乐将吏卒千余人至望夷宫殿门，缚卫令仆射，曰："贼入此，何不止？"

※ 译文

二世三年，章邯等率兵把巨鹿包围了，楚国上将军项羽率领楚兵前去援救巨鹿。冬天，赵高担任丞相，最终判决了李斯的罪案并将其处死。夏天，章邯等作战屡次败退，二世派人去谴责章邯，章邯感到害怕，就派长史司马欣回京汇报情况，请求指示。赵高不接见，也不信任。司马欣感到害怕，于是赶紧逃离，赵高命人去追却没有追到。司马欣见到章邯说："赵高在朝中执掌朝政，将军您有功会被杀掉，无功也会被杀掉。"这时，项羽加紧进攻秦军，将王离俘虏，章邯等人就率兵投降了诸侯。八月己亥日，赵高想要谋反，但又担心群臣不听从他，就先设下计谋进行试验，他带来一只鹿献给二世，说："这是一匹马。"二世笑着说："丞相错了，怎么能把鹿说成是马呢？"问左右大臣，左右大臣有的保持沉默，有的为了迎合赵高而故意说是马，也有的说是鹿，赵高就私下假借法律陷害那些说是鹿的人。此后，大臣们都畏惧赵高。

赵高以前曾不止一次地说："关东的盗贼成不了什么气候。"可是后来，项羽在巨鹿城下俘虏了王离等人并继续向前，章邯等人的军队屡次败退，上书请求增援，燕国、赵国、齐国、楚国、韩国和魏国都自立为王，从函谷关往东，基本上全部背叛了秦朝官吏而纷纷响应诸侯，诸侯率兵西进。沛公率领几万人攻克了武关，派人来跟赵高秘密联络。赵高担心二世发怒，遭到杀身之祸，就推病而不去朝见皇上。二世梦见一只白虎把他车驾的骖马给咬了，他把那只白虎杀了，但心中还是不痛快，觉得奇怪，就去问解梦的人。解梦人卜得卦辞说："泾水的水神在作怪。"二世就在望夷宫斋戒，准备祭祀泾水水神，把四匹白马沉入泾水。赵高因为起义者日益逼近的事情而遭到二世派人来谴责。赵高惶恐不安，就暗中与他的女婿咸阳县令阎乐以及他的弟弟赵成商议道："皇上不听劝谏，如今事态危急，想要把罪祸推给我们家族。我想另立天子，改立公子婴。公子婴仁爱谦下，深得百姓的拥护。"就让郎中令作内应，谎称有贼匪，命令阎乐召集官吏发兵追击，还把阎乐的母亲劫持，并送到赵高府中来作人质。派阎乐带领官兵一千多人在望夷宫殿门前，把卫令仆射捆绑起来，喝问道："盗贼从这里进去了，为何不上前阻止？"

※ 原文

卫令曰："周庐设卒甚谨，安得贼敢入宫？"乐遂斩卫令，直将吏入，行射，郎宦者大惊，或走或格，格者辄死，死者数十人。郎中令与乐俱入，射上幄坐帏。二世怒，召左右，左右皆惶扰不斗。旁有宦者一人，侍不敢去。二世入内，谓曰："公何不蚤告我？乃至于此！"宦者曰："臣不敢言，故得全。使臣蚤言，皆已诛，安得至今？"阎乐前即二世数曰："足下骄恣，诛杀无道，天下共畔足下，足下其自为计。"二世曰："丞相可得见否？"乐曰："不可。"二世曰："吾愿得一郡为王。"弗许。又曰："愿为万户侯。"弗许。曰："愿与妻子为黔首，比诸公子。"阎乐曰："臣受命于丞相，为天下诛足下，足下虽多言，臣不敢报。"麾其兵进。二世自杀。

※ 译文

卫令说："皇宫周围警卫哨所都有重兵把守，十分严谨，盗贼怎么敢进入宫中呢？"阎乐就把卫令杀了，带领官兵径直冲进去，边走边不停地射箭，郎官、宦官惊骇异常，有的逃跑，有的上前争斗，上前争斗的就被杀死了，被杀死的大概有几十人。郎中令和阎乐一同冲进宫殿，用箭射中了二世的帷帐。二世非常生气，召唤左右的侍者，左右的人都慌乱了，不敢挺身而出。旁边有一个宦官服侍着二世不敢离开。二世进入内宫，对他说："你为何不早告诉我呢，竟然沦落到现在这种境地！"宦官说："我是不敢说，才保住性命的，要是早说，我们这些人早就统统被您杀掉了，怎么可能活到今天啊？"阎乐走上前去历数二世的罪状说："你生性骄横放纵，肆意诛杀，不遵奉天道，天下的人都背叛了你，怎么办还是由你自己考虑吧！"二世说："我可以见丞相吗？"阎乐说："不行。"二世说："那我希望到一个郡的地方做个王。"阎乐不准。二世又说："我希望做个万户侯。"还是不应允。二世又说："我愿和妻子儿女去做普通百姓，跟诸公子一样。”阎乐说：“我是奉丞相的命令来替天下人诛杀你的，你就算说的话再多，我也不敢替你禀报。”于是指挥士兵拥上前。二世就自杀了。

※ 原文

阎乐归报赵高，赵高乃悉召诸大臣公子，告以诛二世之状。曰：“秦故王国，始皇君天下，故称帝。今六国复自立，秦地益小，乃以空名为帝，不可。宜为王如故，便。”立二世之兄子公子婴为秦王。以黔首葬二世杜南宜春苑中。令子婴斋，当庙见，受王玺。斋五日，子婴与其子二人谋曰：“丞相高杀二世望夷宫，恐群臣诛之，乃详以义立我。我闻赵高乃与楚约，灭秦宗室而王关中。今使我斋见庙，此欲因庙中杀我。我称病不行，丞相必自来，来则杀之。”高使人请子婴数辈，子婴不行，高果自往，曰：“宗庙重事，王奈何不行？”子婴遂刺杀高于斋宫，三族高家以徇咸阳。

子婴为秦王四十六日，楚将沛公破秦军入武关，遂至霸上，使人约降子婴。子婴即系颈以组，白马素车，奉天子玺符，降轵道旁。沛公遂入咸阳，封宫室府库，还军霸上。居月余，诸侯兵至，项籍为从长，杀子婴及秦诸公子宗族。遂屠咸阳，烧其宫室，虏其子女，收其珍宝货财，诸侯共分之。灭秦之后，各分其地为三，名曰雍王、塞王、翟王，号曰三秦。项羽为西楚霸王，主命分天下，王诸侯，秦竟灭矣。后五年，天下定于汉。

※ 译文

阎乐回去禀报赵高，赵高就召集所有的大臣和公子，告诉他们杀死二世的情况。赵高说：“秦国原本是个诸侯国，始皇统治了天下，所以才称帝。现在六国又重新拥立了各自的国王，秦国地盘越来越小，却还凭着个空名称皇帝，这是不可以的。应该像过去一样称王才恰当。”于是把二世兄长的儿子子婴立为秦王。按照平民的葬仪把二世埋葬在杜南宜春苑中。又让子婴斋戒，到宗庙去拜祖先，接受国王的印玺。斋戒五天后，子婴和他的两个儿子商议道：“丞相赵高把二世杀死在望夷宫，又担心大臣们诛杀他，就假装伸张大义来立我为王。我听说，赵高已经与楚国约定，灭掉秦宗室后他就称王关中。现在让我斋戒后去朝见宗庙，就是想趁着我在庙里时把我杀掉。我推病不去，他必定会亲自来，他来了就杀掉他。”赵高派人去请子婴，前后去了好几趟，子婴都不启行，赵高果然亲自去请，说：“这是国家大事，秦王怎么能不去呢？”于是子婴就在斋宫将赵高杀死了，诛灭了赵高家三族，并在咸阳示众。

子婴做了四十六天的秦王，楚将沛公就打败秦军攻入武关，到了霸上，命人前去招降子婴。子婴用丝带系着脖子，坐着白车白马，捧着天子的印玺符节，在轵道亭旁请降。沛公于是进入咸阳，封了宫室府库，然后又退兵在霸上驻扎。一个多月后，各路诸侯的军队也到了，项羽是各路诸侯的盟主，他杀了子婴和秦宗室的各个公子和族人。然后就在咸阳进行大屠杀，把宫室焚烧，俘虏宫女，将秦宫的珍宝财物全部没收，跟各路诸侯一起瓜分了。秦王朝灭亡之后，原来秦国的疆土就被划成三份，各自为王，即雍王、塞王、翟王，号称三秦。项羽为西楚霸王，主持分割天下，赐封诸侯王，秦朝最终灭亡。此后五年，天下被汉家王朝统一。

※ 原文

太史公曰：秦之先伯翳，尝有勋于唐虞之际，受土赐姓。及殷夏之间微散。至周之衰，秦兴，邑于西垂。自缪公以来，稍蚕食诸侯，竟成始皇。始皇自以为功过五帝，地广三王，而羞与之侔。善哉乎贾生推言之也！曰：

秦并兼诸侯山东三十余郡，缮津关，据险塞，修甲兵而守之。然陈涉以戍卒散乱之众数百，奋臂大呼，不用弓戟之兵，櫌白梃，望屋而食，横行天下。秦人阻险不守，关梁不阖，长戟不刺，强弩不射。楚师深入，战于鸿门，曾无藩篱之艰。于是山东大扰，诸侯并起，豪俊相立。秦使章邯将而东征，章邯因以三军之众要市于外，以谋其上。群臣之不信，可见于此矣。子婴立，遂不寤。藉使子婴有庸主之材，仅得中佐，山东虽乱，秦之地可全而有，宗庙之祀未当绝也。

※ 译文

太史公说：秦朝的祖先伯翳，在唐尧和虞舜的时候，曾经建立功勋，获得了封地，并受赐姓嬴。到夏朝、商朝的时候开始衰落了。但是到周朝衰落的时候，秦国又兴起了，在西部边境建起了城邑。自穆公即位以来，对诸侯进行蚕食，最终成就了始皇。始皇自以为功德高于五帝，他的地盘比三王更为宽广，因此认为跟五帝、三王位于同一行列是羞耻的事情。贾谊评论的话说得多好啊！他说：

秦朝兼并了诸侯，崤山以东有三十多个郡，修整河津关隘，占据着险要地势，整顿军队而把守这些要地。然而陈涉却凭着几百名散乱的戍卒，徒手振臂大呼，没有动用弓箭矛戟等锐利的武器，仅仅凭借锄把和木棍，只要看到有人家住的房屋就能得到饭食，纵横驰骋天下。秦朝有险阻之地却防守不住，有关卡桥梁也无法封锁阻挡，长戟不能刺，有强弩不能射。楚军很快深入境内，鸿门一战，居然没有遇到丝毫的阻拦和防范。于是崤山以东地区大乱，诸侯纷纷叛乱，豪杰相立为王。秦王派章邯率兵东征，章邯趁此机会，凭借三军的众多兵力，在外面跟诸侯订立契约，同诸侯做交易，图谋他的君上。大臣们不能执守信用，由此就可以看出。子婴登位，最终也不曾省悟，假如子婴有一般君主的才能，即使得到中等才能的辅佐之臣，即使崤山以东地区混乱不堪，秦国原来的地盘还是可以保全的，宗庙的祭祀也不会断绝。

※ 原文

秦地被山带河以为固，四塞之国也。自缪公以来，至于秦王，二十余君，常为诸侯雄。岂世世贤哉？其势居然也。且天下尝同心并力而攻秦矣。当此之世，贤智并列，良将行其师，贤相通其谋，然困于阻险而不能进，秦乃延入战而为之开关，百万之徒逃北而遂坏。岂勇力智慧不足哉？形不利，势不便也。秦小邑并大城，守险塞而军，高垒毋战，闭关据厄，荷戟而守之。诸侯起于匹夫，以利合，非有素王之行也。其交未亲，其下未附，名为亡秦，其实利之也。彼见秦阻之难犯也，必退师。安土息民，以待其敝，收弱扶罢，以令大国之君，不患不得意于海内。贵为天子，富有天下，而身为禽者，其救败非也。

※ 译文

秦国地势险固有高山阻隔，有大河环绕，形成一个天然的屏障，是四面都有屏障和要塞的国家。自穆公以来，一直到秦始皇，先后有二十多个国君，常常在诸侯中称雄。难道说他们代代都贤明吗？这其实是由于地势的便利呀！再说，天下各国曾经联合起来一起进攻秦国，在这种时候，贤人智士会聚，各国的军队都有良将指挥，有贤相沟通他们的谋略，但是依然被险阻所困住而无法前进，于是秦就把诸侯引诱进入自己的境内作战，为他们打开关塞，结果致使崤山以东百万军队败逃崩溃。难道说这是勇气、力量和智慧不够吗？实在是地形不利，地势不便啊。秦国把小邑兼并为大城市，在险要关塞驻军防守，高筑营垒而不轻易跟敌方作战，紧闭关门据守险塞，守卫肩扛矛戟守在那里。诸侯们都是平民出身，他们为了某种共同的利益而联合起来，并没德高望重，也没有王者的德行。他们的交往不够密切，他们的下属也不亲附。打着灭亡秦朝的旗号，其实是为自己谋求私利。他们看见秦地险阻难以进犯，就必定退兵。倘若秦王能够安守本土，让人民休养生息，等待他们疲弊衰败，收纳弱小，扶助疲困，那么以此来对大国发号施令，就不必担心自己的愿望在天下实现不了了。可是，秦王贵为天子，富足天下，自己却终究遭到擒获，这是因为他们挽救败亡所采取的策略错误啊。

※ 原文

秦王足己不问，遂过而不变。二世受之，因而不改，暴虐以重祸。子婴孤立无亲，危弱无辅。三主惑而终身不悟，亡，不亦宜乎？当此时也，世非无深虑知化之士也，然所以不敢尽忠拂过者，秦俗多忌讳之禁，忠言未卒于口而身为戮没矣。故使天下之士，倾耳而听，重足而立，拑口而不言。是以三主失道，忠臣不敢谏，智士不敢谋，天下已乱，奸不上闻，岂不哀哉！先王知雍蔽之伤国也，故置公卿大夫士，以饰法设刑，而天下治。其强也，禁暴诛乱而天下服。其弱也，五伯征而诸侯从。其削也，内守外附而社稷存。故秦之盛也，繁法严刑而天下振；及其衰也，百姓怨望而海内畔矣。故周五序得其道，而千余岁不绝。秦本末并失，故不长久。由此观之，安危之统相去远矣。野谚曰："前事之不忘，后事之师也。"是以君子为国，观之上古，验之当世，参以人事，察盛衰之理，审权势之宜，去就有序，变化有时，故旷日长久而社稷安矣。

※ 译文

秦王为满足一己之功而不审察政治的得失，一错到底而不改变。二世继承了父亲的罪过，因循而不改正，残暴苛虐致使祸患更加严重。子婴孤立无亲，自处危境却又没有亲附的辅佐之臣。三位君主一生昏惑而不省悟，秦朝最终灭亡，不也是很正常的吗？这个时候，并不是世上没有深谋远虑、懂得形势变化的人，他们之所以不敢竭诚尽忠，纠正君王的过失，是因为秦朝的风气多有禁忌，臣子往往还没有说完忠言就被杀害了。所以致使天下士人都只能侧着耳朵听，并拢双脚站立，闭上嘴巴不敢说话。因此，三位君主背离了道义，忠臣不敢进谏，智士不敢出谋划策，天下已经大乱，可是皇上却还不知道，难道这不是很可悲吗？先王知道不明视听就会受到蒙蔽，并影响对国家的治理，因此设置公卿、大夫和士，来整治法规、设立刑律，天下因而得到大治。国势强盛的时候，能阻止暴行诛讨叛乱，慑服天下；国势衰弱的时候，五霸为天子征讨而使诸侯顺从；疆土被割削的时候，可以内守政务外附强宗以使社稷得以保全。所以秦朝强盛的时候，施用繁法严刑而使天下震服；等到它衰弱的时候，致使百姓怨恨，天下背叛。周朝的公、侯、伯、子、男五等爵位因为合乎大道而使得国家延续了一千多年而不灭绝。而秦朝则是本末皆失，所以才不会长久。由此看来，安定和危亡的政治基础实在是相距太远了！俗话说"前事不忘，后事之师"。因此君子治理国家，应考察上古的历史得失，验证当代的形势，还应通过人事加以检验，从而观察兴盛衰亡的规律，详知谋略和形势是否合宜，做到一切事情的取舍都有章法，变化举措要讲究时宜。这样才能使统治长久，国家安定。

※ 原文

秦孝公据殽函之固，拥雍州之地，君臣固守而窥周室，有席卷天下，包举宇内，囊括四海之意，并吞八荒之心。当是时，商君佐之，内立法度，务耕织，修守战之备，外连衡而斗诸侯，于是秦人拱手而取西河之外。

孝公既没，惠王、武王蒙故业，因遗册，南兼汉中，西举巴、蜀，东割膏腴之地，收要害之郡。诸侯恐惧，会盟而谋弱秦，不爱珍器重宝肥美之地，以致天下之士，合从缔交，相与为一。当是时，齐有孟尝，赵有平原，楚有春申，魏有信陵。此四君者，皆明知而忠信，宽厚而爱人，尊贤重士，约从离衡，并韩、魏、燕、楚、齐、赵、宋、卫、中山之众。于是六国之士有宁越、徐尚、苏秦、杜赫之属为之谋，齐明、周最、陈轸、昭滑、楼缓、翟景、苏厉、乐毅之徒通其意，吴起、孙膑、带佗、儿良、王廖、田忌、廉颇、赵奢之朋制其兵。

常以十倍之地，百万之众，叩关而攻秦。秦人开关延敌，九国之师逡巡遁逃而不敢进。秦无亡矢遗镞之费，而天下诸侯已困矣。于是从散约解，争割地而奉秦。秦有余力而制其敝，追亡逐北，伏尸百万，流血漂卤。因利乘便，宰割天下，分裂河山，强国请服，弱国入朝。延及孝文王、庄襄王，享国日浅，国家无事。

※ 译文

秦孝公占据了殽山和函谷关的险固地势，拥有雍州的土地，君臣固守疆土，密切注视着周朝王室的天下，以图夺取政权、席卷天下、包举宇内，有着囊括四海、并吞八方的雄心。就在那时候，商鞅辅佐他，对内建立法度律令，致力于农耕女织，修治防守和攻战的器械设备，对外采取连横的外交方略，以挑起诸侯之间的争斗，于是秦国人轻易地就把西河以外的土地纳入自己的疆土。

孝公去世后，由惠王、武王继承原有的基业，他们遵循孝公留下来的策略，向南兼并了汉中，向西夺取了巴、蜀，向东割取了肥沃的土地，并占据了地势险要的郡县。诸侯感到恐惧了，就举行盟会来讨论削弱秦国，他们不惜用大量珍奇的器物、贵重的财宝和肥美的土地，来招揽天下贤士，进行合纵，缔结和约，互相邦交联合，结成一体。这个时候，齐国有孟尝君，赵国有平原君，楚国有春申君，魏国有信陵君。这四君子，明达事理、忠信宽仁、礼贤下士、唯才是举，他们使六国结约合纵，取消同秦国的连横，聚合起韩、魏、燕、楚、齐、赵、宋、卫、中山等国的众多军队。这时候六国的谋士有宁越、徐尚、苏秦、杜赫等人来为他们出谋划策，有齐明、周最、陈轸、昭滑、楼缓、翟景、苏厉、乐毅等人为他们沟通各国的意见，有吴起、孙膑、带佗、倪良、王廖、田忌、廉颇、赵奢等人为他们统率军队。

他们曾经凭着比秦国多十倍的土地，派百万大军，进攻函谷关以攻伐秦国。秦国就把关门敞开，让敌人进来打，结果九国的军队却退缩奔逃，不敢向前。秦国没有损失一支箭，没有丢掉一个箭头，各国诸侯就已经疲困不堪了。因此合纵以解散告终，诸侯国解除了盟约，争着割让地盘来侍奉秦国。这就给了秦国壮大力量的机会，同时还能趁着各国正疲困的时候去制服他们，追逐败逃之敌，杀死上百万敌军，尸体遍地，血流成河，甚至都可以漂起盾牌。秦国乘着便利的形势，控制了天下，分裂切割诸侯的土地山河，迫使强国请求归服，弱国入秦朝拜。王位传到孝文王、庄襄王，由于他们在位的时间很短，国家也没有什么大事发生。

※ 原文

及至秦王，续六世之余烈，振长策而御宇内，吞二周而亡诸侯，履至尊而制六合，执棰拊以鞭笞天下，威振四海。南取百越之地，以为桂林、象郡，百越之君俯首系颈，委命下吏。乃使蒙恬北筑长城而守藩篱，却匈奴七百余里，胡人不敢南下而牧马，士不敢弯弓而报怨。于是废先王之道，焚百家之言，以愚黔首。堕名城，杀豪俊，收天下之兵聚之咸阳，销锋铸鐻，以为金人十二，以弱黔首之民。然后斩华为城，因河为津，据亿丈之城，临不测之谿以为固。良将劲弩守要害之处，信臣精卒陈利兵而谁何，天下以定。秦王之心，自以为关中之固，金城千里，子孙帝王万世之业也。

秦王既没，余威振于殊俗。陈涉，瓮牖绳枢之子，甿隶之人，而迁徙之徒。才能不及中人，非有仲尼、墨翟之贤，陶朱、猗顿之富，蹑足行伍之间，而倔起什伯之中，率罢散之卒，将数百之众，而转攻秦。斩木为兵，揭竿为旗，天下云集响应，赢粮而景从，山东豪俊遂并起而亡秦族矣。

※ 译文

到了秦始皇，继承并发扬了六代先人留下来的功业，举起长鞭，驾驭宇内，吞并了东周和西周，并灭亡了诸侯，登临皇帝之位，君临天下，用残酷的刑罚来统治全国，致使声威震动四海。向南夺取了百越的土地，改设为桂林、象郡。百越的君长低着头，把绳子系上脖颈，将命运交付给秦国的官吏。又派蒙恬在北方修筑长城戍守边防，把匈奴驱赶到七百多里以外，匈奴人不敢南下牧马，匈奴的军士也不敢张弓报仇。于是废弃了先王的治国法规，焚毁了百家的典籍，对百姓实行愚民政策。拆毁名城，屠杀豪俊，把天下兵器收缴并聚集到咸阳，把兵刃销毁熔化，然后把它们铸成十二尊铜人，以削弱百姓的反抗力量。然后，又把险峻的华山当作城墙，把黄河当作护城的壕沟，上据万丈高城，下临无底深渊，以此作为坚固的屏障。有强将劲弩把守着险关要塞，再加上忠信的大臣和精锐的部队，装备了锐利武器，谁还能把秦王怎么样呢？天下已经安定。秦始皇心里认为凭借关中坚固，就好似千里长的铜铸城墙，是子子孙孙作帝王的万世基业。

始皇去世后，他的余威仍然震慑着风俗各异的边远地区。陈涉不过是一个用破瓮做窗户、绳子捆门枢的贫寒人家的孩子，是一个为人耕田的雇农，是一个被征服役的戍卒，才能连中等都算不上，他没有仲尼和墨翟的贤能，也没有陶朱和猗顿的富有，出身于士卒行伍，在田间村野崛起，带着疲劳涣散的士卒，率领几百名徒众，转过身来攻打秦朝。用砍下的树枝做武器，用举起的竹竿做旗帜，天下响应的人像云彩一样地聚集成群，背负干粮，形影不离地跟随着他，崤山以东地区的豪杰俊士同时起来，消灭了秦国。

※ 原文

且夫天下非小弱也，雍州之地，殽函之固自若也。陈涉之位，非尊于齐、楚、燕、赵、韩、魏、宋、卫、中山之君；鉏櫌棘矜，非铦于句戟长铩也；適戍之众，非抗于九国之师；深谋远虑，行军用兵之道，非及乡时之士也。然而成败异变，功业相反也。试使山东之国与陈涉度长絜大，比权量力，则不可同年而语矣。然秦以区区之地，千乘之权，招八州而朝同列，百有余年矣。然后以六合为家，殽函为宫，一夫作难而七庙堕，身死人手，为天下笑者，何也？仁义不施而攻守之势异也。

秦并海内，兼诸侯，南面称帝，以养四海，天下之士斐然乡风，若是者何也？曰：近古之无王者久矣。周室卑微，五霸既殁，令不行于天下，是以诸侯力政，强侵弱，众暴寡，兵革不休，士民罢敝。今秦南面而王天下，是上有天子也。既元元之民冀得安其性命，莫不虚心而仰上，当此之时，守威定功，安危之本在于此矣。

※ 译文

再说秦朝的天下并不是变小削弱了，雍州的土地、殽山和函谷关的坚固一如从前。陈涉没有齐、楚、燕、赵、韩、魏、宋、卫、中山各国的国君尊贵，锄把和木棍也没有钩戟和长矛那样锋利；被流放守边的士卒没有九国的军队强大；深谋远虑和行军用兵的方略，更不比先前六国的谋士。然而，各自的成功失败却有着异常的变化，功业成就完全相反。倘若让崤山以东各国同陈涉等人比比长短大小，量量权势实力，实在是无法相提并论的。然而秦国凭着雍州那块小小的地盘，拥有千乘战车的诸侯权力，将八州攻取并兼有了天下，还使那些地位等级相同的六国诸侯都前来朝拜臣服，长达一百多年的时间。然而后来秦统一天下为家，以殽山和函谷关为宫殿，谁想到却因一个匹夫带头发难，使得秦之宗庙被毁，君王以及皇子皇孙也死在他人手中，让天下人耻笑，这是什么原因呢？这是因为不施行仁义，使得夺取天下和守住天下的形势发生了完全不同的变化！

秦统一天下，吞并诸侯，面南而称帝，供养四海，天下的士人顺服地慕风向往，什么原因造成了这种局面呢？可以这样说：近古以来，没有统一天下的帝王已经很久了。周王室力量卑弱衰微，五霸相继死去以后，天子的命令不能在整个天下实行，因此诸侯凭着武力相征伐，强大的对弱小的压迫侵略，人多的对人少的欺凌羞辱，战事不止，军民疲惫。现在，秦皇建制称帝使天下统一，这就是在上有了天子啊。这样一来，即使是那些可怜的百姓也希望能靠他安身活命，没有谁不诚心景仰皇上的。在这个时候，应该保持住天子的威权，稳定既有的功业，是安定还是危败，根本就在这里了。

※ 原文

秦王怀贪鄙之心，行自奋之智，不信功臣，不亲士民，废王道，立私权，禁文书而酷刑法，先诈力而后仁义，以暴虐为天下始。夫并兼者高诈力，安定者贵顺权，此言取与守不同术也。秦离战国而王天下，其道不易，其政不改，是其所以取之守之者异也。孤独而有之，故其亡可立而待。借使秦王计上世之事，并殷周之迹，以制御其政，后虽有淫骄之主而未有倾危之患也。故三王之建天下，名号显美，功业长久。

今秦二世立，天下莫不引领而观其政。夫寒者利裋褐而饥者甘糟糠，天下之嗷嗷，新主之资也。此言劳民之易为仁也。乡使二世有庸主之行，而任忠贤，臣主一心而忧海内之患，缟素而正先帝之过，裂地分民以封功臣之后，建国立君以礼天下，虚囹圄而免刑戮，除去收帑污秽之罪，使各反其乡里，发仓廪，散财币，以振孤独穷困之士，轻赋少事，以佐百姓之急，约法省刑以持其后，使天下之人皆得自新，更节修行，各慎其身，塞万民之望，而以威德与天下，天下集矣。即四海之内，皆欢然各自安乐其处，唯恐有变，虽有狡猾之民，无离上之心，则不轨之臣无以饰其智，而暴乱之奸止矣。

※ 译文

秦王怀着贪婪卑鄙之心，只想施展他个人的才能与智慧，不信任功臣，不亲近士民，废弃实施仁政的王道，树立个人权威，禁止读书习文而实行严刑酷法，重视诡诈权势而抛弃仁德信义，以残暴苛虐作为前提来治理天下。对天下实行兼并时，需要崇尚诡诈和实力；安定国家时，需要重视民心、顺应时势、权衡变化，这就是说，打天下和守天下所用的方法是不能相同的。秦从战国纷争直到实现天下一统，一直沿用同一种治国方法，政令没有发生变化，这是它打天下和守天下没有用不同方法。秦王孤身无辅却拥有天下，因此他的灭亡就会很快来到。倘若秦王考虑到了古代的情况，沿着商、周的道路，来制定实行自己的政策，则后代中即使有骄奢淫逸的君主出现，倾覆危亡的祸患也不是轻易就能发生的。所以夏禹、商汤、周文王和周武王建立了国家，名号卓著美好，功业也就得以长久。

如今秦二世登上王位，普天之下没有人不伸长脖子盼着看一看他的新政策。要知道，受冻的人只要能够穿上粗布短袄就觉得很好，饥饿的人只要能够吃上糟糠也会觉得香甜无比。天下苦苦哀叫的百姓，正是新皇帝执政建立功业的最佳条件。这就是说对劳苦人民给予仁政是轻而易举的。假如二世拥有一般君主的德行，任用忠贞贤能的人，君臣一心，为四海之内的苦难而担忧，早在先帝丧服期间就纠正先帝的过失，分割土地和民众给功臣的后代来作为赏赐，封国立君，四海之内礼贤下士，把犯人从牢狱里放出来，免去刑戮，废除各种杂乱刑罚，让被判刑的人各自返回家乡。把仓库打开，散发钱财，以赈济孤独穷苦的民众；轻徭薄赋，把百姓从危难中解救出来；简化法律，减少刑罚，给犯罪的人重新做人的机会，使天下人人能自新，改变立身的准则节操，修养品行，各自谨慎对待自身；满足万民的愿望，以威信恩德对待天下人，天下人就归附了。如果天下到处都欢欢喜喜、安居其处，唯恐发生变乱，那么即使出现奸诈不轨的小人，但是民众没有背叛主上之意，图谋不轨的臣子也掩饰不了他的奸诈，暴乱的阴谋就会被阻止了。

※ 原文

二世不行此术，而重之以无道，坏宗庙与民，更始作阿房宫，繁刑严诛，吏治刻深，赏罚不当，赋敛无度，天下多事，吏弗能纪，百姓困穷而主弗收恤。然后奸伪并起，而上下相遁，蒙罪者众，刑戮相望于道，而天下苦之。自君卿以下至于众庶，人怀自危之心，亲处穷苦之实，咸不安其位，故易动也。是以陈涉不用汤武之贤，不藉公侯之尊，奋臂于大泽而天下响应者，其民危也。故先王见始终之变，知存亡之机，是以牧民之道，务在安之而已。天下虽有逆行之臣，必无响应之助矣。故曰“安民可与行义，而危民易与为非”，此之谓也。贵为天子，富有天下，身不免于戮杀者，正倾非也。是二世之过也。

襄公立，享国十二年。初为西畤。葬西垂。生文公。文公立，居西垂宫。五十年死，葬西垂。生静公。静公不享国而死。生宪公。宪公享国十二年，居西新邑。死，葬衙。生武公、德公、出子。出子享国六年，居西陵。庶长弗忌、威累、参父三人，率贼贼出子鄙衍，葬衙。武公立。武公享国二十年。居平阳封宫。葬宣阳聚东南。三庶长伏其罪。德公立。

※ 译文

二世不实行这种办法，反而变本加厉，重修阿房宫，加多加重刑罚，杀戮更加严酷，官吏办事苛刻狠毒，赏罚又不明确，无限搜刮赋税，国家的事务太多，官吏们都治理不过来；百姓非常穷困，可君主却又不给予收容救济。于是奸险欺诈之事纷起，上下互相欺瞒，很多人蒙受罪罚，路上到处都是遭到刑戮的人，天下的人都陷入苦难之中。由君卿往下直到普通民众，人人自危，处在穷苦的境地，没有安宁的地方，所以容易动乱。因此陈涉虽然没有商汤、周武王那样的贤能，也没有公侯那样的尊贵，但是却能在大泽乡振臂一呼而使天下响应，其原因就在于此时的民众正处于危难之中。所以古代圣贤的帝王能够洞察开端与结局的变化，知道生存与灭亡的关键之所在，因此统治人民的原则，就是要一心致力于使他们安定而已。这样，天下即使有叛逆的臣子出现，也肯定不会有人响应，他们就得不到帮助力量了。所谓“人民处于安定状态就能共同行仁义，处于危难之中就容易一起做坏事”，说的就是这种情况。二世贵为天子，富足天下，可是没有摆脱遭杀戮的命运，就是因为他挽救危亡的方法不得当。这就是二世的错误。

襄公登位，在位十二年。开始建造西畤。葬在西垂。生了文公。文公登位，在西垂宫居住。在位五十年后去世，葬在西垂。生了静公。静公还没登位就去世了。生了宪公。宪公在位十二年。住在西新邑。去世后葬在衙县。生了武公、德公和出子。出子在位六年，在西陵居住。庶长弗忌、威累和参父三人，带着刺客把出子杀死在鄙衍，葬在衙县。武公登位。武公在位二十年。在平阳封宫居住。死后葬在宣阳聚东南。三个庶长都受到了相应的惩罚。德公继位。

※ 原文

德公享国二年。居雍大郑宫。生宣公、成公、缪公。葬阳。初伏，以御蛊。宣公享国十二年。居阳宫。葬阳。初志闰月。成公享国四年，居雍之宫。葬阳。齐伐山戎、孤竹。缪公享国三十九年。天子致霸。葬雍。缪公学著人。生康公。康公享国十二年。居雍高寝。葬竘社。生共公。共公享国五年，居雍高寝。葬康公南。生桓公。桓公享国二十七年。居雍太寝。葬义里丘北。生景公。景公享国四十年。居雍高寝，葬丘里南。生毕公。毕公享国三十六年。葬车里北。生夷公。夷公不享国。死，葬左宫。生惠公。惠公享国十年。葬车里。生悼公。悼公享国十五年。葬僖公西。城雍。生剌龚公。剌龚公享国三十四年。葬入里。生躁公、怀公。其十年，彗星见。躁公享国十四年。居受寝。葬悼公南。其元年，彗星见。怀公从晋来。享国四年。葬栎圉氏。生灵公。诸臣围怀公，怀公自杀。

※ 译文

德公在位二年，住在雍邑大郑宫，生了宣公、成公、缪公。葬在阳地。开始规定伏日，以抵御热毒邪气。宣公在位十二年，住在阳宫，葬在阳地。开始记载闰月。成公在位四年，住在雍邑的宫殿，葬在阳地。齐国攻打山戎、孤竹。缪公在位三十九年。周天子为他称霸而致贺。葬在雍邑。缪公曾向宫殿的侍卫学习。生了康公。康公在位十二年，住在雍邑高寝，葬在竘社，生了共公。共公在位五年，住在雍邑高寝，葬在康公南面，生了桓公。桓公在位二十七年，住在雍邑太寝，葬在义里丘的北边，生了景公。

景公在位四十年，住在雍邑高寝，葬在丘里南边，生了毕公。毕公在位三十六年，葬在车里北边，生了夷公。夷公没有登位，死后葬在左宫，生了惠公。惠公在位十年，葬在车里，生了悼公。悼公在位十五年，葬在僖公西面。在雍邑修筑城墙。生了剌龚公。剌龚公在位三十四年，葬在入里，生了躁公、怀公。第十年，出现了彗星。躁公在位十四年，住在受寝，葬在悼公南面。躁公元年，出现了彗星。怀公从晋国回来，在位四年，葬在栎圉氏，生了灵公。大臣们包围怀公，怀公自杀。

※ 原文

肃灵公，昭子子也，居泾阳。享国十年。葬悼公西。生简公。简公从晋来。享国十五年。葬僖公西。生惠公。其七年。百姓初带剑。惠公享国十三年。葬陵圉。生出公。出公享国二年。出公自杀，葬雍。献公享国二十三年。葬嚣圉。生孝公。孝公享国二十四年。葬弟圉。生惠文王。其十三年，始都咸阳。惠文王享国二十七年。葬公陵。生悼武王。悼武王享国四年，葬永陵。昭襄王享国五十六年。葬芷阳。生孝文王。孝文王享国一年。葬寿陵。生庄襄王。庄襄王享国三年。葬芷阳。生始皇帝。吕不韦相。献公立七年，初行为市。十年，为户籍相伍。孝公立十六年。时桃李冬华。惠文王生十九年而立。立二年，初行钱。有新生婴儿曰“秦且王”。悼武王生十九年而立。立三年，渭水赤三日。昭襄王生十九年而立。立四年，初为田开阡陌。孝文王生五十三年而立。

※ 译文

肃灵公是昭子的儿子，住在泾阳。在位十年。葬在悼公西面，生了简公。简公从晋国回来，在位十五年，葬在僖公西面，生了惠公。第七年，百官开始佩剑。惠公在位十三年，葬在陵圉，生了出公。出公在位二年。出公自杀。葬在雍邑。献公在位二十三年，葬在嚣圉，生了孝公。孝公在位二十四年，葬在弟圉，生了惠文王。孝公十三年开始建都咸阳。惠文王在位二十七年，葬在公陵，生了悼武王。悼武王在位四年，葬在永陵。昭襄王在位五十六年，葬在芷阳，生了孝文王。孝文王在位一年，葬在寿陵，生了庄襄王。庄襄王在位三年，葬在芷阳。生了始皇帝，吕不韦任相国。献公登位第七年，开始设立集市。第十年，登记户口，五户相连共为一伍。孝公登位第十六年，这年桃树、李树在冬天开了花。惠文王十九岁登位。登位第二年，开始实行用钱币。有个新生婴儿说：“秦国将称王。”悼武王十九岁登位。登位第三年，渭水变红了三天。昭襄王十九岁登位。登位第四年，开始开辟井田制下的田埂。孝文王五十三岁登位。

※ 原文

庄襄王生三十二年而立。立二年，取太原地。庄襄王元年，大赦，修先王功臣，施德厚骨肉，布惠于民。东周与诸侯谋秦，秦使相国不韦诛之，尽入其国。秦不绝其祀，以阳人地赐周君，奉其祭祀。

始皇享国三十七年。葬郦邑。生二世皇帝。始皇生十三年而立。二世皇帝享国三年。葬宜春。赵高为丞相安武侯。二世生十二年而立。右秦襄公至二世，六百一十岁。

孝明皇帝十七年十月十五日乙丑，曰：

“周历已移，仁不代母。秦直其位，吕政残虐。然以诸侯十三，并兼天下，极情纵欲，养育宗亲三十七年。兵无所不加，制作政令，施于后王。盖得圣人之威，河神授图，据狼、狐，蹈参、伐，佐政驱除，距之称始皇。始皇既殁，胡亥极愚，郦山未毕，复作阿房，以遂前策。云‘凡所为贵有天下者，肆意极欲，大臣至欲罢先君所为’。诛斯、去疾，任用赵高。痛哉言乎：‘人头畜鸣，不威不伐恶，不笃不虚亡，距之不得留，残虐以促期，虽居形便之国，犹不得存。’

※ 译文

庄襄王三十二岁即位。即位的第二年，夺取了太原地区。庄襄王元年，宣布大赦天下，表彰先王功臣，对骨肉至亲施予恩惠，对百姓施以惠泽。东周联合诸侯谋划攻秦，秦国派相国吕不韦征讨，将东周全部土地占领。秦国不断绝东周的祭祀，把阳人地方赐给周君，让他供奉祖宗祭祀。

始皇在位三十七年，葬在郦邑。生了二世皇帝。始皇是十三岁即位做秦王的。二世皇帝在位三年。葬于宜春苑。赵高担任丞相，并被封为安武侯。二世是十二岁即位为帝的。以上从秦襄王到秦二世，共计六百一十年。

汉孝明皇帝十七年十月十五日，这一天是乙丑日，孝明皇帝向班固询问关于贾谊和司马迁论秦二世亡天下的得失，班固说：

“周朝的命数已经过去，所以汉朝的仁德还不能直接代替周朝。但是秦朝恰恰赶上了木德与火德之间的帝王之位。始皇嬴政残忍暴虐。然而他却以一个十三岁的诸侯王兼并了天下，放纵私欲，行为狂妄，又养育家族宗亲三十七年。他四处征伐，制法律政令，传留给后代帝王。这也许是因为他获得了圣人的神威，河神授予了他象征帝王之命的河图，依据着主弓矢的狼星、狐星之气，践踏着主斩杀的参星、伐星的威严，帮助嬴政平定了天下，最终他自称始皇帝。秦始皇死后，胡亥极其愚蠢，郦山工程尚未竣工，就又重新营造阿房宫，以完成先王的计划。还说‘对于那些尊贵的君临天下的人来说，就可以为所欲为，大臣们居然要废弃先君想干的事情’。他杀了李斯和冯去疾，任用赵高。二世的话叫人痛心不已啊！就好像长着人的脑袋，却发出牲畜一样的声音。倘若不是他逞淫威，人们就不会讨伐他的罪恶；倘若他的罪恶不深重，也就不至于国败身亡。到了帝位保不住的时候，残酷暴虐又加速了他的灭亡，即使他占据着易守难攻、地形有利的国土，也无法长存。

※ 原文

“子婴度次得嗣，冠玉冠，佩华绂，车黄屋，从百司，谒七庙。小人乘非位，莫不怳忽失守，偷安日日；独能长念却虑，父子作权，近取于户牖之间，竟诛猾臣，为君讨贼。高死之后，宾婚未得尽相劳，餐未及下咽，酒未及濡唇，楚兵已屠关中，真人翔霸上，素车婴组，奉其符玺，以归帝者。郑伯茅旌鸾刀，严王退舍。河决不可复壅，鱼烂不可复全。贾谊、司马迁曰：‘向使婴有庸主之才，仅得中佐，山东虽乱，秦之地可全而有，宗庙之祀未当绝也。’秦之积衰，天下土崩瓦解，虽有周旦之材，无所复陈其巧，而以责一日之孤，误哉！俗传‘秦始皇起罪恶，胡亥极’，得其理矣。复责小子，云‘秦地可全’，所谓不通时变者也。纪季以酅，《春秋》不名。吾读《秦纪》，至于子婴车裂赵高，未尝不健其决，怜其志。婴死生之义备矣。”

※ 译文

“子婴依序继承了王位，戴上玉饰的王冠，佩上系着华美丝带的御玺，乘坐上帝王的黄屋车，百官随从，朝拜先代七世祖庙。小人物登上本不符合他身份的高位，没有一个不惶恐不安六神无主的，每天苟且偷安。而子婴却能谋虑长远，排除顾虑，父子一起权衡策划，在一房室之内就将赵高擒获，终于诛杀了奸臣，为被害的先君诛讨了逆贼。赵高死后，子婴尚未来得及一一慰劳宾客亲属，饭食都还没来得及咽下，酒也没来得及沾唇，楚军就已经把关中攻占了，真人天子已经飞临霸上，于是子婴不得不驾着白马白车，脖颈上系着丝带，手捧皇帝的符节御玺，献给应该称帝的人。就像春秋时候郑伯持祭祀用的礼器茅旌和鸾刀投降一样，使楚庄王退兵三十里。然而河堤开了口子就不可能再堵住，鱼腐烂了不能再复原。贾谊和司马迁说：‘假如当时子婴有一般君主的才能，仅仅得到中等的辅佐之臣，尽管崤山以东地区混乱不堪，秦国原有的土地还是可以保全的，宗庙的祭祀也不会断绝。’秦朝的衰弱是一代代地积累下来的，天下已经土崩瓦解，即使有周公旦那样的才能，也没有施展才干的机会了，而贾谊和司马迁却以秦朝的灭亡来责备登位没几天的子婴，实在是有失偏颇啊！民间相传，是秦始皇兴起的罪恶，胡亥又将它推到了顶点，这话是很有道理的。而贾谊和司马迁指责子婴无能，说原来的秦国土地可以保全，这就是所谓的不通晓时势变化的话了呀。纪季为保住宗庙，而不惜把酅邑献给齐国，《春秋》不直接写出他的名字，就是为了赞美他。我读《秦始皇本纪》，读到子婴车裂赵高时，没有一次不感到他果断、干练，怜爱他的志气。子婴对待生死大义，已经是完美无缺了。”

※ 评析

秦始皇统一六国，其称帝后的一系列改革还是卓有成效的，对此，司马迁虽有不满，但大体上还是肯定、赞扬的。同时，司马迁对秦始皇“焚书坑儒”的具体事实描述得十分清晰，但似乎并无恶感。不过对于大兴土木、巡游求仙、推行暴政等行为还是严加痛斥的。在太史公的笔下，秦始皇是一个因缺少历史经验而招致失败的悲剧英雄，无限惋惜之情流露于笔端。秦始皇原本想二世、三世……千世、万世，世世代代传下去，却传到二世就走到了尽头，这可真是应了那句话：“再一再二不能再三。”对此司马迁更是感慨颇多，他尤其推崇汉时文人贾谊在《过秦论》中的评述。贾宜在最后说：“野谚曰：‘前事之不忘，后事之师也。’是以君子为国，观之上古，验之当世，参以人事，察盛衰之理，审权势之宜，去就有序，变化有时，故旷日长久而社稷安矣。”贾谊的总结，可谓精辟之至，但在此之后的中国历代封建帝王，又有谁能认真地照此去做呢？

项羽本纪第七

※ 原文

项籍者，下相人也，字羽。初起时，年二十四。其季父项梁，梁父即楚将项燕，为秦将王翦所戮者也。项氏世世为楚将，封于项，故姓项氏。

项籍少时，学书不成，去学剑，又不成。项梁怒之。籍曰：“书足以记名姓而已。剑一人敌，不足学，学万人敌。”于是项梁乃教籍兵法，籍大喜，略知其意，又不肯竟学。项梁尝有栎阳逮，乃请蕲狱掾曹咎书抵栎阳狱掾司马欣，以故事得已。项梁杀人，与籍避仇于吴中。吴中贤士大夫皆出项梁下。每吴中有大繇役及丧，项梁常为主办，阴以兵法部勒宾客及子弟，以是知其能。秦始皇帝游会稽，渡浙江，梁与籍俱观。籍曰：“彼可取而代也。”梁掩其口，曰：“毋妄言，族矣！”梁以此奇籍。籍长八尺余，力能扛鼎，才气过人，虽吴中子弟皆已惮籍矣。

※ 译文

项籍为下相人，字羽。初有名气时，他年仅二十四岁。其叔父名叫项梁，项梁的父亲是楚国的将军项燕，项燕就是那个被秦国将军王翦所杀的楚国将军。项氏世代任楚国的将军，所以被封在项地，因此姓项。

项籍在少年时代读书写字没什么成就，于是就放弃转而去学习剑术，仍然没学成。项梁对此很是恼火。项籍说："读书写字不过用来写名字罢了。学好剑术也不过是能抵抗得住一个人，因此不值得学，我要学那种能够打败万人的本领。"于是项梁就教授项籍用兵打仗的方法，项籍很感兴趣，对其中大意有了大概的了解以后，又不肯完成学业。项梁曾因犯罪受牵连而在栎阳被抓进监狱，于是就请蕲县狱掾曹咎给栎阳狱掾司马欣写了一封求情的信，因此犯罪的事得到解决。项梁又杀了人，就带着项籍逃到吴中地区以躲避仇家的报复。吴中地区的贤士大夫都非常推崇他。吴中地区每当遇到大规模的徭役和丧葬之事，常常由项梁来做主办人。他私下用兵法部署调度宾客和子弟，因此了解每个人的才能。秦始皇到会稽去巡视，在他渡过浙江的时候，项梁和项籍一起前去观看。项籍说："那个人我应该取而代之。"项梁掩住了他的嘴，说："千万别胡说，会遭到灭族的！"项梁因此认为项籍不同于常人。项籍身高八尺有余，力气大得足以扛起大鼎，才气过人，尽管吴中青年刚烈好斗，但没有谁不畏惧项籍的。

※ 原文

秦二世元年七月，陈涉等起大泽中。其九月，会稽守通谓梁曰："江西皆反，此亦天亡秦之时也。吾闻先即制人，后则为人所制。吾欲发兵，使公及桓楚将。"是时桓楚亡在泽中。梁曰："桓楚亡，人莫知其处，独籍知之耳。"梁乃出，诫籍持剑居外待。梁复入，与守坐，曰："请召籍，使受命召桓楚。"守曰："诺。"梁召籍入。须臾，梁眴籍曰："可行矣！"于是籍遂拔剑斩守头。项梁持守头，佩其印绶。门下大惊，扰乱，籍所击杀数十百人。一府中皆慴伏，莫敢起。梁乃召故所知豪吏，谕以所为起大事，遂举吴中兵。使人收下县，得精兵八千人。梁部署吴中豪杰为校尉、候、司马。有一人不得用，自言于梁。梁曰："前时某丧使公主某事，不能办，以此不任用公。"众乃皆伏。于是梁为会稽守，籍为裨将，徇下县。

※ 译文

秦二世元年七月，陈涉等人在大泽乡起义。这一年九月，会稽郡守殷通对项梁说："长江以西地区纷纷叛乱造反了，这正是上天要灭亡秦国的大好机会。我听人说，率先采取行动就可控制他人，反之就会被别人控制。我想要发兵抗秦，希望你和桓楚作为将军。"此时桓楚逃亡在草泽中。项梁说："桓楚现在逃亡在外，无人知道他的下落，只有项籍知道他的藏身之处。”于是项梁出来，命项籍随身带着宝剑在屋外等候。项梁再次进入屋内，和郡守坐在一起，他说：“请您召见项籍，让他接受您的命令去把桓楚招来。”郡守说：“好。”项梁就把项籍叫了进来。一会儿，项梁示意项籍说：“可以动手了！”于是项籍就拔出宝剑把郡守的头斩下。项梁手持郡守的头颅，佩带郡守的印符。郡守的部下看见这种情况都大吃一惊，一时方寸大乱，有近百人被项籍杀伤。府中所有的人都惊恐地拜伏在地上，没有谁敢站起来反抗。于是项梁召集以前同他相交的豪吏，把自己要起义成就大业的事情告诉他们。然后就出动吴中地区的军队，派人率领他们去收取郡内下属各县的精壮男丁，共收得八千精兵。项梁任命吴中地区的豪杰们为这支军队的校尉、候、司马。其中一人没有被任用，他自己到项梁那里申诉。项梁说：“前些日子某家丧葬时我派你去主办一件事，但是你没有能力完成，所以我不能任用你。”因此众人都很佩服项梁的知人善任。于是在这种情况下，项梁做了会稽郡守，项籍被任用为裨将，率军攻取所辖各县。

※ 原文

广陵人召平于是为陈王徇广陵，未能下。闻陈王败走，秦兵又且至，乃渡江矫陈王命，拜梁为楚王上柱国。曰：“江东已定，急引兵西击秦。”项梁乃以八千人渡江而西。闻陈婴已下东阳，使使欲与连和俱西。陈婴者，故东阳令史，居县中，素信谨，称为长者。东阳少年杀其令，相聚数千人，欲置长，无适用，乃请陈婴。婴谢不能，遂强立婴为长，县中从者得二万人。少年欲立婴便为王，异军苍头特起。陈婴母谓婴曰：“自我为汝家妇，未尝闻汝先古之有贵者。今暴得大名，不祥。不如有所属，事成犹得封侯，事败易以亡，非世所指名也。”婴乃不敢为王。谓其军吏曰：“项氏世世将家，有名于楚。今欲举大事，将非其人，不可。我倚名族，亡秦必矣。”于是众从其言，以兵属项梁。项梁渡淮，黥布、蒲将军亦以兵属焉。凡六七万人，军下邳。

※ 译文

广陵人召平这时候正为陈王攻打广陵，还没能攻下。听说陈王战败逃走，而且秦国的军队又在逼近，就渡过长江假借陈王的命令，封任项梁为楚王的上柱国。他说：“平定江东地区以后，就要赶快率军向西攻打秦。”项梁就带着八千大军渡过长江向西进攻。听说陈婴已攻取了东阳，就派使臣想要与他联合一起向西进攻。陈婴，原任东阳令史，在县城中居住，因平时诚信严谨而被尊称为长者。东阳县的年轻人把他们的县令杀死了，聚集了数千人，准备推举一位首领，但没有合适的人选，就请陈婴担任此职。陈婴推辞说自己没有这样的贤能，但最终还是被强行拥立为首领。县中有二万人随从起义，年轻人们准备立陈婴为王，并用黑头巾包头以区别其他军队。陈婴的母亲对陈婴说：“自从我到你们陈家做媳妇至今，都没听说过你的先辈中有过贵人。现在你突然得到如此大的名分，不是什么好兆头。倘若你有所归属，待事业成功后还能被封侯，事业失败也好逃亡，因为你是不被世人所注意的人。”所以陈婴不敢称王。对他的军官们说：“项氏家族世代担任将军，是楚国的名门望族。现今要创建大业，只有项氏领导才有可能成功。我们依靠名门望族，秦国必然会灭亡。”于是众人按照他的建议，把军队附从于项梁。项梁渡过淮河，黥布和蒲将军也分别率领军队前来归附。项梁所统领的军队共计六七万人，在下邳驻扎。

※ 原文

当是时，秦嘉已立景驹为楚王，军彭城东，欲距项梁。项梁谓军吏曰：“陈王先首事，战不利，未闻所在。今秦嘉倍陈王而立景驹，逆无道。”乃进兵击秦嘉。秦嘉军败走，追之至胡陵。嘉还战一日，嘉死，军降。景驹走死梁地。项梁已并秦嘉军，军胡陵，将引军而西。章邯军至栗，项梁使别将朱鸡石、余樊君与战。余樊君死。朱鸡石军败，亡走胡陵。项梁乃引兵入薛，朱鸡石。项梁前使项羽别攻襄城，襄城坚守不下。已拔，皆坑之。还报项梁。项梁闻陈王定死，召诸别将会薛计事。此时沛公亦起沛，往焉。

居鄛人范增，年七十，素居家，好奇计，往说项梁曰：“陈胜败固当。夫秦灭六国，楚最无罪。自怀王入秦不反，楚人怜之至今，故楚南公曰‘楚虽三户，亡秦必楚’也。今陈胜首事，不立楚后而自立，其势不长。今君起江东，楚蜂午之将皆争附君者，以君世世楚将，为能复立楚之后也。”于是项梁然其言，乃求楚怀王孙心民间，为人牧羊，立以为楚怀王，从民所望也。陈婴为楚上柱国，封五县，与怀王都盱台。项梁自号为武信君。

※ 译文

此时，秦嘉已经把景驹拥立为楚王，在彭城以东驻军，准备抵抗项梁。项梁对军中的官吏说道：“陈王首先起事，作战不是很顺利，现在不知道他在哪里。现在秦嘉背叛陈王而拥立景驹，这是大逆不道之事。”于是就对秦嘉发动攻打。秦嘉的军队败走，项梁的军队追击他到达胡陵，秦嘉就又掉头与项梁军交战了一天，结果秦嘉被杀，其军队投降。景驹逃走后在梁地死去。项梁把秦嘉的军队兼并以后，驻军在胡陵，准备率军向西进攻。章邯的军队到达了栗县，项梁派遣别将朱鸡石、余樊君和秦军交战。余樊君战死，朱鸡石的军队被打败，向胡陵逃亡。项梁于是率军进入薛县，诛杀朱鸡石。此前项梁派遣项羽另率一路军队去进攻襄城，襄城严兵把守而一时无法攻克。

待它被攻破后，项羽活埋了全部俘虏，返回向项梁复命。项梁得知陈王确实死去，便召集诸位别将在薛县开会计议大事。此时沛公也在沛县起兵前往。

居鄛人范增，年已七十，平常在家居住，擅长奇计，他去薛县劝导项梁说："陈胜的失败是必然的事。秦国消灭了六国，其中楚国是最没有得罪秦国而被灭亡的一个。自从楚怀王进入秦国而被扣留无法返回，楚国人至今还很同情并怀念他，所以楚南公说：'即使楚国只剩下三户人家，灭亡秦国的也一定还是楚国人。'今天陈胜率先起事，不扶立楚王的后代反而自立为王，他的势运必定长久不了。现在您从江东起事，楚国各地的将领都蜂拥而至，争先归附您，就是因为您家世代做楚国大将，是因为您能够扶立楚王的后代。"于是项梁相信了他的话，就到民间找到了楚怀王的孙子心，当时心已落破不堪，在为人牧羊，项梁拥立并称他为楚怀王，这是为了顺从楚国民众的愿望。陈婴任楚国的上柱国，得到五个县的封地，和怀王一同居住在都城盱台。项梁自称武信君。

※ 原文

居数月，引兵攻亢父，与齐田荣、司马龙且军救东阿，大破秦军于东阿。田荣即引兵归，逐其王假。假亡走楚。假相田角亡走赵。角弟田间故齐将，居赵不敢归。田荣立田儋子市为齐王。项梁已破东阿下军，遂追秦军。数使使趣齐兵，欲与俱西。田荣曰："楚杀田假，赵杀田角、田间，乃发兵。"项梁曰："田假为与国之王，穷来从我，不忍杀之。"赵亦不杀田角、田间以市于齐。齐遂不肯发兵助楚。项梁使沛公及项羽别攻城阳，屠之。西破秦军濮阳东，秦兵收入濮阳。沛公、项羽乃攻定陶。定陶未下，去，西略地至雍丘，大破秦军，斩李由。还攻外黄，外黄未下。

项梁起东阿，西，比至定陶，再破秦军，项羽等又斩李由，益轻秦，有骄色。宋义乃谏项梁曰："战胜而将骄卒惰者败。今卒少惰矣，秦兵日益，臣为君畏之。"项梁弗听。乃使宋义使于齐。道遇齐使者高陵君显，曰："公将见武信君乎？"曰："然。"曰："臣论武信君军必败。公徐行即免死，疾行则及祸。"秦果悉起兵益章邯，击楚军，大破之定陶，项梁死。沛公、项羽去外黄攻陈留，陈留坚守不能下。沛公、项羽相与谋曰："今项梁军破，士卒恐。"乃与吕臣军俱引兵而东。吕臣军彭城东，项羽军彭城西，沛公军砀。

※ 译文

过了几个月，项梁带兵攻打亢父，与齐国的田荣、司马龙且率领的军队一起援救东阿，秦军在东阿被打垮。田荣立即领军回到齐地，把齐王假驱逐。齐王假逃亡到楚国，齐王假的丞相田角逃亡到赵国。田角的弟弟田间原本为齐将，住在赵国而不敢回国。田荣把田儋的儿子田市扶立为齐王。项梁把东阿城下的秦军打败后，紧接着又追击秦军。屡派使者去催促齐国出兵，想伙同齐军一起向西进攻。田荣说："除非楚国把田假杀掉，赵国把田角和田间杀掉，齐国才能出兵。"项梁说："田假是我们盟国的国王，他在走投无路时来投奔我，我实在不忍心杀害他。"赵国也没有把田角和田间杀死而想用他们来和齐国做交易。于是齐国就不肯出兵援助楚国。项梁派遣沛公和项羽另率一支军队去进攻城阳，屠杀城阳的守军。又向西进攻，在濮阳东部地区大败秦军，秦军收兵退到濮阳城。于是沛公和项羽就向定陶进攻。定陶未能攻下，就撤离了，然后又向西攻取城邑到达雍丘，大败秦军，并将李由斩杀。回师攻打外黄，外黄没能攻克下来。

项梁从东阿出发，向西北进军，等到了定陶，又一次将秦军打败，此时项羽等人又斩杀了李由，所以楚军就更加轻视秦国，开始滋生骄傲的情绪。于是宋义就劝谏项梁道："一取得胜利，将领们就骄傲、士兵们就懒惰，军队必然会失败。现在士卒们开始怠惰，而秦兵却在一天天强大，我为您感到担忧。"项梁不接纳。于是就派宋义出使到齐国。行途中，宋义遇见齐国的使者高陵君显，说："您是准备去会见武信君吗？"高陵君说："是的。"他又说："我敢断言武信君的军队必然会大败。您如果放慢行进速度就可免于被杀，反之则会赶上灾祸。"秦国果然出动大军增援章邯，大举进攻楚军，在定陶把楚军打垮，项梁战死。沛公、项羽撤离外黄，转攻陈留，陈留坚守而无法攻下。沛公和项羽商讨说："如今项梁的军队被打败了，士卒们都很惊恐。"于是他们和吕臣的军队一同向东撤退。吕臣的军队在彭城的东面驻扎，项羽的军队在彭城的西面驻扎，沛公的军队在砀驻扎。

※ 原文

章邯已破项梁军，则以为楚地兵不足忧，乃渡河击赵，大破之。当此时，赵歇为王，陈余为将，张耳为相，皆走入钜鹿城。章邯令王离、涉间围钜鹿，章邯军其南，筑甬道而输之粟。陈余为将，将卒数万人而军钜鹿之北，此所谓河北之军也。

楚兵已破于定陶，怀王恐，从盱台之彭城，并项羽、吕臣军自将之。以吕臣为司徒，以其父吕青为令尹。以沛公为砀郡长，封为武安侯，将砀郡兵。

初，宋义所遇齐使者高陵君显在楚军，见楚王曰："宋义论武信君之军必败，居数日，军果败。兵未战而先见败征，此可谓知兵矣。"王召宋义与计事而大说之，因置以为上将军；项羽为鲁公，为次将；范增为末将，救赵。诸别将皆属宋义，号为卿子冠军。行至安阳，留四十六日不进。项羽曰："吾闻秦军围赵王钜鹿，疾引兵渡河，楚击其外，赵应其内，破秦军必矣。"宋义曰："不然。夫搏牛之虻不可以破虮虱。今秦攻赵，战胜则兵罢，我承其敝；不胜，则我引兵鼓行而西，必举秦矣。故不如先斗秦赵。夫被坚执锐，义不如公；坐而运策，公不如义。”因下令军中曰：“猛如虎，狠如羊，贪如狼，强不可使者，皆斩之。”乃遣其子宋襄相齐，身送之至无盐，饮酒高会。天寒大雨，士卒冻饥。

※ 译文

章邯把项梁的军队打败以后，就认为楚国的军队没有什么可担忧的，于是就渡过黄河对赵国发动进攻，将赵军打垮。这时，赵歇为赵王，陈余任将军，张耳任国相，他们一起逃入巨鹿城中。章邯命令王离和涉间把巨鹿城包围，章邯在他们的南面驻军，并修筑两边有高墙的甬道用来输送军粮。陈余作为将领，率领几万名士卒驻扎在巨鹿的北面，这就是所谓的河北军。

楚军在定陶被打败后，怀王惊恐，从盱眙来到彭城，将项羽和吕臣的军队合并起来，并由他亲自指挥。任吕臣为司徒，任其父吕青为令尹。任沛公为砀郡长，并封为武安侯，统领砀郡的军队。

当初宋义所遇到的那位齐国使者高陵君显正好在楚军中，见到楚王后，他说：“宋义断言武信君的军队一定失败，没过几天，果真被他言中。军队尚未作战却能预见有失败的征兆，此人可以称得上是懂得用兵之人了。”楚王于是召见宋义并与他共商大计，非常喜欢他，因此任命他为上将军；项羽被封为鲁公，担任次将军；范增被任命为末将军。他们共同率军救援赵国。此外其余各路军队都归宋义指挥，其称号为卿子冠军。大军到了安阳，停留了四十六天不再前进。项羽说：“我听说秦军围困赵王于巨鹿，应赶快率军渡过黄河，楚军在外围攻秦军，赵军在内配合，一定可以将秦军攻破。”宋义说：“并非如此。抓牛背上的大虻虫，是无法除去牛身上的虮虱。如今秦军进攻赵军，若秦军获胜，则军队就会疲惫不堪，我军可趁它疲惫予以攻击；若秦军不胜，我军又可以大张旗鼓地率领军队向西进攻，一定会把秦朝消灭。因此不如先让秦和赵互相厮杀。如果是身披坚固的铠甲，手持锐利的武器上阵杀敌，我比不过你；如果是坐下来运筹策划，你就比不过我了。”于是他在军中下令说：“那些凶猛如虎、狠戾如羊、贪婪如狼、强悍而不能听从差遣的人，统统要被斩杀。”于是就派他的儿子宋襄到齐国去做相国，并亲自把他送到无盐，饮酒大会宾客。天寒，大雨，士卒忍饥受冻。

※ 原文

项羽曰：“将勠力而攻秦，久留不行。今岁饥民贫，士卒食芋菽，军无见粮，乃饮酒高会，不引兵渡河因赵食，与赵并力攻秦，乃曰‘承其敝’。夫以秦之强，攻新造之赵，其势必举赵。赵举而秦强，何敝之承！且国兵新破，王坐不安席，扫境内而专属于将军，国家安危，在此一举。今不恤士卒而徇其私，非社稷之臣。”项羽晨朝上将军宋义，即其帐中斩宋义头，出令军中曰：“宋义与齐谋反楚，楚王阴令羽诛之。”当是时，诸将皆慴服，莫敢枝梧。皆曰：“首立楚者，将军家也。今将军诛乱。”乃相与共立羽为假上将军。使人追宋义子，及之齐，杀之。使桓楚报命于怀王。怀王因使项羽为上将军，当阳君、蒲将军皆属项羽。

项羽已杀卿子冠军，威震楚国，名闻诸侯。乃遣当阳君、蒲将军将卒二万渡河，救钜鹿。战少利，陈余复请兵。项羽乃悉引兵渡河，皆沉船，破釜甑，烧庐舍，持三日粮，以示士卒必死，无一还心。于是至则围王离，与秦军遇，九战，绝其甬道，大破之，杀苏角，虏王离。涉间不降楚，自烧杀。当是时，楚兵冠诸侯。诸侯军救钜鹿下者十余壁，莫敢纵兵。及楚击秦，诸将皆从壁上观。楚战士无不一以当十，楚兵呼声动天，诸侯军无不人人惴恐。于是已破秦军，项羽召见诸侯将，入辕门，无不膝行而前，莫敢仰视。项羽由是始为诸侯上将军，诸侯皆属焉。

※ 译文

项羽说：“在即将奋力进攻秦军的时候，却久留不肯前行。今年遇到饥荒灾害而百姓贫困，士卒们吃的都是掺半的野菜和豆子，军中无存粮，却宴饮宾客，而不是率军渡过黄河依靠赵国提供的粮食，同赵国联合攻打秦军，却说‘等秦军疲惫了再攻打’。以秦军的强大，攻打初建立的赵国，他们肯定可以把赵国灭亡。如果赵国被灭而秦军反而强大，有什么疲惫的机会可以利用呢？更何况我们的军队刚被攻破，楚王坐立不安，把全国的军队全部交给上将军统领指挥，国家的安危，在此一举。现在他不抚恤士卒却徇私情，不能算是安定社稷的贤良之臣。”项羽早晨拜见上将军宋义的时候，就此斩了宋义的头，出帐来在军中发布命令说：“宋义和齐国人阴谋反叛楚国，楚王密令我前来诛杀他。”此时，众将领都畏服项羽，谁都不敢抗拒，都说：“当初扶立楚王的，就是将军家族的人，现在将军又诛杀了阴谋叛乱的人。”于是就一致拥立项羽担任代理上将军的职务。项羽派人追赶宋义的儿子，一直到了齐国境内，才追上并杀死了他。又派桓楚把此事报告给了楚王。怀王因此拜项羽为上将军，当阳君和蒲将军都由项羽指挥。

项羽杀了卿子冠军宋义后，威势震撼楚国，声名传扬到各个诸侯。于是他派遣当阳君、蒲将军率领二万士兵渡过漳水，救援巨鹿。经过一番交战，没能取胜，陈余再次请求出兵。于是项羽率领全部人马渡过漳河，沉没所有的渡船，砸烂所有做饭的锅碗等炊具，烧毁所有住的房屋，只随身携带三天的口粮，以此向士卒表明决一死战的决心，毫无退却之意。楚军到达巨鹿就包围了王离的军队，和秦军相遇，激战多次后，终于断绝了秦军的粮道，秦军被打垮，苏角被杀死，王离被俘虏。涉间不投降楚军，自焚而死。到此时，楚国的军队在诸侯军队中最为强大。在巨鹿城下援救赵国的有十多路诸侯军队，谁都不敢出兵。到楚军攻打秦军的时候，诸将都在壁垒上观望。楚军战士个个以一当十，楚军士兵的呼声撼天动地，诸侯的军队人人心怀畏惧。因此楚军在攻破秦军以后，项羽召见诸侯将领，他们进入辕门以后，全都跪在地上用膝盖前行，谁也不敢仰视。项羽从此以后就成了诸侯的上将军，诸侯们都屈服于他。

※ 原文

章邯军棘原，项羽军漳南，相持未战。秦军数却，二世使人让章邯。章邯恐，使长史欣请事。至咸阳，留司马门三日，赵高不见，有不信之心。长史欣恐，还走其军，不敢出故道，赵高果使人追之，不及。欣至军，报曰："赵高用事于中，下无可为者。今战能胜，高必疾妒吾功；战不能胜，不免于死。愿将军孰计之。"陈余亦遗章邯书曰："白起为秦将，南征鄢郢，北坑马服，攻城略地，不可胜计，而竟赐死。蒙恬为秦将，北逐戎人，开榆中地数千里，竟斩阳周。何者？功多，秦不能尽封，因以法诛之。

今将军为秦将三岁矣，所亡失以十万数，而诸侯并起滋益多。彼赵高素谀日久，今事急，亦恐二世诛之，故欲以法诛将军以塞责，使人更代将军以脱其祸。夫将军居外久，多内隙，有功亦诛，无功亦诛。且天之亡秦，无愚智皆知之。今将军内不能直谏，外为亡国将，孤特独立而欲常存，岂不哀哉！将军何不还兵与诸侯为从，约共攻秦，分王其地，南面称孤；此孰与身伏鈇质，妻子为戮乎？"章邯狐疑，阴使候始成使项羽，欲约。约未成，项羽使蒲将军日夜引兵度三户，军漳南，与秦战，再破之。项羽悉引兵击秦军汙水上，大破之。

※ 译文

章邯在棘原驻军，项羽在漳河南驻军，相互对峙没有交战。秦军屡次退却，秦二世派人责问章邯。章邯恐惧，就派长史司马欣到咸阳请求指示。司马欣到了咸阳后，在宫外司马门滞留了三天，赵高依然拒绝接见，显出不信任的意思。司马欣感到害怕，回到棘原军中，连来时走的道路他都不敢走。赵高果真命人追杀他，但没追上。司马欣到达军中，回报说："赵高专权朝中，下面没有什么有作为的人。如果和楚军交战能取得胜利，赵高必然会嫉妒我们的功劳；如果交战不能取得胜利，则死罪难免。请将军仔细斟酌此事。"陈余也给章邯写信说："白起是秦国的大将，征伐南边的鄢郢，活埋了北方赵括的军队。他为秦国攻克的城邑和占领的土地，数不胜数，但是最后却还是被赐死。蒙恬是秦国的将军，驱逐了北方的戎人，开拓了榆中地区的数千里疆土，但是最终还是被杀于阳周。这是因为什么呢？就是因为他们功劳太多太大，秦国不能完全按照他们的功劳给予他们封地的能力，所以就借用法律诛杀了他们。

到现在，将军已经担任秦国的将军三年了，士卒伤亡损失数以十万计，而各地有更多的诸侯蜂拥而起。那赵高平时总是阿谀奉承而隐瞒军情已经有很长时间了，如今事态紧急，他也担心被二世皇帝诛杀，所以才想以诛杀将军您的方法来弥补他隐瞒不报的罪责，派遣其他人来代替您担任将军以使自身摆脱祸患。将军您在朝外久了，和朝内的人产生很多分歧和矛盾，您有功无功都是要被杀的。况且上天要灭亡秦国，世人无论愚智都知道这种形势。如今将军您在朝内无法直言进谏，在朝外已成为亡国的将军，孤立无助却还想维持长久，这种念头难道不悲哀吗？将军还不如退兵和诸侯联合，相约共同进攻秦，分割一片土地而成为王，面南坐下而称孤；这与自己被斩、妻儿被杀相比，哪样更好呢？”章邯开始动摇，暗遣军候始成出使项羽军中，想要订立和约。和约未达成，项羽就派蒲将军昼夜兼程地率军渡过三户津，驻军于漳河南边，和秦军展开交战，再次攻破秦军。项羽率领全军在汙水上对秦军发动进攻，把秦军打败。

※ 原文

章邯使人见项羽，欲约。项羽召军吏谋曰：“粮少，欲听其约。”军吏皆曰：“善。”项羽乃与期洹水南殷虚上。已盟，章邯见项羽而流涕，为言赵高。项羽乃立章邯为雍王，置楚军中。使长史欣为上将军，将秦军为前行。到新安。诸侯吏卒异时故繇使屯戍过秦中，秦中吏卒遇之多无状，及秦军降诸侯，诸侯吏卒乘胜多奴虏使之，轻折辱秦吏卒。秦吏卒多窃言曰：“章将军等诈吾属降诸侯，今能入关破秦，大善；即不能，诸侯虏吾属而东，秦必尽诛吾父母妻子。”诸侯微闻其计，以告项羽。项羽乃召黥布、蒲将军计曰：“秦吏卒尚众，其心不服，至关中不听，事必危，不如击杀之，而独与章邯、长史欣、都尉翳入秦。”于是楚军夜击坑秦卒二十余万人新安城南。

行略定秦地。函谷关有兵守关，不得入。又闻沛公已破咸阳，项羽大怒，使当阳君等击关。项羽遂入，至于戏西。沛公军霸上，未得与项羽相见。沛公左司马曹无伤使人言于项羽曰：“沛公欲王关中，使子婴为相，珍宝尽有之。”项羽大怒，曰：“旦日飨士卒，为击破沛公军！”当是时，项羽兵四十万，在新丰鸿门，沛公兵十万，在霸上。范增说项羽曰：“沛公居山东时，贪于财货，好美姬。今入关，财物无所取，妇女无所幸，此其志不在小。吾令人望其气，皆为龙虎，成五采，此天子气也。急击勿失。”

※ 译文

章邯派人求见项羽，希望订立和约。项羽召集军中官吏商讨道：“我们军粮少，我想接受章邯的和约。”军吏们都说：“如此再好不过了。”于是项羽就和章邯约定了时间在洹水南的殷墟会晤。结盟后，章邯看见项羽并流下眼泪，诉说赵高专权害人之事。项羽于是就把章邯立为雍王，安置在楚军中。任命长史司马欣为上将军，率领着秦军担当先头部队。大军行进到新安。诸侯军中的一些军官和士卒以前曾因服徭役或屯戍而途经秦中地区，那里的官兵对他们大多都很苛虐，等到秦军投降于诸侯，诸侯军中的官兵又大多乘机奴役使唤他们，轻视凌辱他们。许多秦军官兵暗里说："章将军等人欺骗我们投降诸侯，现在如果能够入关攻破秦军，当然很好；如果不能取胜，诸侯们就会威迫我们退回关东，秦人一定会杀死我们的父母妻儿。"诸侯的将领们听到了一些有关他们相谋的事，就向项羽报告。项羽于是召见黥布、蒲将军商议道："秦军官兵人数还很多，他们内心不服，如果到达关中，他们不听指挥，则一定会威胁到我们的大事，不如先消灭他们，而只带章邯、长史司马欣、都尉董翳进入秦境。"于是在夜间秦营被楚军袭击，二十余万秦军都被活埋在新安城南。

然后向西进军攻取秦国的土地。函谷关有军队把守，没能进入。又听说沛公已攻下咸阳城，项羽大怒，派当阳君等人率军进攻函谷关。于是项羽进入关中，到达戏水之西。沛公在霸上驻军，还没有见到项羽。沛公的左司马曹无伤派人告诉项羽："沛公想要称王关中，让秦王子婴做丞相，秦国珍宝全都归他所有。"项羽一听勃然大怒，他说："明天一早用酒食好好犒劳士卒，务必打败沛公的军队！"此时，项羽拥有军队四十万，屯驻在新丰鸿门；沛公拥有军队十万，屯驻在霸上。范增劝说项羽道："沛公在崤山以东地区时，贪好财色。如今入关后，却不索取财物，不接近妇女，这说明他的志向很大。我派人去观望他那边的云气，总是有龙虎的气象呈现，五彩斑斓，这是天子的瑞气啊。要立即向他进攻，千万不要错失良机。"

※ 原文

楚左尹项伯者，项羽季父也，素善留侯张良。张良是时从沛公，项伯乃夜驰之沛公军，私见张良，具告以事，欲呼张良与俱去。曰："毋从俱死也。"张良曰："臣为韩王送沛公，沛公今事有急，亡去不义，不可不语。"良乃入，具告沛公。沛公大惊，曰："为之奈何？"张良曰："谁为大王为此计者？"曰："鲰生说我曰'距关，毋内诸侯，秦地可尽王也'。故听之。"良曰："料大王士卒足以当项王乎？"沛公默然，曰："固不如也，且为之奈何？"张良曰："请往谓项伯，言沛公不敢背项王也。"沛公曰："君安与项伯有故？"张良曰："秦时与臣游，项伯杀人，臣活之。今事有急，故幸来告良。"

沛公曰："孰与君少长？"良曰："长于臣。"沛公曰："君为我呼入，吾得兄事之。"张良出，要项伯。项伯即入见沛公。沛公奉卮酒为寿，约为婚姻，曰："吾入关，秋毫不敢有所近，籍吏民，封府库，而待将军。所以遣将守关者，备他盗之出入与非常也。日夜望将军至，岂敢反乎！愿伯具言臣之不敢倍德也。”项伯许诺。谓沛公曰：“旦日不可不蚤自来谢项王。”沛公曰：“诺。”于是项伯复夜去，至军中，具以沛公言报项王。因言曰：“沛公不先破关中，公岂敢入乎？今人有大功而击之，不义也，不如因善遇之。”项王许诺。

※ 译文

楚国的左尹项伯，是项羽的叔父，平素和张良要好。张良此时跟随沛公，项伯于是连夜赶到沛公军中，私下会见张良，把事情详细地讲给张良，想让张良和他一起离开。他说：“不要和刘邦一起送死。”张良说：“我是代表韩王来护送沛公的，现在沛公有急难，我如果逃走就是不仁不义，不能不告诉他。”于是张良到军帐中，把项伯的话全都跟沛公说了，沛公一听很吃惊，他说：“如何是好啊？”张良说：“是谁劝大王派兵把守函谷关的？”刘邦说：“一个鄙陋小人劝我道‘守住函谷关，阻止诸侯入关，秦国的土地就可全部归您所有’，所以我听信了他的计策。”张良说：“您认为自己的士卒能够敌得过项王的军队吗？”沛公沉默下来，过了一会儿说：“的确无法抗衡，那现在该怎么办啊？”张良说：“请允许我去跟项伯说沛公您不敢背叛项王。”沛公说：“你怎么会和项伯认识？”张良说：“秦朝的时候项伯和我交游，项伯杀了人，我救了他。如今危难来临，幸亏有他前来相告。”

沛公说：“你俩谁年长？”张良说：“他比我年长。”沛公说：“请替我把项伯叫进来，我要以对待兄长的礼节会见他。”张良出来邀请项伯。项伯立即去见沛公。沛公捧起酒杯向项伯祝寿，又订了儿女婚约，说：“我入关后，秦室的财富一点也不敢动，清查吏民，封藏库府，就只等着将军的到来。派军队把守函谷关，是为了防备有盗贼和其他意外的事变。我日夜盼望将军的到来，怎敢反叛呢？请项伯跟将军详细说明我不敢背德反叛。”项伯答应下来。他对沛公说：“明天一早务必要亲自前来向项王认错。”沛公说：“是。”于是项伯就连夜返回军中，把沛公所说的话完完全全地报告了项羽。然后他说：“如果不是沛公先攻破关中，您又怎么敢进入关中呢？如今人家立下大功却要受到打击，这种举动很不仁义，还不如干脆趁此机会善待他。”项王许诺。

※ 原文

沛公旦日从百余骑来见项王，至鸿门，谢曰：“臣与将军勠力而攻秦，将军战河北，臣战河南，然不自意能先入关破秦，得复见将军于此。今者有小人之言，令将军与臣有隙。”项王曰：“此沛公左司马曹无伤言之；不然，籍何以至此。”项王即日因留沛公与饮。项王、项伯东乡坐。亚父南乡坐。亚父者，范增也。沛公北乡坐，张良西乡侍。范增数目项王，举所佩玉玦以示之者三，项王默然不应。范增起，出召项庄，谓曰："君王为人不忍，若入前为寿，寿毕，请以剑舞，因击沛公于坐，杀之。不者，若属皆且为所虏。"庄则入为寿，寿毕，曰："君王与沛公饮，军中无以为乐，请以剑舞。"项王曰："诺。"项庄拔剑起舞，项伯亦拔剑起舞，常以身翼蔽沛公，庄不得击。于是张良至军门，见樊哙。樊哙曰："今日之事何如？"良曰："甚急。今者项庄拔剑舞，其意常在沛公也。"哙曰："此迫矣，臣请入，与之同命。"

※ 译文

第二天一早，沛公就带着百余名随从来拜见项王。到了鸿门，沛公对项王赔罪说："我和将军共同努力进攻秦军，您在黄河以北作战，我在黄河以南作战，可是未曾想到我能先入关攻破秦，才得以在此与将军重相见。如今有小人散布谣言，使我们之间有了隔阂。"项王说："那是沛公左司马曹无伤说的，不然，我是不会产生这样的疑心。"项王当天就留请沛公一同宴饮。项王、项伯面东而坐，亚父面南而坐。亚父，就是范增。沛公面北而坐，张良面向西侧而陪侍。席间，范增一次次地给项王使眼色，多次举起身上所佩饰的玉块示意项王当机立断把刘邦杀死，项王不理睬。范增起身，出来召唤项庄，对他说："君王心软，不忍下手，你去上前敬酒祝寿，然后请求舞剑，趁沛公坐着的时候击刺他，把他杀死。如果不这样，将来你们这些人都得成为他的俘虏。"项庄就进入敬酒祝寿。祝寿完毕，他说："大王和沛公饮酒，军中没什么可助兴的，请让我来舞剑为您助兴吧。"项王说："好。"项庄就拔剑起舞，项伯也拔剑起舞，总是用自己的身体来掩护沛公，项庄无法下手。在这种情况下，张良来到军门，见了樊哙。樊哙说："如今情况怎样？"张良说："十分紧急。现在项庄舞剑，其用意一直在沛公身上。"樊哙说："这么说来已经相当紧迫了，请让我进去，我要与沛公生死与共。"

※ 原文

哙即带剑拥盾入军门。交戟之卫士欲止不内，樊哙侧其盾以撞，卫士仆地，哙遂入，披帷西乡立，瞋目视项王，头发上指，目眦尽裂。项王按剑而跽曰："客何为者？"张良曰："沛公之参乘樊哙者也。"项王曰："壮士，赐之卮酒。"则与斗卮酒。哙拜谢，起，立而饮之。项王曰："赐之彘肩。"则与一生彘肩。樊哙覆其盾于地，加彘肩上，拔剑切而啖之。项王曰："壮士，能复饮乎？"樊哙曰："臣死且不避，卮酒安足辞！夫秦王有虎狼之心，杀人如不能举，刑人如恐不胜，天下皆叛之。怀王与诸将约曰'先破秦入咸阳者王之'。今沛公先破秦入咸阳，豪毛不敢有所近，封闭宫室，还军霸上，以待大王来。故遣将守关者，备他盗出入与非常也。劳苦而功高如此，未有封侯之赏；而听细说，欲诛有功之人。此亡秦之续耳，窃为大王不取也。”项王未有以应，曰：“坐。”樊哙从良坐。坐须臾，沛公起如厕，因招樊哙出。

※ 译文

樊哙立刻佩带宝剑拿着盾牌闯入军门。交戟侍立的卫士想阻止他进入，樊哙侧过手中的盾牌撞击他们，卫士们都被撞倒在地。樊哙就进入军门内，把帷帐分开面西而立，瞪着双眼注视着项王，头发向上直立，眼眶都快要瞪裂了。项王按着宝剑直起上身说：“来者何人？”张良说：“他是为沛公驾车的驭手樊哙。”项王说：“是一位壮士啊，赐他一杯酒。”就给了他一大杯酒。樊哙拜谢，起身饮了这杯酒。项王说：“赐他一只猪肘。”就把一只生猪肘给了他。樊哙把手中的盾牌平放在地上，然后又把猪肘放在盾上，拔出宝剑边切边吃了下去。项王说：“壮士，还能再喝酒吗？”樊哙说：“微臣连死都不怕，一杯酒有什么可推辞的！秦王怀揣虎狼之心，唯恐杀人不能尽，刑罚不够重，天下人才都纷纷背叛了他。怀王和诸侯相约说：‘先攻破秦军而进入咸阳的人将被封为关中王。’如今沛公首先攻破了秦而进入了咸阳，对于秦室的财富，沛公一点都不敢动，他封藏了宫室，退出军队而在霸上驻扎，就只等着大王的到来。沛公遣派将领把守函谷关，是为了防备盗贼和其他意外事件的发生。然而沛公如此劳苦功高，不仅没有得到封侯的奖赏，反而因为你听信小人谗言，有功之人将要被诛杀。这样做是亡秦的延续，我私下认为大王是不会采取这种做法的。”项王无言以对，只是说：“请坐。”樊哙于是与张良一起坐下。坐了一会儿，沛公起身去厕所，顺便把樊哙叫了出来。

※ 原文

沛公已出，项王使都尉陈平召沛公。沛公曰：“今者出，未辞也，为之奈何？”樊哙曰：“大行不顾细谨，大礼不辞小让。如今人方为刀俎，我为鱼肉，何辞为？”于是遂去。乃令张良留谢。良问曰：“大王来何操？”曰：“我持白璧一双，欲献项王，玉斗一双，欲与亚父，会其怒，不敢献。公为我献之。”张良曰：“谨诺。”当是时，项王军在鸿门下，沛公军在霸上，相去四十里。沛公则置车骑，脱身独骑，与樊哙、夏侯婴、靳强、纪信等四人持剑盾步走，从郦山下，道芷阳间行。沛公谓张良曰：“从此道至吾军，不过二十里耳。度我至军中，公乃入。”沛公已去，间至军中，张良入谢，曰：“沛公不胜杯杓，不能辞。谨使臣良奉白璧一双，再拜献大王足下；玉斗一双，再拜奉大将军足下。”项王曰：“沛公安在？”良曰：“闻大王有意督过之，脱身独去，已至军矣。”项王则受璧，置之坐上。亚父受玉斗，置之地，拔剑撞而破之，曰："唉！竖子不足与谋。夺项王天下者，必沛公也，吾属今为之虏矣。"沛公至军，立诛杀曹无伤。

※ 译文

沛公已经出来一会了，项王派都尉陈平去召他回去。沛公说："现在我出来了，没有告辞，怎么办才好呢？"樊哙说："做大事不顾忌小细节，讲大礼就不必在乎小责难。如今人家正是快刀、砧板，而我们是人家宰割的鱼肉，还讲什么告辞！"于是就离去了，并命张良留下致谢。张良问："大王来时带什么礼物了吗？"沛公说："我带了一双白璧，准备献给项王，一双玉斗，准备送给亚父，恰逢他们发怒，就没敢献出。你替我献给他们。"张良说："遵命。"这时，项王在鸿门一带驻军，沛公在霸上驻军，相距四十里。沛公就不用车骑，一人骑马，脱身逃离，樊哙和夏侯婴、靳强、纪信等四人手持剑、盾紧跟着徒步奔跑，由郦山而下，经过芷阳抄小道行进。沛公对张良说："从此路到我们军中，不过二十里。估计我到了军中后，你再回军帐中向他们告辞。"沛公已经离去，从小道回到军中。张良进入帐中辞谢，说："沛公不胜酒力，没能亲自告辞。委派我谨奉白璧一双，拜献给大王；玉斗一双，再拜奉给大将军。"项王说："沛公现在在哪里？"张良说："沛公听说大王有意责怪他的过错，脱身独自回去，已经到军中了。"项王听后就收下了玉璧，把它放在座位上。亚父把接过的玉斗弃置到地上，拔剑击碎了它，说："唉！这小子实在是不能够共谋大事。夺项王天下的人，必定是沛公。我们这些人即将成为他的俘虏了。"沛公到达军中，立刻把曹无伤诛杀。

※ 原文

居数日，项羽引兵西屠咸阳，杀秦降王子婴，烧秦宫室，火三月不灭；收其货宝妇女而东。人或说项王曰："关中阻山河四塞，地肥饶，可都以霸。"项王见秦宫皆以烧残破，又心怀思欲东归，曰："富贵不归故乡，如衣绣夜行，谁知之者！"说者曰："人言楚人沐猴而冠耳，果然。"项王闻之，烹说者。

项王使人致命怀王。怀王曰："如约。"乃尊怀王为义帝。项王欲自王，先王诸将相。谓曰："天下初发难时，假立诸侯后以伐秦。然身被坚执锐首事，暴露于野三年，灭秦定天下者，皆将相诸君与籍之力也。义帝虽无功，故当分其地而王之。"诸将皆曰："善。"乃分天下，立诸将为侯王。项王、范增疑沛公之有天下，业已讲解，又恶负约，恐诸侯叛之，乃阴谋曰："巴、蜀道险，秦之迁人皆居蜀。"乃曰："巴、蜀亦关中地也。"故立沛公为汉王，王巴、蜀、汉中，都南郑。而三分关中，王秦降将以距塞汉王。

※ 译文

过了几天，项羽率领军队向西进入咸阳并屠城，把已投降的秦王子婴杀死，还烧毁了秦的宫室，大火持续烧了三个月都没有熄灭；搜罗了藏在宫中的宝物和妇女，率军东回。有人劝项王道：“关中地区有山河阻塞四方，土地肥沃富饶，可以在这里建立都城而称霸。”项王看见秦的宫室都已经被大火烧得残破不堪，再加上心里思念故土而想东归，就说：“富贵了不回故乡，就好比穿着锦绣衣裳在夜间行走一样，谁能看到我的荣华富贵呢！”那个劝说项王的人说：“人们说楚国人像是沐猴戴了人的帽子，果真如此。”项王听到后，就把说这个话的人烹杀了。

项王派人向怀王报告入关破秦的情况。怀王说：“按照以前的盟约行事。”于是就尊怀王为义帝。项王想要自立为王，就先把手下的将相们立为王。他对诸位将相说：“天下刚开始发难的时候，假借拥立诸侯的后代以讨伐秦国。但是亲身披挂着坚固的铠甲、手持锋利的兵器，首先起义反秦，暴露在野外作战长达三年，灭亡了秦朝而平定天下，全靠诸位将相和我的力量。义帝原本就无功绩，因此应该瓜分他的土地，封大家为王。众将领都说：“好。”于是分割天下，立各位将相为侯王。项王和范增担心沛公会据有天下，但是又已经讲和了，又怕担负不守约定的名声，致使诸侯反叛，因此他们两人私下商议道：“巴、蜀地区道路险峻，秦国被迁贬的人都住在这里。”于是他们说：“巴、蜀也是属于关中地区。”因而把沛公立为汉王，统治巴、蜀和汉中地区，都城为南郑。而把关中地区分为三份，立秦的降将为王，以此来阻隔汉王。

※ 原文

项王乃立章邯为雍王，王咸阳以西，都废丘。长史欣者，故为栎阳狱掾，尝有德于项梁；都尉董翳者，本劝章邯降楚。故立司马欣为塞王，王咸阳以东至河，都栎阳；立董翳为翟王，王上郡，都高奴。徙魏王豹为西魏王，王河东，都平阳。瑕丘申阳者，张耳嬖臣也，先下河南，迎楚河上，故立申阳为河南王，都洛阳。

韩王成因故都，都阳翟。赵将司马卬定河内，数有功，故立卬为殷王，王河内，都朝歌。徙赵王歇为代王。赵相张耳素贤，又从入关，故立耳为常山王，王赵地，都襄国。当阳君黥布为楚将，常冠军，故立布为九江王，都六。鄱君吴芮率百越佐诸侯，又从入关，故立芮为衡山王，都邾。义帝柱国共敖将兵击南郡，功多，因立敖为临江王，都江陵。徙燕王韩广为辽东王。燕将臧荼从楚救赵，因从入关，故立荼为燕王，都蓟。徙齐王田市为胶东王。齐将田都从共救赵，因从入关，故立都为齐王，都临菑。故秦所灭齐王建孙田安，项羽方渡河救赵，田安下济北数城，引其兵降项羽，故立安为济北王，都博阳。田荣者，数负项梁，又不肯将兵从楚击秦，以故不封。成安君陈余弃将印去，不从入关，然素闻其贤，有功于赵，闻其在南皮，故因环封三县。番君将梅功多，故封十万户侯。项王自立为西楚霸王，王九郡，都彭城。

※ 译文

项王于是立章邯为雍王，统治咸阳以西地区，都城为废丘。长史司马欣，过去担任栎阳狱掾，曾经有恩于项梁；都尉董翳，他曾劝章邯投降楚国。于是就立司马欣为塞王，统治咸阳以东直到黄河地区，都城为栎阳；立董翳为翟王，统治上郡地区，都城为高奴。魏王豹被迁徙为西魏王，统治河东地区，都城为平阳。瑕丘县公申阳，原是张耳的亲信部属，曾率先攻下河南郡，在黄河岸上迎接楚国军队，因此立申阳为河南王，都城为洛阳。

韩王成依然把原来韩国的都城作为都城，即以阳翟为都城。赵将司马卬将河内地区平定，屡次立下战功，因此被立为殷王，统治河内地区，都城为朝歌。赵王歇被迁为代王。赵相张耳平素贤明，又随从楚军入关，因此被立为常山王，统治赵地，都城为襄国。当阳君黥布担任楚军大将，常担任楚军先锋，因此被立为九江王，都城为六城。鄱君吴芮曾率领百越军队帮助诸侯讨伐秦国，又随从楚军进入关，因此被立为衡山王，都城为邾城。义帝的柱国共敖，率军攻伐南郡，立功颇多，因此被立为临江王，都城为江陵。燕王韩广被迁为辽东王。燕国的将领臧荼跟从楚军救援赵国，又率军跟从楚军进攻关中，因此被立为燕王，都城为蓟城。齐王田市被迁为胶东王。齐国将领田都随从楚军救援赵国，又随从楚军进攻关中，因此被立为齐王，都城为临菑。以前被秦所吞灭的齐国国王建的孙子田安，在项羽刚刚渡河救援赵国的时候，他把济北的几座城池攻下，并率领军队投降了项羽，因此被立为济北王，都城为博阳。田荣因屡次背弃项梁，还不肯率军随从楚军攻伐秦军，因此没有被封为王。成安君陈余放弃将印离去，不跟从楚军入关攻伐秦军，但由于他向来以贤能闻名，对赵国有功，听说他在南皮居住，因此就把南皮周围的三个县封给了他。番君的将领梅屡建战功，因此被封为十万户侯。项王自立为西楚霸王，管辖九个郡，都城为彭城。

※ 原文

汉之元年四月，诸侯罢戏下，各就国。项王出之国，使人徙义帝，曰："古之帝者地方千里，必居上游。"乃使使徙义帝长沙郴县。趣义帝行，其群臣稍稍背叛之，乃阴令衡山、临江王击杀之江中。韩王成无军功，项王不使之国，与俱至彭城，废以为侯，已又杀之。臧荼之国，因逐韩广之辽东，广弗听，荼击杀广无终，并王其地。

田荣闻项羽徙齐王市胶东，而立齐将田都为齐王，乃大怒，不肯遣齐王之胶东，因以齐反，迎击田都。田都走楚。齐王市畏项王，乃亡之胶东就国。田荣怒，追击杀之即墨。荣因自立为齐王，而西杀击济北王田安，并王三齐。荣与彭越将军印，令反梁地。陈余阴使张同、夏说说齐王田荣曰："项羽为天下宰，不平。今尽王故王于丑地，而王其群臣诸将善地，逐其故主赵王，乃北居代，余以为不可。闻大王起兵，且不听不义，愿大王资余兵，请以击常山，以复赵王，请以国为捍蔽。"齐王许之，因遣兵之赵。陈余悉发三县兵，与齐并力击常山，大破之。张耳走归汉。陈余迎故赵王歇于代，反之赵。赵王因立陈余为代王。

※ 译文

汉元年四月，诸侯在戏下散去，各自回封地去。项王出关前往封国，派人迁徙义帝，说："古代帝王拥有方圆千里的土地，而且必定居住在水域的上游。"于是就派人把义帝迁到长沙郴县。他们督促义帝起程，群臣稍稍显露出了反叛项羽的意向，项羽就密令衡山王和临江王把义帝和他的臣子杀死在大江里。韩王成没有军功，项王不许他到自己的封国去，而是让他与自己一起到彭城，并把他废置成诸侯，不久后又杀死了他。臧荼前往封国，然后就要把韩广驱逐到辽东，韩广不听任摆布，就被臧荼杀死在无终，兼并了辽东王的领地。

田荣听说项羽把齐王田市迁为胶东王，而把齐将田都立为齐王，于是大怒，不肯把齐王送往胶东，因而在齐国反叛项羽，迎击田都。田都败逃到楚国。齐王田市害怕项王，于是就逃到胶东接受封国。田荣知道后很恼火，追击齐王，并把他杀死在即墨城。田荣于是自立为齐王，而后向西进攻并把济北王田安杀死，还把三齐的国土兼并了。田荣把将军的印符授给彭越，命他在梁地反击项王。陈余也暗中派张同和夏说劝齐王田荣道："项羽主宰天下，办事不公平。如今把贫瘠的土地全都分给了原来的诸侯王，而把好的土地都封给了他的群臣诸将，作为他们各自王国的领地，原有的诸侯王都被从封地驱逐出去了。赵王被迁到北方的代地。我认为这样做是不应该的。听说大王发动军队对楚军进行反击，并且不听任不义的行为，我希望大王能资助我一部分军队，让我去攻伐常山，以恢复赵王原有的封地，我情愿用我们的国土来作为齐国的屏障。"齐王应允了陈余的请求，因此派军队去赵国。陈余将其封地内三个县的军队发动起来，同齐国的军队一起攻伐常山，结果常山国的守军被打败，张耳逃走归服了汉王。陈余把原来的赵王歇从代地迎回，然后返回赵地。陈余因此而被赵王立为代王。

※ 原文

是时，汉还定三秦。项羽闻汉王皆已并关中，且东，齐、赵叛之，大怒。乃以故吴令郑昌为韩王，以距汉。令萧公角等击彭越。彭越败萧公角等。汉使张良徇韩，乃遗项王书曰："汉王失职，欲得关中，如约即止，不敢东。"又以齐、梁反书遗项王曰："齐欲与赵并灭楚。"楚以此故无西意，而北击齐。征兵九江王布。布称疾不往，使将将数千人行。项王由此怨布也。汉之二年冬，项羽遂北至城阳，田荣亦将兵会战。田荣不胜，走至平原，平原民杀之。遂北烧夷齐城郭室屋，皆坑田荣降卒，系虏其老弱妇女。徇齐至北海，多所残灭。齐人相聚而叛之。于是田荣弟田横收齐亡卒得数万人，反城阳。项王因留，连战未能下。

※ 译文

这时候，汉军回军平定三秦。项羽听说汉王已经兼并了关中所有的地区，并且东方的齐国和赵国也反叛他，十分愤怒。于是他把原来的吴令郑昌封为韩王，用韩国来阻拒汉军。又命令萧公角等人攻伐彭越。彭越把萧公角等人打败。汉王派张良攻伐韩地，于是就给项王送去书信说："汉王所得的封地与他应该得到的地区不相符，他想要得到关中地区，如果能履行'先入关中即为关中王'的前约，他就会立即罢兵，汉王不会向东继续前进。"又把齐国和梁国反叛的书信交给项王说："齐国准备联合赵国来一同灭掉楚国。"楚国因此撤销了向西进攻汉王的意图，改为向北进攻齐国。项王征集九江王黥布的军队，黥布推病而不肯亲自前往，只派部将率领几千人前去。项王因而怨恨黥布。汉王二年的冬天，项羽就向北打到城阳，田荣也率军前来会战。田荣的军队战败，他逃到了平原而被平原人杀死。于是楚军向北进军，烧毁了齐国的屋室，齐国的城池也被夷平，田荣所部降兵全被活埋，齐国的老弱妇女沦为俘虏。在齐国境内一直攻打到北海，许多城邑被摧残毁灭，齐国人相聚在一起共同反叛楚军。这时候，田荣的弟弟田横收集了齐国散亡的军卒几万名，在城阳反抗楚国。项王因而停留在城阳，连续交战未能攻克城阳。

※ 原文

春，汉王部五诸侯兵，凡五十六万人，东伐楚。项王闻之，即令诸将击齐，而自以精兵三万人南从鲁出胡陵。四月，汉皆已入彭城，收其货宝美人，日置酒高会。项王乃西从萧，晨击汉军而东，至彭城，日中，大破汉军。汉军皆走，相随入谷、泗水，杀汉卒十余万人。汉卒皆南走山，楚又追击至灵壁东睢水上。汉军却，为楚所挤，多杀，汉卒十余万人皆入睢水，睢水为之不流。围汉王三匝。于是大风从西北而起，折木发屋，扬沙石，窈冥昼晦，逢迎楚军。楚军大乱，坏散，而汉王乃得与数十骑遁去，欲过沛，收家室而西；楚亦使人追之沛，取汉王家：家皆亡，不与汉王相见。汉王道逢得孝惠、鲁元，乃载行。楚骑追汉王，汉王急，推堕孝惠、鲁元车下，滕公常下收载之。如是者三。曰："虽急不可以驱，奈何弃之？"于是遂得脱。求太公、吕后不相遇。审食其从太公、吕后间行，求汉王，反遇楚军。楚军遂与归，报项王，项王常置军中。

是时吕后兄周吕侯为汉将兵居下邑，汉王间往从之，稍稍收其士卒。至荥阳，诸败军皆会，萧何亦发关中老弱未傅悉诣荥阳，复大振。楚起于彭城，常乘胜逐北，与汉战荥阳南京、索间，汉败楚，楚以故不能过荥阳而西。

※ 译文

春天，汉王统率五路诸侯的军队，共计五十六万人，向东伐楚。项王听到此消息，就命诸将继续攻打齐国，而他亲自率领精兵三万向南从鲁县穿过胡陵。四月，彭城已经被汉军攻克，楚国的财宝和美女被收取，整日设宴会饮。项王率军向西，早晨从萧地向东对汉军发动进攻，中午到达彭城，大败汉军。汉军纷纷溃逃，前后相继逃入谷水、泗水，楚军杀死汉军十多万士兵。汉军士卒纷纷向南逃往山地，楚军进一步追杀到灵壁东面的睢水河岸。汉军败退，被楚军逼挤到河边，士卒一部分被杀，其余全都掉入睢水，致使睢水受堵塞而无法流通。楚军把汉王重重包围。就在此时，从西北方向刮起大风，狂风折断了树木，掀开了房屋，扬起沙石，顿时天昏地暗，大风恰巧迎面袭击楚军。楚军方寸大乱，包围圈破散，于是汉王和几十名骑兵得以逃离包围。汉王准备经过沛县，携带家室逃往西方。楚国派人追杀到沛县，俘获了汉王的家人。家人四散逃亡，没能和汉王相见。汉王路上遇到孝惠帝和鲁元公主，于是就让他们上车一起走。楚国的骑兵追杀汉王，情急之下，汉王就把孝惠帝和鲁元公主推落车下，滕公总是下车把他们接起再载进车里，像这样有好几次。他说："情况虽然紧急，但是车马可以赶得更快，怎么能把他们舍弃呢？"于是姐弟二人才得以逃脱，没被楚军俘获。汉王等人没有找到太公和吕后。审食其护从着太公和吕后走小道，也在寻找汉王，却遇上了楚军。楚军于是把他们带回军中，报告给项王，他们便被拘留军中。

这时候，吕后的哥哥周吕侯替汉王统领着军队在下邑驻扎，汉王抄小路去投奔他，逐渐收聚起了他的士卒。然后到达荥阳，各路败军都到这里会合，萧何也发动关中地区的老弱和未成年男子前来助战，汉军兵威大振。楚军从彭城出发，一路上乘胜追击汉军，与汉军在荥阳南面的京邑和索邑之间展开交战，汉军战胜，楚军于是没能越过荥阳再向西进攻。

※ 原文

项王之救彭城，追汉王至荥阳，田横亦得收齐，立田荣子广为齐王。汉王之败彭城，诸侯皆复与楚而背汉。汉军荥阳，筑甬道属之河，以取敖仓粟。汉之三年，项王数侵夺汉甬道，汉王食乏，恐，请和，割荥阳以西为汉。

项王欲听之。历阳侯范增曰："汉易与耳，今释弗取，后必悔之。"项王乃与范增急围荥阳。汉王患之，乃用陈平计间项王。项王使者来，为太牢具，举欲进之。见使者，详惊愕曰："吾以为亚父使者，乃反项王使者。"更持去，以恶食食项王使者。使者归报项王，项王乃疑范增与汉有私，稍夺之权。范增大怒，曰："天下事大定矣，君王自为之。愿赐骸骨归卒伍。"项王许之。行未至彭城，疽发背而死。

汉将纪信说汉王曰："事已急矣，请为王诳楚为王，王可以间出。"于是汉王夜出女子荥阳东门被甲二千人，楚兵四面击之。纪信乘黄屋车，傅左纛，曰："城中食尽，汉王降。"楚军皆呼万岁。汉王亦与数十骑从城西门出，走成皋。项王见纪信，问："汉王安在？"信曰："汉王已出矣。"项王烧杀纪信。

※ 译文

项王援救彭城，追击汉王到荥阳，这给了田横收取齐国土地的机会，他把田荣的儿子田广扶立为齐王。汉王在彭城战败，诸侯又全都归顺楚国而背叛汉国。汉军在荥阳驻扎，修筑了连接到黄河岸边的甬道，用来获取敖仓的粮食。汉王三年，项王数次侵入甬道夺取汉军的粮食，汉军兵困粮乏，汉王非常担忧，就请求与楚国讲和，划分荥阳以西地区作为汉国的封土。

项王准备接受此和约。历阳侯范增说："打败汉军轻而易举，现在若放弃而不攻下荥阳，以后一定会后悔。"项王于是就和范增加紧围攻荥阳。汉王对此深感忧虑，就采用陈平的计谋来离间范增和项王。项王的使者前来，汉王置办了包括猪、牛、羊在内的丰盛筵席，端过来准备进献时，见了使者，假做惊愕状地说道："我以为是亚父的使者，怎么是项王的使者啊。"于是便端走更换，让项王的使者食用粗劣的饭菜。使者回去后报告项王，项王于是就怀疑范增私交汉王，逐渐把他的权力剥夺。范增大怒道："天下大局已定，君王您一人治理天下吧。请把我这副老骨头赏赐给我，让我告老还乡吧。"项王应允了他的请求。范增启程，尚未到彭城，就因背上的毒痈恶化而去世了。

汉军将领纪信劝汉王说："事态已十分危急，请大王允许我扮成您的样子去诓骗楚兵，您可以趁机逃出城去。"于是汉王在夜间从荥阳东门放出二千名披甲的女子，楚兵从四面对她们围攻。纪信坐在汉王的黄屋车里，车左边骖马的头上插着牦牛尾的饰物。他说："城中粮尽，汉王请降。"楚军听到后都高呼万岁。汉王和几十名骑兵从荥阳西门出城，逃到成皋。项王见到纪信，问道："汉王在哪儿？"纪信说："他已出城了。"于是纪信就被项王烧死了。

※ 原文

汉王使御史大夫周苛、枞公、魏豹守荥阳。周苛、枞公谋曰："反国之王，难与守城。”乃共杀魏豹。楚下荥阳城，生得周苛。项王谓周苛曰：“为我将，我以公为上将军，封三万户。”周苛骂曰：“若不趣降汉，汉今虏若，若非汉敌也。”项王怒，烹周苛，并杀枞公。

汉王之出荥阳，南走宛、叶，得九江王布，行收兵，复入保成皋。汉之四年，项王进兵围成皋。汉王逃，独与滕公出成皋北门，渡河走修武，从张耳、韩信军。诸将稍稍得出成皋，从汉王。楚遂拔成皋，欲西。汉使兵距之巩，令其不得西。

是时，彭越渡河击楚东阿，杀楚将军薛公。项王乃自东击彭越。汉王得淮阴侯兵，欲渡河南。郑忠说汉王，乃止壁河内。使刘贾将兵佐彭越，烧楚积聚。项王东击破之，走彭越。汉王则引兵渡河，复取成皋，军广武，就敖仓食。项王已定东海来西，与汉俱临广武而军，相守数月。

※ 译文

汉王委派御史大夫周苛、枞公、魏豹在荥阳留守。周苛和枞公相谋议道：“魏豹是一个投降过楚国的封王，我们不应同他一起守城。”于是他们就一起把魏豹杀死了。楚军攻下荥阳城后，把周苛活捉了。项王对周苛说：“你给我做将领，我拜你为上将军，封你为三万户侯。”周苛骂道：“你还不赶快归附投降汉王，你们就要成为汉王的俘虏了，你不是汉王的对手。”项王听后异常生气，就把周苛烹杀了，并且还杀了枞公。

汉王出了荥阳城，又南逃到宛县、叶县，得到九江王黥布的支持，行进途中把散亡的汉军收聚起来，重新进入成皋防守。汉王四年，项王进兵围困成皋。汉王逃走，只和滕公出了成皋北门，渡过黄河而向修武逃奔，来到张耳和韩信的军中，少部分将领能够突围逃出成皋，跟从汉王。于是楚军把成皋攻克了，准备向西进攻。汉国派军队在巩县阻击楚军，使他们无法向西进犯。

这个时候，彭越率军渡过黄河对楚国的东阿发起进攻，楚国将军薛公被杀死。于是项王亲自东进攻击彭越的军队。汉王得到淮阴侯的军队，准备渡过黄河向南。在郑忠的劝说下，汉王才暂停向南而在黄河北岸修筑壁垒拒守。汉王派遣刘贾率军帮助彭越，把楚军积聚的物资烧毁了。项王向东击破了刘贾，并把彭越赶跑了。汉王就率军渡过黄河，重新拿下了成皋，在广武驻军，就近取得敖仓的粮食。项王把东海平定后，又返回向西攻打，和汉军都在广武驻军，两军相持据守了几个月之久。

※ 原文

当此时，彭越数反梁地，绝楚粮食，项王患之。为高俎，置太公其上，告汉王曰：“今不急下，吾烹太公。”汉王曰：“吾与项羽俱北面受命怀王，曰‘约为兄弟’。

吾翁即若翁，必欲烹而翁，则幸分我一杯羹。”项王怒，欲杀之。项伯曰：“天下事未可知，且为天下者不顾家，虽杀之无益，只益祸耳。”项王从之。

楚、汉久相持未决，丁壮苦军旅，老弱罢转漕。项王谓汉王曰：“天下匈匈数岁者，徒以吾两人耳，愿与汉王挑战决雌雄，毋徒苦天下之民父子为也。”汉王笑谢曰：“吾宁斗智，不能斗力。”项王令壮士出挑战。汉有善骑射者楼烦，楚挑战三合，楼烦辄射杀之。项王大怒，乃自被甲持戟挑战。楼烦欲射之，项王瞋目叱之，楼烦目不敢视，手不敢发，遂走还入壁，不敢复出。汉王使人间问之，乃项王也。汉王大惊。于是项王乃即汉王相与临广武间而语。汉王数之，项王怒，欲一战。汉王不听，项王伏弩射中汉王。汉王伤，走入成皋。

※ 译文

就在此时，彭越几次反攻梁地，断绝了楚国的粮食供应，项王对此深感忧虑。项羽制作了一个高大的案板，把太公放置在上面，对汉王说道：“现在你若不赶快投降，我就要烹杀你的父亲。”汉王说：“我和你曾一同作为臣子接受怀王之命，曾说‘结为兄弟’，我的父亲也就是你的父亲，你非要烹杀，就请你别忘了分给我一杯肉汤。”项王大怒，就要把太公杀了。项伯劝道：“天下是谁的还不知道，况且要夺取天下的人是不会顾及家人的，就算杀了他也没什么好处，只是带来更大的怨恨罢了。”项王听从了项伯的建议。

楚、汉相持了很久都胜负未决，壮年男子苦于军旅生涯，老弱的疲于粮草的运输。项王对汉王说：“天下好几年兴兵动武，就是因为咱俩相争罢了，我希望能与你单独挑战，一决雌雄，不要让天下百姓父子们受连累。”汉王笑着推辞说：“我宁肯斗智，不斗力。”项王命令壮士出阵挑战。汉军中有一位名叫楼烦的人，擅长骑射，楚军挑战过好几次，每次都被楼烦射杀。项王见状大怒，就亲自披甲持戟挑战。楼烦想要射杀项王，项王就瞪着双眼冲他怒吼，楼烦被吓得不敢正视，手也不敢发射，就转身逃回营垒，再也不敢出来。汉王派人私下打听，才知道是项王。汉王听说后非常吃惊。于是项王就靠近汉王而在广武之间东西两边相互对话。汉王一一列举项王的罪过，项王听后勃然大怒，要求决一死战。汉王不同意，项王就埋伏下弓弩正好射中汉王。汉王受伤，逃进成皋城中。

※ 原文

项王闻淮阴侯已举河北，破齐、赵，且欲击楚，乃使龙且往击之。淮阴侯与战，骑将灌婴击之，大破楚军，杀龙且。韩信因自立为齐王。项王闻龙且军破，则恐，使盱台人武涉往说淮阴侯。淮阴侯弗听。是时，彭越复反，下梁地，绝楚粮。项王乃谓海春侯大司马曹咎等曰：“谨守成皋，则汉欲挑战，慎勿与战，毋令得东而已。我十五日必诛彭越，定梁地，复从将军。”乃东，行击陈留、外黄。

外黄不下。数日，已降，项王怒，悉令男子年十五已上诣城东，欲坑之。外黄令舍人儿年十三，往说项王曰：“彭越强劫外黄，外黄恐，故且降，待大王。大王至，又皆坑之，百姓岂有归心？从此以东，梁地十余城皆恐，莫肯下矣。”项王然其言，乃赦外黄当坑者。东至睢阳，闻之皆争下项王。

※ 译文

项王听说淮阴侯已将黄河以北地区攻下，把齐国和赵国打败，并且准备进攻楚国，就派龙且前往迎击。淮阴侯和龙且作战，骑将灌婴进击龙且的军队，大败楚军，龙且被杀死。于是韩信自立为齐王。项王听说龙且军队被打败，很惊恐，派盱台人武涉去劝导淮阴侯。淮阴侯不听。此时，彭越再次反击，把梁地攻下，把楚军粮道断绝。项王就对海春侯大司马曹咎等人说：“在成皋城中严密防守，若汉军来挑战，千万不要与他们交战，只要不让汉军向东进攻即可。我在十五天内一定会把彭越诛杀，使梁地局势稳定，到时再来与将军们会合。”于是项王率军向东进军攻击陈留和外黄。

外黄城固守不降。几天后投降了，项王愤怒，命城中凡是十五岁以上的男子全都到城东集合，想要活埋他们。外黄县令舍人十三岁的小儿子，前去劝说项王道：“彭越逼迫外黄，外黄人很害怕，因此才暂且投降彭越，以等待大王的到来。大王来了，却又要活埋所有的壮丁，百姓们怎么会真心归附您呢？而且从这里往东，梁国地区十多座城邑中的民众都会畏惧大王，那样的话还有人肯投降您吗？”项王接受了他的话，就把那些应当被活埋的外黄人赦免。项王向东到达睢阳，听说此事的人都争着归附项王。

※ 原文

汉果数挑楚军战，楚军不出。使人辱之，五六日，大司马怒，渡兵汜水。士卒半渡，汉击之，大破楚军，尽得楚国货赂。大司马咎、长史翳、塞王欣皆自刭汜水上。大司马咎者，故蕲狱掾，长史欣亦故栎阳狱吏，两人尝有德于项梁，是以项王信任之。当是时，项王在睢阳，闻海春侯军败，则引兵还。汉军方围钟离眜于荥阳东，项王至，汉军畏楚，尽走险阻。

是时，汉兵盛食多，项王兵罢食绝。汉遣陆贾说项王，请太公，项王弗听。汉王复使侯公往说项王，项王乃与汉约，中分天下，割鸿沟以西者为汉，鸿沟而东者为楚。项王许之，即归汉王父母妻子。军皆呼万岁。汉王乃封侯公为平国君。匿弗肯复见。曰：“此天下辩士，所居倾国，故号为平国君。”项王已约，乃引兵解而东归。

汉欲西归，张良、陈平说曰："汉有天下太半，而诸侯皆附之。楚兵罢食尽，此天亡楚之时也，不如因其机而遂取之。今释弗击，此所谓'养虎自遗患'也。"汉王听之。汉五年，汉王乃追项王至阳夏南，止军，与淮阴侯韩信、建成侯彭越期会而击楚军。

※ 译文

汉军果真数次向楚军挑战，楚军不出城应战。汉王派人羞辱楚军，持续了五六天，大司马被激怒，就率军渡过汜水。在楚军士卒渡到一半的时候，汉军就向他们发起进攻，结果楚军大败，楚国所有的宝物财货也都被掳掠一空。大司马曹咎、长史董翳、塞王司马欣都在汜水岸上自杀而死。大司马曹咎，就是原来的蕲县狱掾，长史司马欣也就是原来的栎阳狱吏，两人曾经有恩于项梁，所以项王信任他们。这时，项王还在睢阳，听说海春侯的军队失败，就率兵回救。汉军正在荥阳的东面围困钟离眛，项王到来，汉军畏惧楚军，全都逃往险阻的山地。

此时，汉王兵多粮足，而项王却兵疲粮尽。汉王派陆贾去劝说项王，请求把太公归还，项王不听。汉王又派侯公前去劝说，项王于是就和汉王约定，平分天下，割让鸿沟以西的土地划归汉，鸿沟以东的地区划归楚。项王接受了此条件，立即把汉王的父母妻子放回。士卒们因战争停止而高呼万岁。于是汉王封侯公为平国君。可是侯公却隐匿起来不肯再见。汉王说："此人是天下有名的辩士，他处在哪儿就能使该国的政权倾覆，所以才赐予他平国君的封号。"项王接受盟约后，就率军解除对汉军的威胁而回到东方。

汉王也准备西归，张良和陈平进言道："汉已拥有大半天下，而诸侯国又都归附汉国。楚军兵疲粮尽，此乃上天亡楚的好时机，不如趁此机会把楚国灭亡。现在放走他们而不攻击，这无异于放虎归山啊。"汉王听取了他们的意见。汉王五年，汉王追击项羽到阳夏南，军队不再追击，和淮阴侯韩信、建成侯彭越约定日期联合攻打楚军。

※ 原文

至固陵，而信、越之兵不会。楚击汉军，大破之。汉王复入壁，深堑而自守。谓张子房曰："诸侯不从约，为之奈何？"对曰："楚兵且破，信、越未有分地，其不至固宜。君王能与共分天下，今可立致也。即不能，事未可知也。君王能自陈以东傅海，尽与韩信；睢阳以北至谷城，以与彭越：使各自为战，则楚易败也。"汉王曰："善。"于是乃发使者告韩信、彭越曰："并力击楚。楚破，自陈以东傅海与齐王，睢阳以北至谷城与彭相国。"使者至，韩信、彭越皆报曰："请今进兵。"韩信乃从齐往，刘贾军从寿春并行，屠城父，至垓下。大司马周殷叛楚，以舒屠六，举九江兵，随刘贾、彭越皆会垓下，诣项王。

项王军壁垓下，兵少食尽，汉军及诸侯兵围之数重。夜闻汉军四面皆楚歌，项王乃大惊曰："汉皆已得楚乎？是何楚人之多也！"项王则夜起，饮帐中。有美人名虞，常幸从；骏马名骓，常骑之。于是项王乃悲歌忼慨，自为诗曰："力拔山兮气盖世，时不利兮骓不逝。骓不逝兮可奈何，虞兮虞兮奈若何！"歌数阕，美人和之。项王泣数行下，左右皆泣，莫能仰视。

※ 译文

汉军到达固陵，而韩信、彭越的军队却没有来会合。楚军对汉军发动进攻，大败汉军。汉王又一次逃回营垒，深挖壕沟自行坚守。汉王对张良说："诸侯们不遵守盟约，该怎么办呢？"张良说："楚军将要被灭亡，韩信和彭越却都还没有得到分封的地盘，他们不来也是本该如此。君王您如果能和他们共分天下，他们马上就能赶来。否则，天下的形势也就难预料了。君王如果能把陈县以东到海滨一带的土地，全都封给韩信；睢阳以北到谷城的土地，全都划给彭越。督促他们各自攻伐楚军，则楚国被打败就轻而易举了。"汉王说："好。"于是就派使者向韩信和彭越通报道："如果能够联合攻打楚国，楚国一旦被消灭，陈县以东至海滨一带的土地封给齐王，睢阳以北到谷城的土地封给彭相国。"使者抵达后，韩信和彭越都回报说："请求现在就进兵攻打楚军。"于是韩信从齐地赶来，刘贾的军队也从寿春赶来一同进兵，屠戮了城父，抵达垓下。大司马周殷反叛楚国，带领舒县之众北行，屠戮了六县，发动九江王国的军队，跟随刘贾和彭越一起到垓下会合，进逼项王。

项王在垓下筑壁垒驻扎军队，兵少粮绝，汉军和诸侯的军队把他们重重包围。夜里听到四面汉军营中皆唱楚地的民歌，项王非常吃惊地说："难道汉军已经把楚国全部占领了吗？怎么会有如此多的楚国人呢！"项王就半夜起来，在帐中饮酒。有一位名叫虞姬的美人，因平素得到项王的宠幸而随从项王；有一匹名叫骓的骏马，经常驮着项王四处征战。于是项王就慷慨悲歌，作诗道："力拔山兮气盖世，时不利兮骓不逝。骓不逝兮可奈何，虞兮虞兮奈若何！"项王唱了好几遍后，美人也作诗应和。项王泣不成声，流下一行行热泪，左右随从也都跟着一起哭，悲痛得都不能仰视项王。

※ 原文

于是项王乃上马骑，麾下壮士骑从者八百余人，直夜溃围南出，驰走。平明，汉军乃觉之，令骑将灌婴以五千骑追之。项王渡淮，骑能属者百余人耳。项王至阴陵，迷失道，问一田父，田父绐曰"左"。左，乃陷大泽中，以故汉追及之。项王乃复引兵而东，至东城，乃有二十八骑。汉骑追者数千人。项王自度不得脱。谓其骑曰："吾起兵至今八岁矣，身七十余战，所当者破，所击者服，未尝败北，遂霸有天下。然今卒困于此，此天之亡我，非战之罪也。今日固决死，愿为诸君快战，必三胜之，为诸君溃围，斩将，刈旗，令诸君知天亡我，非战之罪也。"乃分其骑以为四队，四向。汉军围之数重。项王谓其骑曰："吾为公取彼一将。"令四面骑驰下，期山东为三处。于是项王大呼驰下，汉军皆披靡，遂斩汉一将。是时，赤泉侯为骑将，追项王，项王瞋目而叱之，赤泉侯人马俱惊，辟易数里。与其骑会为三处。汉军不知项王所在，乃分军为三，复围之。项王乃驰，复斩汉一都尉，杀数十百人。复聚其骑，亡其两骑耳。乃谓其骑曰："何如？"骑皆伏曰："如大王言。"

※ 译文

于是项王跨上战马，在他的帅旗引领下有八百多名壮士组成的骑兵队跟从，趁夜向南突出重围，急驰逃奔。天快要亮的时候，汉军才发觉，汉王命骑兵将领灌婴率骑兵五千名前去追击。项王渡过淮河，就只有百余名能够跟得上的骑兵了。项王到达阴陵，迷失了道路，向一位田间老翁问路，老翁骗他说："向左。"于是项王就向左，结果陷入大沼泽地中，因此被汉军追上。项王又率军向东，到达东城，身边就剩下了二十八个骑兵，有几千汉军骑兵在后面追击。项王估计自己是摆脱不了困境了，对他身边的骑兵说："我自起兵至今已有八年，亲身经历过的战斗有七十多次，所有阻挡我的军队没有一个不被我攻破消灭的，所有进攻我的人没有一个不被我征服的，我未曾吃过败仗，于是称霸而拥有天下。可是现在我却被困在这里，这是上天要灭亡我，而不是我作战的过失。如今固然非决战而死不可，我愿意为各位痛快决战，一定要连胜汉军三次，为使诸位能够突破重围，斩杀敌将，砍断汉军的军旗，好让诸位知道是上天要灭亡我，而并非我作战的过失。"于是项王把他的骑兵划分成四队，分别从四个方向突围。汉军把他们重重包围。项王对他的骑兵说："我为你取汉军一将。"他命骑兵向四方奔驰而下，约定分三个会合地点冲到山的东边。于是项王大声疾呼，奔驰而下，汉军都被杀得乱作一团，纷纷后退，项王就斩杀了一员汉军将领。此时，赤泉侯杨喜作为骑兵将领，追击项王，项王瞪着双眼冲他怒吼，赤泉侯连人带马受到惊吓，躲避出好几里远。项王就同他的骑兵会聚成三处，汉军分辨不出项王在哪一处，于是就兵分三路，重新把楚军包围。项王就在汉军中奔驰，又斩杀了汉军的一名都尉，杀死了近百名汉军士卒，又重新把他的骑兵聚集，仅损失了两名骑兵。于是对他的骑兵们说："你们觉得怎么样？"骑兵们都敬佩地说："果真如大王所说。"

※ 原文

于是项王乃欲东渡乌江。乌江亭长舣船待，谓项王曰："江东虽小，地方千里，众数十万人，亦足王也。愿大王急渡。今独臣有船，汉军至，无以渡。"项王笑曰："天之亡我，我何渡为！且籍与江东子弟八千人渡江而西，今无一人还，纵江东父兄怜而王我，我何面目见之？纵彼不言，籍独不愧于心乎？"乃谓亭长曰："吾知公长者。吾骑此马五岁，所当无敌，尝一日行千里，不忍杀之，以赐公。"乃令骑皆下马步行，持短兵接战。独籍所杀汉军数百人。项王身亦被十余创。顾见汉骑司马吕马童，曰："若非吾故人乎？"马童面之，指王翳曰："此项王也。"项王乃曰："吾闻汉购我头千金，邑万户，吾为若德。"乃自刎而死。王翳取其头，余骑相蹂践争项王，相杀者数十人。最其后，郎中骑杨喜、骑司马吕马童、郎中吕胜、杨武各得其一体。五人共会其体，皆是。故分其地为五：封吕马童为中水侯，封王翳为杜衍侯，封杨喜为赤泉侯，封杨武为吴防侯，封吕胜为涅阳侯。

※ 译文

于是项王就准备向东渡过乌江。乌江亭长把船划靠到岸边等候项王，对项王说："江东地区虽然不大，但是它土地纵横千里，民众几十万，也可以称为一个王国了。请大王尽快渡江。现在渡船只有我有，汉军到达后，没有船渡过去。"项王大笑说："是上天要灭亡我，还渡江做什么呢？再说了，当年我曾率领八千名江东子弟兵渡江向西，今天却连一个能够回还的人都没有，纵然江东父兄可怜我而拥我为王，我又有何脸面去见他们呢？就算他们什么都不说，难道我心中就不愧疚吗？"于是他对亭长说："我知道您是一位长者。这匹马跟了我有五年了，所向无敌，能日行千里，我实在不忍心把它杀掉，就把它送给您吧。"于是命令骑兵全部下马步行，手持短小的兵器同汉军交战。单单项籍一人就杀死了几百名汉军士卒。项王身上也有十几处伤，他回头看见汉军骑兵中的司马吕马童，说："难道你不是我的故人吗？"吕马童仔细看后，就指着他对王翳说："此人就是项王。"项王就说："我听说汉王出资千金，悬赏封万户侯来购求我的人头，我把这个好处给你吧。"于是就自刎而死。王翳割下项羽的头颅，其余的汉军骑士都相互厮杀争夺项王的尸身，自相残杀者有几十人。结果是：郎中骑杨喜、骑司马吕马童、郎中吕胜、杨武各自夺得项王的一部分尸身。五个人把所得的部分合并一处，正好是项羽的全身。于是就把悬赏的封地划分为五份：封吕马童为中水侯，封王翳为杜衍侯，封杨喜为赤泉侯，封杨武为吴防侯，封吕胜为涅阳侯。

※ 原文

项王已死，楚地皆降汉，独鲁不下。汉乃引天下兵欲屠之，为其守礼义，为主死节，乃持项王头视鲁，鲁父兄乃降。始，楚怀王初封项籍为鲁公，及其死，鲁最后下，故以鲁公礼葬项王谷城。汉王为发哀，泣之而去。

诸项氏枝属，汉王皆不诛。乃封项伯为射阳侯。桃侯、平皋侯、玄武侯皆项氏，赐姓刘。

太史公曰：吾闻之周生曰“舜目盖重瞳子”，又闻项羽亦重瞳子。羽岂其苗裔邪？何兴之暴也！夫秦失其政，陈涉首难，豪杰蜂起，相与并争，不可胜数。然羽非有尺寸，乘执起陇亩之中，三年，遂将五诸侯灭秦，分裂天下，而封王侯，政由羽出，号为“霸王”，位虽不终，近古以来未尝有也。及羽背关怀楚，放逐义帝而自立，怨王侯叛己，难矣。自矜功伐，奋其私智而不师古，谓霸王之业，欲以力征经营天下，五年卒亡其国，身死东城，尚不觉寤而不自责，过矣。乃引“天亡我，非用兵之罪也”，岂不谬哉！

※ 译文

项王去世后，楚地全部归降汉王，只有鲁地不肯投降。汉王于是就率领天下的军队准备将其灭亡。由于该地区的人恪守礼义，誓死为君王守节，于是就拿来项王的头让鲁地人观看，鲁地的百姓才肯投降。刚开始，楚怀王初次封项籍为鲁公，等他去世后，鲁地又是最后一个投降的地方，因此以鲁公的名义和葬礼埋葬项王于谷城。汉王为其发丧致哀，哭祭一通后离去。

对于项氏宗族各支属的人，汉王都没有诛杀。还把项伯封为射阳侯。桃侯、平皋侯、玄武侯，也都是项氏的族人，汉王赐他们刘姓。

太史公说：我从周生那里听说“舜的眼睛有两个瞳子”，还听说项羽也是两个瞳子。难道说他是舜的后代吗？不然为什么会兴起得这么突然呢！秦朝失去了治理国家的正道，陈涉首先发难，而后天下豪杰纷纷响应，互相兼并争夺，数不胜数。项羽虽然没有尺寸封地，却能乘势兴起于田间陇亩之中，仅三年的时间，就率领五路诸侯灭亡秦朝，分割天下，封王封侯，天下政事均由项羽主宰，号称“霸王”。他最后虽未得到善终，但是近古以来也是没有过的。至于项羽离开关中而迷恋楚地，放逐义帝而自立为王，再去埋怨王侯们背叛自己，也就很难了。他自夸功劳，只按照自己的想法办事而不师法古代，认为霸业要靠武力征服来统治天下。五年后终于亡国，死在东城，临死前还不觉悟、不自责，错得实在是不轻。还声称“是上天要亡我，并不是我用兵的过失”，这难道不是很荒谬吗？

※ 评析

作者热情饱满地歌颂了项羽在灭秦过程中的卓越功绩，并给予充分的肯定，而对于项羽由于自身落后的政治思想、错误的政策方略以及项羽性格上的缺点所导致最终的失败，则表示极大的惋惜和同情。正像太史公所说，项羽临死前都还没有觉悟，声称是“天亡我，非用兵之罪”，如此执迷不悟，难怪他会兵败垓下，自刎乌江。无论是从当时，还是今天来看，不可一世的西楚霸王拥有百万之师，发迹于市井的刘邦无论如何都不能对其构成威胁。项羽也正是由于这种想法，所以失去了在鸿门宴中除去刘邦的良机，这无异于放虎归山，也就注定了他无法成就大事的宿命。纵然是“力拔山兮气盖世”，也无法阻止“霸王别姬”的上演。所谓知己知彼，百战不殆，项羽不能客观地看待敌我双方的优劣之所在，再加上过于仁慈，才会兵败沙场，与虞姬双双奔赴黄泉。霸王留给后人的是感慨和借鉴。李清照感慨道：“生当作人杰，死亦为鬼雄。至今思项羽，不肯过江东。”而毛泽东则看出：“宜将剩勇追穷寇，不可沽名学霸王。”

高祖本纪第八

※ 原文

高祖，沛丰邑中阳里人，姓刘氏，字季。父曰太公，母曰刘媪。其先，刘媪尝息大泽之陂，梦与神遇。是时雷电晦冥，太公往视，则见蛟龙于其上。已而有身，遂产高祖。

高祖为人，隆准而龙颜，美须髯，左股有七十二黑子。仁而爱人，喜施，意豁如也。常有大度，不事家人生产作业。及壮，试为吏，为泗水亭长，廷中吏无所不狎侮。好酒及色。常从王媪、武负贳酒，醉卧，武负、王媪见其上常有龙，怪之。高祖每酤留饮，酒雠数倍。及见怪，岁竟，此两家常折券弃责。

高祖常繇咸阳，纵观，观秦皇帝，喟然太息曰：“嗟乎，大丈夫当如此也！”

※ 译文

高祖，沛县丰邑中阳里人，姓刘，字季。父亲叫太公，母亲叫刘媪。高祖出生前，刘媪曾在大泽的堤岸上休息，梦中和神相交合。当时电闪雷鸣，天色阴暗，太公来寻找，就发现一条蛟龙正卧在刘媪身上。不久刘媪就怀孕了，然后生了高祖。

高祖的相貌，高鼻梁而脸面有龙相，胡须很美，左腿上还有七十二颗黑痣。他性情宽厚爱人，爱好施舍，心胸宽广豁达。常显出远大的，不肯从事平常人家的生产和经营志向。他成年后，曾尝试着去做官，当了泗水亭长，对官府中的官吏没有不加以轻侮调侃的。他贪酒好色，常常从王媪和武负他们那里赊酒。他醉倒后，武负和王媪常见他的身上出现龙，都感到吃惊。高祖每次在酒店中买酒畅饮，他们都以高出几倍的价格出售。等看到高祖醉卧出现的奇怪现象后，年底结账时，这两家酒店常常把赊账的竹简折断而放弃高祖所欠的酒钱。

高祖曾到咸阳服徭役，大开眼界，他看到了秦始皇，就颇为感慨地说："啊，大丈夫就应当这样啊！"

※ 原文

单父人吕公善沛令，避仇从之客，因家沛焉。沛中豪桀吏闻令有重客，皆往贺。萧何为主吏，主进，令诸大夫曰："进不满千钱，坐之堂下。"高祖为亭长，素易诸吏，乃绐为谒曰"贺钱万"，实不持一钱。谒入，吕公大惊，起，迎之门。吕公者，好相人，见高祖状貌，因重敬之，引入坐。萧何曰："刘季固多大言，少成事。"高祖因狎侮诸客，遂坐上坐，无所诎。酒阑，吕公因目固留高祖。高祖竟酒，后。吕公曰："臣少好相人，相人多矣，无如季相，愿季自爱。臣有息女，原为季箕帚妾。"酒罢，吕媪怒吕公曰："公始常欲奇此女，与贵人。沛令善公，求之不与，何自妄许与刘季？"吕公曰："此非儿女子所知也。"卒与刘季。吕公女乃吕后也，生孝惠帝、鲁元公主。

※ 译文

单父人吕公，和沛县县令交好，为了避开仇人，他跟从沛县县令到沛县，因而在沛县定居下来。沛县地区的豪杰和官吏听说县令有贵客来临，纷纷前去道贺。萧何当时是县令的属官，负责收受贺礼之事，他对众宾客说："所送贺礼不满千钱的人，在堂下就座。"身为亭长的高祖，平常就看不起县中官吏，于是就写了一张礼单谎称"贺钱一万"，实际上他一文钱都没有带来。他进门拜谒，吕公见到他非常惊奇，起身到门前迎接。吕公爱给人相面，他看到高祖的相貌，很是敬重他，引他入座。萧何说："刘季总说大话，却没有做成过什么事。"高祖因受吕公的敬重而对众宾客随意轻辱，就坐在上座，毫不谦让。酒宴喝到尽兴时，吕公示意恳请高祖留下。高祖喝完了酒，直到最后。吕公说："我从小就善于给人看相，让我看相的人已有很多，但却没有谁能跟你的相貌相比，我希望你能自珍自爱。我有一个女儿，愿意把她嫁给你作妻子为你执箕持帚。"酒宴结束后，吕媪对吕公埋怨道："你平时总认为女儿奇特不寻常，要把她嫁给贵人。沛令和你交好，他来求婚你都没有答应，现在为何盲目地把女儿许配给刘季呢？”吕公说：“这事不是你们妇人家所能知道的。”最终把女儿嫁给了刘季。吕公的女儿就是吕后，她生了孝惠帝和鲁元公主。

※ 原文

高祖为亭长时，常告归之田。吕后与两子居田中耨，有一老父过请饮，吕后因哺之。老父相吕后曰：“夫人天下贵人。”令相两子，见孝惠，曰：“夫人所以贵者，乃此男也。”相鲁元，亦皆贵。老父已去，高祖适从旁舍来，吕后具言客有过，相我子母皆大贵。高祖问，曰：“未远。”乃追及，问老父。老父曰：“乡者夫人婴儿皆似君，君相贵不可言。”高祖乃谢曰：“诚如父言，不敢忘德。”及高祖贵，遂不知老父处。

高祖为亭长，乃以竹皮为冠，令求盗之薛治之，时时冠之。及贵常冠，所谓“刘氏冠”乃是也。

※ 译文

高祖当亭长的时候，经常请假回家处理农事。吕后带两个孩子在田里除草。有一位路过田间的老翁来讨水喝，吕后顺便还给了他一些饭吃。老翁仔细审视了吕后的相貌后说：“夫人是天下的贵人。”吕后又让他替两个孩子相面，老翁看着孝惠帝说：“夫人所以能尊贵，就是由于这个男孩子。”为鲁元公主看相，也说是贵人相。老翁走后，正好高祖从一旁的田舍走来，吕后就详细地讲述了有一位路过的老翁，给他们母子看相，说他们都是大贵人。高祖问此人现在何处，吕后说：“还没有走远。”于是高祖追上了老翁，向他询问面相的说辞。老父说：“刚才我看过的夫人和孩子都和你的面相相似，你的相貌高贵得无法用语言来表达。”高祖感激地说：“如果真像老人家所预言的，我不会忘记您的恩德。”等到高祖贵为天子后，却不知道这位老人在哪里。

高祖担任亭长，就把竹皮做成帽子戴，让手下主管逐捕盗贼的卒吏到薛地去找人制作，以后他便经常戴这种竹皮冠，等到后来显贵了还经常戴着，后来人们所说的“刘氏冠”指的就是这种帽子。

※ 原文

高祖以亭长为县送徒郦山，徒多道亡。自度比至皆亡之。到丰西泽中，止饮，夜乃解纵所送徒。曰：“公等皆去，吾亦从此逝矣！”徒中壮士愿从者十余人。高祖被酒，夜径泽中，令一人行前。行前者还报曰：“前有大蛇当径，愿还。”高祖醉，曰："壮士行，何畏！"乃前，拔剑击斩蛇。蛇遂分为两，径开。行数里，醉，因卧。后人来至蛇所，有一老妪夜哭。人问何哭，妪曰："人杀吾子，故哭之。"人曰："妪子何为见杀？"妪曰："吾，白帝子也，化为蛇，当道，今为赤帝子斩之，故哭。"人乃以妪为不诚，欲告之，妪因忽不见。后人至，高祖觉。后人告高祖，高祖乃心独喜，自负。诸从者日益畏之。

秦始皇帝常曰"东南有天子气"，于是因东游以厌之。高祖即自疑，亡匿，隐于芒、砀山泽岩石之间。吕后与人俱求，常得之。高祖怪问之。吕后曰："季所居上常有云气，故从往，常得季。"高祖心喜。沛中子弟或闻之，多欲附者矣。

※ 译文

高祖身为亭长，负责遣送本县去修郦山墓的徒隶，很多徒隶在道途中逃亡。高祖估计到了郦山，这些人就全逃光了。他们到达丰西的大泽中，停下饮酒，到了夜里就把他们都放了。高祖说："你们都逃走吧，我从此也远走高飞逃命去了！"徒隶中有十余人不愿离开高祖。高祖喝了酒，夜里行走在草泽中的小道上，他命一人在前面开道。那人跑回来报告说："前面有一条大蛇挡在道路中间，请退回去。"高祖醉了，他说："壮士前行，有什么好怕的！"就继续往前走，拔出宝剑把那条大蛇斩杀了。大蛇就被砍为两段，小路也就通畅无阻了。又走了几里，高祖酒醉得厉害，于是卧倒在地。后面的人来到有蛇的地方，看到有个老妇人在哭泣，问她为什么哭，老妇人说："有人把我的儿子杀了，我在为我的儿子哭。"来人又问："你儿子为何被杀了？"老妇人说："我儿子是白帝的儿子，他变成一条白蛇挡在路上，现在他被赤帝的儿子杀了，所以我在痛哭。"来人听完老妇人的话感觉不是真的，想要打她，可是老妇人却突然不见了。这些人到了高祖醉卧的地方，高祖正好酒醒，来人就把所遇之事告诉了高祖，高祖听后心里暗喜，自认为是赤帝之子。跟随他的人也对他一天天地敬畏起来。

秦始皇常说"东南地区有象征天子的云气"，于是他因此向东巡视企图镇压下去。高祖自己怀疑始皇这样做是冲着他来的，于是就逃亡隐藏起来，在芒山和砀山一带的山泽岩石之间，吕后和别人一起寻找高祖，总是能找到他。高祖感到奇怪，问他们为什么总能找到自己，吕后说："刘季所在的地方，上空总是环绕着云气，于是我就总是能追随云气而找到刘季。"高祖心中窃喜。沛县地区的一些年轻人听说此事后，很多人都愿意随从他。

※ 原文

秦二世元年秋，陈胜等起蕲，至陈而王，号为"张楚"。诸郡县皆多杀其长吏以应陈涉。沛令恐，欲以沛应涉。掾、主吏萧何、曹参乃曰："君为秦吏，今欲背之，率沛子弟，恐不听。愿君召诸亡在外者，可得数百人，因劫众，众不敢不听。”乃令樊哙召刘季。刘季之众已数十百人矣。

于是樊哙从刘季来。沛令后悔，恐其有变，乃闭城城守，欲诛萧、曹。萧、曹恐，逾城保刘季。刘季乃书帛射城上，谓沛父老曰：“天下苦秦久矣。今父老虽为沛令守，诸侯并起，今屠沛。沛今共诛令，择子弟可立者立之，以应诸侯，则家室完。不然，父子俱屠，无为也。”父老乃率子弟共杀沛令，开城门迎刘季，欲以为沛令。刘季曰：“天下方扰，诸侯并起，今置将不善，一败涂地。吾非敢自爱，恐能薄，不能完父兄子弟。此大事，愿更相推择可者。”萧、曹等皆文吏，自爱，恐事不就，后秦种族其家，尽让刘季。诸父老皆曰：“平生所闻刘季诸珍怪，当贵，且卜筮之，莫如刘季最吉。”于是刘季数让，众莫敢为，乃立季为沛公。祠黄帝，祭蚩尤于沛庭，而衅鼓，旗帜皆赤。由所杀蛇白帝子，杀者赤帝子，故上赤。于是少年豪吏如萧、曹、樊哙等皆为收沛子弟二三千人，攻胡陵、方与，还守丰。

※ 译文

秦二世元年秋天，陈胜等人在蕲起义，到了陈地的时候，陈胜自立为王，定号为“张楚”。很多郡县的人纷纷杀掉自己的长官来响应陈胜。沛县县令恐惧了，也想在沛县反秦以响应陈胜。狱掾曹参和主吏萧何于是说：“你是秦朝的官吏，现在却要反叛，率领沛县的子弟起义，恐怕他们不服从你的领导。希望你能够把那些逃亡在外的人召集回来，这样可以得到几百人，用他们来驱使众人，就没有人敢不服从了。”于是县令就命樊哙去招刘季。此时刘季的部众已经壮大到几十近百人了。

于是樊哙同刘季一起前来。沛县县令突然反悔，他担心刘季来了会威胁到自己，于是就紧闭城门，准备诛杀曹参和萧何。二人受惊，就逃出城来辅佐刘季。于是刘季写了一帛书射到城上，向沛县的父老宣布说：“天下百姓受秦的残暴统治已经很久了。现在沛县父老为县令守城，但是诸侯一同反秦，眼看就要屠戮到沛县了。倘若沛县的人现在共同把县令诛杀，从子弟中扶立一个可以胜任的人，以此来响应诸侯，那样也可以保全家室。否则父子家人被屠戮，还能有什么作为呢？”于是沛县父老就率领子弟一起杀死县令，打开城门迎接刘季，要选他做县令。刘季说：“天下正值大乱，诸侯并起，如今若推选的首领不妥当，则会一败涂地。我不是爱惜自身，而是怕能力微浅，不能保全沛县的父老子弟。这事非同小可，我希望大家还是重新推选一个胜任的人。”萧何和曹参都是文官，而且他们都很顾惜自己的身体，怕事败后被秦诛灭家族，因此他们也全都推让给刘季。乡亲父老都说：“平时常听说关于刘季的一些非凡事迹，刘季必然显贵，而且我们还占卜过，谁都比不上刘季吉利。”在此情况下，刘季多次推让，但是众人还是没有人肯出任首领，于是拥立刘季为沛公。刘季对黄帝进行祭祀，然后又在沛县的庭院中祭祀了蚩尤，并举行了典礼，把血涂在旗上并祭祀血鼓。旗帜都是红色的，因为他杀的那条蛇是白帝的儿子，而杀这条白蛇的人是赤帝的儿子，所以就把赤色作为尊贵的颜色。于是沛公征集了萧何、曹参和樊哙等年轻豪吏在内的沛县子弟二三千人，对胡陵、方与等地发动进攻，退回后在丰邑据守。

※ 原文

秦二世二年，陈涉之将周章军西至戏而还。燕、赵、齐、魏皆自立为王。项氏起吴。秦泗川监平将兵围丰，二日，出与战，破之。命雍齿守丰，引兵之薛。泗州守壮败于薛，走至戚，沛公左司马得泗川守壮，杀之。沛公还军亢父，至方与，未战。陈王使魏人周市略地。周市使人谓雍齿曰："丰，故梁徙也。今魏地已定者数十城。齿今下魏，魏以齿为侯守丰。不下，且屠丰。"雍齿雅不欲属沛公，及魏招之，即反为魏守丰。沛公引兵攻丰，不能取。沛公病，还之沛。沛公怨雍齿与丰子弟叛之。闻东阳宁君、秦嘉立景驹为假王，在留，乃往从之，欲请兵以攻丰。是时秦将章邯从陈，别将司马将兵北定楚地，屠相，至砀。东阳宁君、沛公引兵西，与战萧西，不利。还收兵聚留，引兵攻砀，三日乃取砀。因收砀兵，得五六千人。攻下邑，拔之。还军丰。闻项梁在薛，从骑百余往见之。项梁益沛公卒五千人，五大夫将十人。沛公还，引兵攻丰。

※ 译文

秦二世二年，陈涉的将领周章率军向西进攻直到戏水后退回。燕、赵、齐、魏等地豪杰纷纷自立为王。项氏在吴地起兵。秦国泗川郡都监叫作平，他率领秦军把丰邑包围。两天后，沛公率领众人出城去迎战平率领的军队，将其打败。沛公命雍齿守卫丰邑，自己带兵去薛地。泗川郡郡守叫作壮，他在薛地被沛公打败，逃到了戚县，在那里被沛公的左司马捕获诛杀。沛公回师在亢父驻军，到达了方与。周市也来进攻方与，还没有交战。陈王派周市去攻取土地。周市派人告诉雍齿说："丰邑本来是梁惠王孙假被秦灭后迁徙的地方。如今魏地已经被平定了几十座城邑。你如果现在归降魏国，魏国就封你为候，仍驻守丰；要是不归降，我们就要屠戮丰邑。"雍齿本来就不想附属沛公，等到魏国来招降他，就立即反叛，开始替魏国据守丰邑。沛公带人攻打丰邑，没能攻下。沛公病倒，军队退守沛县。沛公对雍齿和丰邑的子弟背叛他而怀恨在心，他听说东阳宁君、秦嘉把景驹扶立为代王，在留城驻军，就去那里附从他们，想让他们一起出兵攻打丰邑。此时，秦国的将领章邯由陈地进攻其他地区，他的部将司马另率一支军队向北平定楚地，对相城据守的军民进行屠戮，到达砀郡。东阳宁君和沛公率军向西方进攻，他们在萧县的西面交战，没能取胜，就退回来收兵聚集在留城，然后又率军攻打砀郡，经过多次激战终于把砀郡攻下。于是收集砀地的兵卒，得到了五六千人。接着他们又攻克了下邑，回师丰邑。沛公听说项梁在薛地，就率领随从骑兵一百多名前往见项梁，项梁给了他五千名兵卒以及十名五大夫级别的将领。沛公回来后，就率军对丰邑发动进攻。

※ 原文

从项梁月余，项羽已拔襄城还。项梁尽召别将居薛。闻陈王定死，因立楚后怀王孙心为楚王，治盱台。项梁号武信君。居数月，北攻亢父，救东阿，破秦军。齐军归，楚独追北，使沛公、项羽别攻城阳，屠之。军濮阳之东，与秦军战，破之。

秦军复振，守濮阳，环水。楚军去而攻定陶，定陶未下。沛公与项羽西略地至雍丘之下，与秦军战，大破之，斩李由。还攻外黄，外黄未下。

项梁再破秦军，有骄色。宋义谏，不听。秦益章邯兵，夜衔枚击项梁，大破之定陶，项梁死。沛公与项羽方攻陈留，闻项梁死，引兵与吕将军俱东。吕臣军彭城东，项羽军彭城西，沛公军砀。

章邯已破项梁军，则以为楚地兵不足忧，乃渡河，北击赵，大破之。当是之时，赵歇为王，秦将王离围之钜鹿城，此所谓河北之军也。

※ 译文

沛公跟随项梁一个多月以后，项羽已经把襄城攻克而回军。项梁召集所有在外统兵的将领到薛城。他听说陈王确实已死，就把楚王的后代怀王的孙子心拥立为楚王，都城为盱台。项梁自号为武信君。几个月后，向北攻伐亢父，援救东阿，把秦军打败。齐国的军队回归齐地，楚军单独追击败逃的敌人，另外派沛公和项羽率军进攻城阳，城阳的守军被屠戮。在濮阳东面驻军，和秦军交战，并将秦军打败。

秦军又重整军威，在濮阳城据守，把河堤决开，放水环卫全城。楚军离开濮阳去攻打定陶，没能攻下。沛公和项羽向西进攻直到雍丘城下，和秦军交战，秦军大败，秦将李由被斩杀。他们回师进攻外黄，没能攻下。

项梁第二次把秦军打败，骄傲的情绪滋生。宋义劝说骄兵必败，项梁不听。秦国发兵增援了章邯的军队，趁夜幕来临，口中衔着竹枚来偷袭项梁的军队，楚军在定陶被打败，项梁战死。沛公和项羽正进攻陈留，听说项梁战死，就率军同吕将军一起向东撤军。吕臣在彭城东边驻军，项羽在彭城西边驻军，沛公在砀县驻军。

章邯把项梁的军队打败后，便认为楚国地区的义军不足为患，就渡过黄河，向北攻打赵国，大胜。在这个时候，赵歇自立为赵王，他的军队被秦将王离的军队包围在巨鹿城中，在巨鹿的军队即“河北军”。

※ 原文

秦二世三年，楚怀王见项梁军破，恐，徙盱台都彭城，并吕臣、项羽军自将之。以沛公为砀郡长，封为武安侯，将砀郡兵。封项羽为长安侯，号为鲁公。吕臣为司徒，其父吕青为令尹。

赵数请救，怀王乃以宋义为上将军，项羽为次将，范增为末将，北救赵。令沛公西略地入关。与诸将约，先入定关中者王之。

当是时，秦兵强，常乘胜逐北，诸将莫利先入关。独项羽怨秦破项梁军，奋，愿与沛公西入关。怀王诸老将皆曰："项羽为人僄悍猾贼。项羽尝攻襄城，襄城无遗类，皆坑之，诸所过无不残灭。且楚数进取，前陈王、项梁皆败。不如更遣长者扶义而西，告谕秦父兄。秦父兄苦其主久矣，今诚得长者往，毋侵暴，宜可下。今项羽僄悍，今不可遣。独沛公素宽大长者，可遣。"卒不许项羽，而遣沛公西略地，收陈王、项梁散卒。乃道砀至成阳，与杠里秦军夹壁，破秦二军。楚军出兵击王离，大破之。

※ 译文

秦二世三年，楚怀王看到项梁的军队战败，感到害怕，就把都城由盱台迁到彭城，并合并吕臣和项羽的军队，亲自统领。任沛公为砀郡长，封为武安侯，统领砀郡的军队。项羽被封为长安侯，封号为鲁公。吕臣任司徒，其父吕青任令尹。

赵国多次向楚军请求救援，怀王就任宋义为上将军，项羽为次将军，范增为末将军，率军北上援助赵国。命沛公向西攻打进入关中。同各将领订立盟约，先进入关中的就可被封为此地的王。

这个时候，秦军还很强盛，常常是乘胜追击败退的诸侯国军队，众将领没人认为首先入关去攻打秦军是一件有利的事。只有项羽因项梁的军队被秦军打败而痛恨秦军，所以很激愤，定要同沛公一起向西进军攻入关中。怀王手下的一些老将领们都说："项羽这个人性情暴躁，凶悍而好兴祸端。他曾攻打襄城，攻下后，那里没有一个活下来的人，全城人都被他活埋，他所到之处无不受到残酷的毁灭。而且楚军多次进兵想夺取关中，前有陈王和项梁的西进，他们都没成功。不如改派一位宽厚仁义的长者，以仁义的方式向西进攻，给秦国父老兄弟讲明道理。秦国民众已经因他们君主的残暴而受苦很久了，如今倘若真能让一位宽厚长者前往，不用侵伐残暴的手段，秦地应该是可以不攻自破的。如今项羽暴躁凶悍，不能派他去。惟有沛公平素宽大，且年长稳重，可派他前去。"怀王最终没有答应项羽的请求，而是派沛公向西进攻。沛公把原属于陈王、项梁而被秦军打散的士卒收集在一起。路过砀城到达成阳，和杠里的秦军对峙，秦的两支军队都被消灭。与此同时，楚军也在河北进攻王离的军队，秦军被打得大败。

※ 原文

沛公引兵西，遇彭越昌邑，因与俱攻秦军，战不利。还至栗，遇刚武侯，夺其军，可四千余人，并之。与魏将皇欣、魏申徒武蒲之军并攻昌邑，昌邑未拔。西过高阳，郦食其为监门，曰：“诸将过此者多，吾视沛公大人长者。”乃求见说沛公。沛公方踞床，使两女子洗足。郦生不拜，长揖，曰：“足下必欲诛无道秦，不宜踞见长者。”于是沛公起，摄衣谢之，延上坐。食其说沛公袭陈留，得秦积粟。乃以郦食其为广野君，郦商为将，将陈留兵，与偕攻开封，开封未拔。西与秦将杨熊战白马，又战曲遇东，大破之。杨熊走之荥阳，二世使使者斩以徇。南攻颍阳，屠之。因张良遂略韩地轘辕。

※ 译文

沛公率军继续向西进，在昌邑县遇到了彭越，于是就和彭越的军队一起进攻秦军，没有取胜，他们回军到达栗县，又遇到刚武侯，夺了他的军队，获得了大约四千多人，合并在一起，然后同魏将皇欣、魏国申徒武蒲的军队联合攻打昌邑，没有攻克。向西路过高阳，高阳人郦食其对守城门的官吏说：“路过这里的将领有很多，但依我看只有沛公是一位心胸宽大的长者。”于是他求见并游说沛公。沛公正在床边坐着，命两个女子给他洗脚。郦食其进见而没有行拜礼，只是作了一个揖，他说：“您如果真想诛伐无道的暴秦，就不能坐着接见长者。”于是沛公起身，穿戴好衣服向他道歉，请他坐在上座。郦食其劝沛公袭击陈留，拿到秦积存在陈留的粮食。陈留被攻下后，郦食其就被沛公封为广野君，担任将军，率领陈留的军队，同沛公一起攻打开封，没能取胜。率军向西和秦将杨熊在白马交战，又在曲遇东面交战，把这支秦军彻底打垮。杨熊逃到荥阳，秦二世命使者斩杀了战败的杨熊以示众。沛公向南攻打颍阳，那里坚守不降的军队被屠戮。又凭借张良之力把韩地轘辕占领了。

※ 原文

当是时，赵别将司马卬方欲渡河入关，沛公乃北攻平阴，绝河津。南，战洛阳东，军不利，还至阳城，收军中马骑，与南阳守齮战犨东，破之。略南阳郡，南阳守齮走，保城守宛。沛公引兵过而西，张良谏曰：“沛公虽欲急入关，秦兵尚众，距险。今不下宛，宛从后击，强秦在前，此危道也。”于是沛公乃夜引兵从他道还，更旗帜，黎明，围宛城三匝。南阳守欲自刭。其舍人陈恢曰：“死未晚也。”乃逾城见沛公，曰：“臣闻足下约，先入咸阳者王之。今足下留守宛。宛，大郡之都也，连城数十，人民众，积蓄多，吏人自以为降必死，故皆坚守乘城。今足下尽日止攻，士死伤者必多；引兵去宛，宛必随足下后。足下前则失咸阳之约，后又有强宛之患。为足下计，莫若约降，封其守，因使止守，引其甲卒与之西。诸城未下者，闻声争开门而待，足下通行无所累。”沛公曰：“善。”乃以宛守为殷侯，封陈恢千户。引兵西，无不下者。至丹水，高武侯鳃、襄侯王陵降西陵。还攻胡阳，遇番君别将梅，与皆，降析、郦。遣魏人宁昌使秦，使者未来，是时章邯已以军降项羽于赵矣。

※ 译文

这时候，赵国的别将司马卬正打算渡过黄河进入关中，沛公就向北攻打平阴，把司马卬渡河所要经过的黄河渡口切断了。又向南进军，在洛阳东面同秦军交战，没能取胜，回到阳城，把军中的战马车骑收整后又与南阳郡守吕齮在犨地的东面交战，取得胜利。占领南阳郡，南阳太守吕齮逃跑，据守宛城。沛公率军绕过宛城继续向西进军。张良劝阻说：“沛公虽然急切地想要攻入关中，但是秦军仍然有很多，而且又凭借着险关拒守。现在若不攻克宛城，那么宛城的秦军就会攻击我军后方，强大的秦军主力又会在前面挡着，这条路很危险。”于是沛公就率军另选道路趁着夜幕返回，变换了旗帜，黎明时分，把宛城重重包围。南阳郡守想自杀，其舍人陈恢说：“现在还不到死的时候呢。”于是他越过城墙来见沛公，说：“我听说您与众将领订立了盟约，先入咸阳的就可以称王关中。现在您停留下来围守着宛城。宛城是大郡的都城，联结着几十座城市，人口众多，积蓄的物品也很多，官吏们认为投降必然会被杀，因此都决心据城坚守。现今您整天停留在这里进行攻城，士卒一定有很多人死伤；率军离开宛城，宛城的军队必定会尾随您，在身后追击，这样，您在前面已无法占领关中之地，后面又有着强大的宛城军队相威胁。我为您着想，干脆订立盟约而招降宛城，封赏它的郡守，让他留守南阳，然后率领他的军队一起向西。那些还没有被占领的城邑，听说您招降的消息就会争先恐后地打开城门来迎接您，这就会使您向咸阳行进的道路畅通无阻。”沛公说：“非常好。”就把宛城的南阳郡守封为殷侯，把陈恢封为千户侯。率君西进，城邑无不归附。到达丹水，高武侯戚鳃和襄侯王陵都在西陵投降。回师向胡阳进攻，碰到番君的别将梅，便联合他一起作战，招降了析城和郦城。派魏人宁昌出使秦国，使者还没回来，章邯就已经在赵地带领秦军投降了项羽。

※ 原文

初，项羽与宋义北救赵，及项羽杀宋义，代为上将军，诸将黥布皆属，破秦将王离军，降章邯，诸侯皆附。及赵高已杀二世，使人来，欲约分王关中。沛公以为诈，乃用张良计，使郦生、陆贾往说秦将，啖以利，因袭攻武关，破之。又与秦军战于蓝田南，益张疑兵旗帜，诸所过毋得掠卤，秦人憙，秦军解，因大破之。又战其北，大破之。乘胜，遂破之。

汉元年十月，沛公兵遂先诸侯至霸上。秦王子婴素车白马，系颈以组，封皇帝玺符节，降轵道旁。诸将或言诛秦王。沛公曰："始怀王遣我，固以能宽容；且人已服降，又杀之，不祥。"乃以秦王属吏，遂西入咸阳。欲止宫休舍，樊哙、张良谏，乃封秦重宝财物府库，还军霸上。召诸县父老豪桀曰："父老苦秦苛法久矣，诽谤者族，偶语者弃市。吾与诸侯约，先入关者王之，吾当王关中。与父老约，法三章耳：杀人者死，伤人及盗抵罪。余悉除去秦法。诸吏人皆案堵如故。凡吾所以来，为父老除害，非有所侵暴，无恐！且吾所以还军霸上，待诸侯至而定约束耳。"乃使人与秦吏行县乡邑，告谕之。秦人大喜，争持牛羊酒食献飨军士。沛公又让不受，曰："仓粟多，非乏，不欲费人。"人又益喜，唯恐沛公不为秦王。

※ 译文

当初，项羽和宋义一起北上救援赵国，等到项羽杀了宋义后，取代他当上楚军的上将军，黥布等众将领都由项羽指挥，把秦将王离的军队打败，降服了章邯，诸侯都归附项羽。赵高杀了秦二世以后，就派人前来，想与沛公订立盟约来分割关中的土地而各自称王。沛公觉得这是阴谋诡计，就按照张良的计策，派郦食其和陆贾去劝说秦国将领，用利益引诱他们；沛公趁机进攻武关，打败守关的秦军。接着又同秦军在蓝田南面展开交战，用多种旗帜来迷惑秦军以造成沛公军队众多的假象，所过之处不准掳掠，秦国人很高兴，秦军瓦解，因而被打垮。又在蓝田北面同秦军展开交战，大败秦军，然后乘胜追击，秦军就彻底土崩瓦解了。

汉王元年十月，沛公的军队比诸侯们的军队先到霸上。秦王子婴坐着用白马拉着的素车，把绳子套在脖颈上，奉着皇帝的玺印符节，在轵道旁向沛公投降。将领中有人提议诛杀秦王。沛公说："刚开始怀王派我向西进军入关，主要是因为我能宽容待人；况且人家已经屈服投降，如果再杀他，就说不过去了。"就命官吏们看守秦王，接着向西进入咸阳。沛公想住进秦国的宫室中休息，樊哙和张良极力劝阻，才将秦国的珍宝财物府库封藏了，退回后驻军霸上。沛公召来各县父老豪杰说："父老乡亲受到暴秦苛法的痛苦已很久，民众只要说一些同朝廷不一致的话就会被定为诽谤罪而诛灭家族，人们相互私语就会被诛杀示众。我和诸侯立了盟约，谁先入关谁就做关中地区的王，因此我应该是关中王。我同父老们订立盟约，只约法三章：杀人的处死刑，伤人和盗抢他人财物的要各当其罪。其余秦法全部废除。各级官吏都像以前那样各司其职。我之所以来伐秦，就是为了替乡亲父老除害，而不是为了对你们侵凌施暴，诸位不用害怕！而且我退兵在霸上驻守的原因，是为了等候诸侯到来共同制定一个约法。"于是就派人和秦朝官吏巡行各县乡城邑，告诉他们变化的情况。秦国人很高兴，争先恐后地拿来牛羊酒食等物以慰劳沛公的军士。沛公谦让而不肯接受这些馈赠，说：“仓库中有很多粮食，我们不缺这些，我不想让大家为此破费。”众人更加高兴，都担心沛公不在关中称王。

※ 原文

或说沛公曰：“秦富十倍天下，地形强。今闻章邯降项羽，项羽乃号为雍王，王关中。今则来，沛公恐不得有此。可急使兵守函谷关，无内诸侯军，稍征关中兵以自益，距之。”沛公然其计，从之。十一月中，项羽果率诸侯兵西，欲入关，关门闭。闻沛公已定关中，大怒，使黥布等攻破函谷关。十二月中，遂至戏。沛公左司马曹无伤闻项王怒，欲攻沛公，使人言项羽曰：“沛公欲王关中，令子婴为相，珍宝尽有之。”欲以求封。亚父劝项羽击沛公。方飨士，旦日合战。是时项羽兵四十万，号百万。沛公兵十万，号二十万，力不敌。会项伯欲活张良，夜往见良，因以文谕项羽，项羽乃止。沛公从百余骑，驱之鸿门，见谢项羽。项羽曰：“此沛公左司马曹无伤言之。不然，籍何以生此！”沛公以樊哙、张良故，得解归。归，立诛曹无伤。

项羽遂西，屠烧咸阳秦宫室，所过无不残破。秦人大失望，然恐，不敢不服耳。

※ 译文

有人劝说沛公：“秦国的财富是全天下的十倍，又占有优越的地理条件。如今听说章邯投降了项羽，项羽封他为雍王，让他称王关中。现在他们如果来到关中，我恐怕您就不能拥有关中地区了。应立即派兵把守函谷关，阻止诸侯军队进入。逐渐征集一些关中地区的士卒来壮大自己的军力，以对抗他们。”沛公认为很有道理，就照此行事。十一月中旬，项羽果然率领诸侯军队向西行进，在即将进入函谷关时，关门却关上了。他听说沛公已经把关中地区平定，怒火中烧，就派黥布等人攻克了函谷关。十二月中旬，就到了戏地。沛公的左司马曹无伤听说项羽大怒并且要攻伐沛公，就派人告诉项羽：“沛公想在关中称王，他让子婴担任丞相，秦国的珍宝都收入了自己囊中。”他想用这种方式来讨好项羽，以求得他的封爵。亚父范增劝项羽攻伐沛公。当时他们让士卒吃得饱饱的，准备第二天早晨日出时同沛公作战。这时项羽的军队为四十万，号称百万。沛公的军队为十万，号称二十万，力量根本无法与项羽抗衡。恰巧项伯想救张良，就连夜赶到霸上去见张良，回来后项伯以理劝说项羽，项羽才停止了向沛公进攻。沛公率领一百多名随从骑兵来到鸿门，见了项羽并表示歉意。项羽说：“这是沛公您的左司马曹无伤告诉我的，否则，我是不会起疑心的。”沛公凭借樊哙和张良的智勇相助，得以逃离危难返回军中。沛公回到军中就立即诛杀了曹无伤。

项羽于是向西进军，咸阳城内的秦宫室被屠戮和焚烧，所到之处没有不遭到摧毁。秦地人感到很失望，但是由于害怕，也不敢不服从。

※ 原文

项羽使人还报怀王。怀王曰：“如约。”项羽怨怀王不肯令与沛公俱西入关，而北救赵，后天下约。乃曰：“怀王者，吾家项梁所立耳，非有功伐，何以得主约！本定天下，诸将及籍也。”乃详尊怀王为义帝，实不用其命。

正月，项羽自立为西楚霸王，王梁、楚地九郡，都彭城。负约，更立沛公为汉王，王巴、蜀、汉中，都南郑。三分关中，立秦三将：章邯为雍王，都废丘；司马欣为塞王，都栎阳；董翳为翟王，都高奴。楚将瑕丘申阳为河南王，都洛阳。赵将司马卬为殷王，都朝歌。赵王歇徙王代。赵相张耳为常山王，都襄国。当阳君黥布为九江王，都六。怀王柱国共敖为临江王，都江陵。番君吴芮为衡山王，都邾。燕将臧荼为燕王，都蓟。故燕王韩广徙王辽东。广不听，臧荼攻杀之无终。封成安君陈余河间三县，居南皮。封梅十万户。

※ 译文

项羽派人回去报告并请示怀王。怀王说：“按约定行事。”项羽对怀王怀有怨恨，因为不派遣他与沛公一起西进入关，却让他向北进军去救援赵国，所以才使他在争取谁先入关称王的盟约中落后。于是项羽说：“怀王此人，是项梁扶立的，他并没有做王的资格，凭什么来主持订立盟约！真正平定天下的人是众将军和我。”于是就假意尊奉怀王为义帝，但实际上是阳奉阴违，不听从他的命令。

正月，项羽自立为西楚霸王，统治梁、楚地区的九个郡，都城为彭城。他背弃前约，另立沛公为汉王，统治巴、蜀和汉中地区，国都为南郑。关中地区被一分为三，秦国的三位降将被立为王：章邯为雍王，都城为废丘；司马欣为塞王，都城为栎阳；董翳为翟王，都城为高奴；楚将瑕丘申阳为河南王，都城为洛阳；赵国的将军司马卬为殷王，都城是朝歌；赵王歇被迁为代王。赵相张耳为常山王，都城是襄国；当阳君黥布为九江王，都城是六城；怀王的柱国共敖被封为临江王，以江陵为都城。番君吴芮为衡山王，都城是邾；燕国将军臧荼为燕王，都城是蓟；原来的燕王韩广被迁到辽东为王。韩广不听，臧荼攻打他到无终，并把他杀死在那里。河间地区的三个县被封给了成安君陈余，他在南皮居住。梅被封为万户侯。

※ 原文

四月，兵罢戏下，诸侯各就国。汉王之国，项王使卒三万人从，楚与诸侯之慕从者数万人，从杜南入蚀中。去辄烧绝栈道，以备诸侯盗兵袭之，亦示项羽无东意。至南郑，诸将及士卒多道亡归，士卒皆歌思东归。韩信说汉王曰：“项羽王诸将之有功者，而王独居南郑，是迁也。军吏士卒皆山东之人也，日夜跂而望归，及其锋而用之，可以有大功。天下已定，人皆自宁，不可复用。不如决策东乡，争权天下。”

项羽出关，使人徙义帝。曰：“古之帝者地方千里，必居上游。”乃使使徙义帝长沙郴县，趣义帝行，群臣稍倍叛之，乃阴令衡山王、临江王击之，杀义帝江南。项羽怨田荣，立齐将田都为齐王。田荣怒，因自立为齐王，杀田都而反楚；予彭越将军印，令反梁地。楚令萧公角击彭越，彭越大破之。陈余怨项羽之弗王己也，令夏说说田荣，请兵击张耳。齐予陈余兵，击破常山王张耳，张耳亡归汉。迎赵王歇于代，复立为赵王。赵王因立陈余为代王。项羽大怒，北击齐。

※ 译文

四月，各路诸侯军队在戏下解散，诸侯各自回到自己的封国。汉王前往封国，项王派给他三万随从，楚军和诸侯军中因仰慕汉王而自愿跟从的有几万人。汉王的军队路过杜县南后进入蚀谷道。过去后就把栈道烧毁，断绝了道路，以防诸侯军的侵袭，同时也是为了向项王表明自己没有向东进攻的意思。到了南郑，很多官兵在途中就已经逃亡回家，没有逃跑的都唱着想要东归回家的歌。韩信劝汉王道：“项羽把立功的各位将军分封为王，唯独您被封在南郑，这是对您的迁徙贬黜。官兵均为太行山以东的人，他们整日盼着回归故乡，利用他们这种急切思乡的心情，可以建立大功。若是天下安定后，人人安居乐业，那时将无便利形势可利用了，干脆现在就决定向东进军，争夺统治天下的大权。”

项羽出了函谷关，就命人去迁徙义帝。他说：“古时候的帝王拥有方圆千里的地域，必须要在江河的上游居住。”于是他就让使者把义帝迁到长沙郴县，催促义帝赶快出发前往。义帝的群臣里有稍微违背项羽意志的行动，项羽就暗中命衡山王和临江王袭击他们，结果义帝在江南被杀死。项羽对田荣当年不出兵援助项梁心怀怨恨，因此把齐将田都立为齐王。对此，田荣很气愤，于是自立为齐王，把田都杀死而反叛楚国；把印信授予彭越将军，命他在梁地造反。楚国命萧公角对彭越发动进攻，结果被彭越打败。陈余怨恨项羽没给自己封王，就让夏说去劝说田荣，请他调兵让陈余率兵攻伐张耳。齐国给陈余调拨了军队，把常山王张耳打败了，张耳逃亡归附了汉王。陈余把赵王歇从代地迎请回来，重新拥立他为赵王。赵王因此把陈余封为代王。项羽得知此事后大怒，向北进军攻伐齐国。

※ 原文

八月，汉王用韩信之计，从故道还，袭雍王章邯。邯迎击汉陈仓，雍兵败，还走，止战好畤。又复败，走废丘。汉王遂定雍地。东至咸阳，引兵围雍王废丘，而遣诸将略定陇西、北地、上郡。令将军薛欧、王吸出武关，因王陵兵南阳，以迎太公、吕后于沛。楚闻之，发兵距之阳夏，不得前。令故吴令郑昌为韩王，距汉兵。

二年，汉王东略地，塞王欣、翟王翳、河南王申阳皆降。韩王昌不听，使韩信击破之。于是置陇西、北地、上郡、渭南、河上、中地郡；关外置河南郡。更立韩太尉信为韩王。诸将以万人若以一郡降者，封万户。缮治河上塞。诸故秦苑囿园池，皆令人得田之。正月，虏雍王弟章平。大赦罪人。

汉王之出关至陕，抚关外父老，还，张耳来见，汉王厚遇之。

二月，令除秦社稷，更立汉社稷。

※ 译文

八月，汉王根据韩信的计谋，从以前来汉中时所走过的故道还师关中，对雍王章邯发动了袭击。章邯在陈仓迎击汉军，雍国军队败走，在好畤县停下来又和汉军交战，再次战败，逃到了废丘。于是汉王把雍地平定了。向东行进到达咸阳，带兵把雍王围困在废丘，然后又派众将领攻取陇西、北地、上郡，并将那里平定。命将军薛欧和王吸率军出武关，借助在南阳驻扎的王陵军，到沛县迎接太公和吕后。楚国得知此事，出兵阳夏以阻挡他们，使他们无法行进。楚王又把原吴令郑昌封为韩王，在韩地阻挡汉王的军队。

二年，汉王向东进攻，塞王司马欣、翟王董翳、河南王申阳都向汉王投降了。韩王郑昌不顺从汉王，汉王命韩信进攻他并将其打垮。这时还设置了陇西、北地、上郡、渭南、河上、中地等郡；并在关外设置了河南郡。把韩国太尉信改立为韩王。众将领如果有率领一万军或以一郡的地方前来投降的，就会被封为万户侯。对河上郡的要塞进行修筑。那些原来秦国所拥有的苑囿园地，允许民众作为田地耕种。正月，雍王的弟弟章平被俘。大赦天下。

汉王出了函谷关，来到陕县，安抚关外百姓。返回后，张耳来拜见，汉王给予厚待。

二月，下令除去秦朝的社稷，改立汉朝的社稷。

※ 原文

三月，汉王从临晋渡，魏王豹将兵从。下河内，虏殷王，置河内郡。南渡平阴津，至洛阳。新城三老董公遮说汉王以义帝死故。汉王闻之，袒而大哭。遂为义帝发丧，临三日。发使者告诸侯曰："天下共立义帝，北面事之。今项羽放杀义帝于江南，大逆无道。寡人亲为发丧，诸侯皆缟素。悉发关内兵，收三河士，南浮江汉以下，愿从诸侯王击楚之杀义帝者。"

是时项王北击齐，田荣与战城阳。田荣败，走平原，平原民杀之。齐皆降楚。楚因焚烧其城郭，系虏其子女。齐人叛之。田荣弟横立荣子广为齐王，齐王反楚城阳。

项羽虽闻汉东，既已连齐兵，欲遂破之而击汉。汉王以故得劫五诸侯兵，遂入彭城。项羽闻之，乃引兵去齐，从鲁出胡陵，至萧，与汉大战彭城灵壁东睢水上，大破汉军，多杀士卒，睢水为之不流。乃取汉王父母妻子于沛，置之军中以为质。当是时，诸侯见楚强汉败，还皆去汉复为楚。塞王欣亡入楚。

※ 译文

三月，汉王从临晋县渡过黄河，魏王豹率军随从，占领河内地区，俘获殷王，设置了河内郡。然后向南渡过平阴津，到了洛阳。由于义帝被杀的缘故，新城的三老董公拦住汉王的车驾游说汉王。汉王听说后，袒露着胳膊痛哭。然后就为义帝发丧，并亲自举办了三天的丧礼。汉王遣使告诉诸侯："天下人共同拥立义帝，我们都臣服于他。现在项羽却把义帝放逐到江南并将其杀害，实在是大逆不道。我亲自为义帝治办丧事，大家都应身穿素白孝衣。我准备调动关内所有军队，召集河南、河东和河内三郡的兵士，乘战船顺汉江漂浮南下，我愿意同诸侯王一起攻伐楚国杀害义帝的人。"

这时候项王正向北攻伐齐国，田荣和项王在城阳进行激战。田荣败逃到平原，在那里被平原人杀死了。齐国各地都向楚国投降。楚国因此把齐国的城邑焚烧了，掳掠齐国的子女。齐人又开始反抗楚国。田荣的弟弟田横把田荣的儿子田广扶立为齐王，齐王在城阳对楚军发动反击。项羽虽然听说汉军东进，但既然已和齐军交战，就准备把齐军打败后再去反击汉军。汉王因此能够驱使五路诸侯的军队，攻入彭城。项羽得知此事，就带领军队离开齐国，由鲁地出发路过胡陵，到了萧县，与汉军在彭城灵壁东面的睢水岸上展开交战，汉军战败，许多士卒被杀，睢水因此被堵塞而不能畅流。而后项羽又在沛县抓了沛公的父母妻子，让他们在军中作人质。那时，诸侯看到楚国强大而汉军失败，又纷纷背离了汉国而重又归附楚国。塞王司马欣逃到了楚国。

※ 原文

吕后兄周吕侯为汉将兵，居下邑。汉王从之，稍收士卒，军砀。汉王乃西过梁地，至虞。使谒者随何之九江王布所，曰："公能令布举兵叛楚，项羽必留击之。得留数月，吾取天下必矣。"随何往说九江王布，布果背楚。楚使龙且往击之。

汉王之败彭城而西，行使人求家室，家室亦亡，不相得。败后乃独得孝惠，六月，立为太子，大赦罪人。令太子守栎阳，诸侯子在关中者皆集栎阳为卫。引水灌废丘，废丘降，章邯自杀。更名废丘为槐里。于是令祠官祀天地四方上帝山川，以时祀之。兴关内卒乘塞。

是时九江王布与龙且战，不胜，与随何间行归汉。汉王稍收士卒，与诸将及关中卒益出，是以兵大振荥阳，破楚京、索间。

※ 译文

吕后的兄长周吕侯为汉王统率军队，在下邑驻守。汉王战败后逃往这里，逐渐把一些溃逃的士卒召集起来，军队在砀地驻守。汉王就向西路过梁地，到达虞县。遣使随何到九江王住地，汉王对随何说：“你如果能让黥布举兵反楚，项羽就必然会留下来进攻他。一旦项羽能被拖住几个月，那我得天下的大业就必然能够成功了。”随何前去劝说九江王黥布，黥布果然反楚。楚国派龙且去征伐黥布。

汉王在彭城吃了败仗后就向西逃跑，途中派人寻求自己的家室，他的家室也纷纷出逃，都没能遇到。彭城战事失败后只找到了孝惠帝。六月，立孝惠为太子，大赦天下。命令太子守卫栎阳，关中地区诸侯王的儿子都会集到栎阳充当太子的侍卫。汉军引来河水灌淹废丘，废丘城中的守军投降，章邯也自杀了。把废丘更名为槐里。于是就令负责祭祀的官员对天、地、四方、上帝、山川进行祭祀，以后根据时令举行祭祀。关内地区的士卒被发动起来守卫要塞。

这时候，九江王黥布和龙且交战，没能得胜，他就与随何一起抄小路归附汉王。汉王逐渐收集了一些溃散的士卒，加上各路将领和关中援军到来，荥阳汉军势力大振，大败楚军于京、索地区。

※ 原文

三年，魏王豹谒归视亲疾，至即绝河津，反为楚。汉王使郦生说豹，豹不听。汉王遣将军韩信击，大破之，虏豹。遂定魏地，置三郡，曰河东、太原、上党。汉王乃令张耳与韩信遂东下井陉击赵，斩陈余、赵王歇。其明年，立张耳为赵王。

汉王军荥阳南，筑甬道属之河，以取敖仓。与项羽相距岁余。项羽数侵夺汉甬道，汉军乏食，遂围汉王。汉王请和，割荥阳以西者为汉。项王不听。汉王患之，乃用陈平之计，予陈平金四万斤，以间疏楚君臣。于是项羽乃疑亚父。亚父是时劝项羽遂下荥阳，及其见疑，乃怒，辞老，愿赐骸骨归卒伍，未至彭城而死。

汉军绝食，乃夜出女子东门二千余人，被甲，楚因四面击之。将军纪信乃乘王驾，诈为汉王，诳楚，楚皆呼万岁，之城东观，以故汉王得与数十骑出西门遁。令御史大夫周苛、魏豹、枞公守荥阳。诸将卒不能从者，尽在城中。周苛、枞公相谓曰：“反国之王，难与守城。”因杀魏豹。

※ 译文

三年，魏王豹向汉王请假回家探望得病的父母，当他到了魏地后就立刻把河津的要道断绝了，反叛汉王而归附楚国。汉王派郦食其去劝说魏王豹，豹不听从。汉王派将军韩信对他发动袭击，将其军队彻底打垮，魏王豹被俘虏。把魏地平定了，在这里设置了河东郡、太原郡和上党郡三个郡。汉王命张耳和韩信继续东进占领井陉进而攻打赵国，陈余和赵王歇都被斩杀。第二年，汉王把张耳封为赵王。

汉王在荥阳南面驻军，修筑了连接到黄河岸边的甬道，来取得敖仓的粮食。汉王和项羽对峙了一年之久。项羽多次侵夺汉军运粮的甬道，汉军因缺乏粮食而被楚军围困。汉王请求讲和，希望把荥阳以西的地区划割给汉国。项羽不答应。汉王对此深感忧虑，就按照陈平的计策，给陈平四万斤黄金，离间楚国的君臣关系。因此，项羽就开始猜疑亚父范增。亚父当时劝说项羽趁机攻打荥阳，待他被项羽猜疑后，非常气愤，推说年老体衰而辞职，希望项羽能赐给自由完整的身躯回去做平民，但他还没到彭城的时候就病死了。

汉军的粮食已尽，于是就在夜里让二千多名女子身披铠甲冒充军士，从荥阳城的东门出城，楚军从四面进攻这支队伍。将军纪信乘坐汉王的车驾，假扮汉王以迷惑楚军。楚国的军士以为把汉王俘获了，高呼万岁，来到东城观看俘获汉王的盛景，于是汉王得以带着几十名骑兵从西门逃离困境。汉王临走时命御史大夫周苛、魏豹和枞公守卫荥阳。那些不能随从汉王的将领和士卒，都留守城中。周苛和枞公商讨道："叛国的君王，很难与他一起守卫城池。"于是就把魏豹杀了。

※ 原文

汉王之出荥阳入关，收兵欲复东。袁生说汉王曰："汉与楚相距荥阳数岁，汉常困。愿君王出武关，项羽必引兵南走，王深壁，令荥阳成皋间且得休。使韩信等辑河北赵地，连燕、齐，君王乃复走荥阳，未晚也。如此则楚所备者多，力分，汉得休，复与之战，破楚必矣。"汉王从其计，出军宛叶间，与黥布行收兵。

项羽闻汉王在宛，果引兵南。汉王坚壁不与战。是时彭越渡睢水，与项声、薛公战下邳，彭越大破楚军。项羽乃引兵东击彭越。汉王亦引兵北军成皋。项羽已破走彭越，闻汉王复军成皋，乃复引兵西，拔荥阳，诛周苛、枞公，而虏韩王信，遂围成皋。

※ 译文

汉王出了荥阳城后到关中，他收聚军队准备重新进攻东方。袁生劝汉王说："汉和楚在荥阳对抗了几年，汉军常常被困。希望您向武关进军，项羽必然会率领荥阳的楚军向南转移，您可以深挖壕沟、高筑壁垒来据守不战而拖住楚军，使荥阳和成皋地区的汉军得到休整的机会。派韩信等人去黄河以北的赵地进行安抚，联合燕国和齐国，到那时您再进军荥阳也不迟。这样，就会增加楚国所要防备的地区，分散他们的力量，而汉军可以得以休整，再同楚军交战，就一定能够打胜。"汉王听从了他的计策，发兵在宛城和叶城地区驻守，和黥布在行途中收聚散亡的军队。

项羽得知汉王在宛城，果然率军向南进兵。汉军坚守壁垒，不同楚军交战。这时彭越的军队已渡过睢水，他与项声、薛公交战于下邳，大败楚军。项羽于是就率军向东进攻彭越。此时汉王也率领军队向北，在成皋驻扎。项羽打败彭越的军队，迫使他逃走。听说汉王驻军在成皋，于是就又率军西进，荥阳被攻克，周苛和枞公被诛杀，韩王信被俘虏，成皋被包围。

※ 原文

汉王跳，独与滕公共车出成皋玉门，北渡河，驰宿修武。自称使者，晨驰入张耳、韩信壁，而夺之军。乃使张耳北益收兵赵地，使韩信东击齐。汉王得韩信军，则复振。引兵临河，南飨军小修武南，欲复战。郎中郑忠乃说止汉王，使高垒深堑，勿与战。汉王听其计，使卢绾、刘贾将卒二万人，骑数百，渡白马津，入楚地，与彭越复击破楚军燕郭西，遂复下梁地十余城。

淮阴已受命东，未渡平原。汉王使郦生往说齐王田广，广叛楚，与汉和，共击项羽。韩信用蒯通计，遂袭破齐。齐王烹郦生，东走高密。项羽闻韩信已举河北兵破齐、赵，且欲击楚，则使龙且、周兰往击之。韩信与战，骑将灌婴击，大破楚军，杀龙且。齐王广奔彭越。当此时，彭越将兵居梁地，往来苦楚兵，绝其粮食。

※ 译文

汉王冲出包围圈，只和滕公夏侯婴乘坐一辆车逃出成皋城北边的玉门，北渡黄河，直到夜晚才在修武住了一夜。汉王假称自己为使者，早晨的时候，急驰进入张耳和韩信营中，强行夺取了他们的军权。然后就派张耳去北方的赵地大量收集士卒，派韩信向东对齐国发动攻击。汉王得到原属于韩信的军队，就又重新振作。带兵到黄河边，向南进军，在小修武城的南面犒赏军队，以备和楚军再次交战。郎中郑忠劝说汉王先高筑壁垒，深挖沟壕坚守，而不是同楚军交战。汉王采纳了他的建议，就派卢绾和刘贾率二万步兵、几百骑兵，渡过白马津，直入楚地，同彭越的军队在燕县外城又一次联合进攻并把楚军打败，最终梁地十几座城被重新收复。

淮阴侯韩信受命向东攻打齐国，尚未渡过平原城，汉王派郦食其前去游说齐王田广，田广反叛楚国，同汉订立和约，一起攻伐项羽。韩信采用蒯通的计策，袭击并攻破了齐军。齐王把郦食其烹杀后东逃到高密县。项羽得知韩信已发动黄河以北的军队将齐国和赵国攻克，并且准备进攻楚国，就派龙且和周兰率军去攻打韩信。韩信同他们交战，他部下的骑兵将军灌婴大败楚军，并杀了龙且。齐王田广向彭越投奔。此时，彭越率领军队在梁地驻守，往来转战使楚国的军队疲乏，并且切断了楚军的粮道。

※ 原文

四年，项羽乃谓海春侯大司马曹咎曰："谨守成皋。若汉挑战，慎勿与战，无令得东而已。我十五日必定梁地，复从将军。"乃行，击陈留、外黄、睢阳，下之。汉果数挑楚军，楚军不出，使人辱之五六日，大司马怒，度兵汜水。士卒半渡，汉击之，大破楚军，尽得楚国金玉货赂。大司马咎、长史欣皆自刭汜水上。项羽至睢阳，闻海春侯破，乃引兵还。汉军方围钟离眜于荥阳东，项羽至，尽走险阻。

韩信已破齐，使人言曰："齐边楚，权轻，不为假王，恐不能安齐。"汉王欲攻之。留侯曰："不如因而立之，使自为守。"乃遣张良操印绶立韩信为齐王。

项羽闻龙且军破，则恐，使盱台人武涉往说韩信。韩信不听。

※ 译文

四年，项羽对海春侯大司马曹咎说："你要严守成皋。一旦汉军来挑战，千万别应战，只要不让他们向东进军就行了。我在十五天内肯定能把梁地平定，然后再来与你会合。"于是项羽率军边行进边攻打陈留、外黄、睢阳，攻克了它们。汉军果真三番五次地向楚军挑战，楚军坚守不应战，汉军连续五天派人羞辱他们，大司马被激怒，率军渡过汜水。楚国士卒刚渡了一半时，汉军开始攻击他们，把楚军打败，缴获了楚国所有的金玉财宝。大司马咎和长史欣都在汜水岸边自杀。项羽到了睢阳，得知海春侯的军队被打败，就率兵回师。汉军正在荥阳东面围攻钟离眜，项羽到来后，汉军就都向险阻地带撤退。

韩信把齐国打败后，派人对汉王说："齐国是靠近楚国的边远地区，我权轻位卑，若不立为代理齐王，恐怕无法把齐国安定。"汉王打算攻伐他，留侯张良对汉王说："干脆顺其意把他立为王，使他能够为了自己的利益而守卫齐地。"于是就派张良拿着印绶去立韩信为齐王。

项羽得知龙且的军队被韩信消灭，很惊慌，就派盱台人武涉前去劝说韩信。韩信置之不理。

※ 原文

楚汉久相持未决，丁壮苦军旅，老弱罢转饷。汉王、项羽相与临广武之间而语。项羽欲与汉王独身挑战。汉王数项羽曰："始与项羽俱受命怀王，曰先入定关中者王之，项羽负约，王我于蜀汉，罪一。项羽矫杀卿子冠军而自尊，罪二。项羽已救赵，当还报，而擅劫诸侯兵入关，罪三。怀王约入秦无暴掠，项羽烧秦宫室，掘始皇帝冢，私收其财物，罪四。又强杀秦降王子婴，罪五。诈坑秦子弟新安二十万，王其将，罪六。项羽皆王诸将善地，而徙逐故主，令臣下争叛逆，罪七。项羽出逐义帝彭城，自都之，夺韩王地，并王梁、楚，多自予，罪八。项羽使人阴弑义帝江南，罪九。夫为人臣而弑其主，杀已降，为政不平，主约不信，天下所不容，大逆无道，罪十也。吾以义兵从诸侯诛残贼，使刑余罪人击杀项羽，何苦乃与公挑战！”项羽大怒，伏弩射中汉王。汉王伤匈，乃扪足曰：“虏中吾指！”汉王病创卧，张良强请汉王起行劳军，以安士卒，毋令楚乘胜于汉。汉王出行军，病甚，因驰入成皋。

※ 译文

楚、汉对峙了很久都未能决出胜负，壮年男子苦于当兵打杖，老弱疲于转运军粮物资。汉王和项羽在广武之间对话。项羽想和汉王单挑。汉王列举项羽的罪恶说：“当初我和你共同受命，说首先进入并平定关中地区的人就做关中王，你违负盟约，把我封为蜀汉地区的王，这是第一条罪状。你假称诏令杀害卿子冠军宋义而自立为上将军，这是第二条罪状。你解救了赵国的围困后本当回师述职，却擅自强迫诸侯率军入关，这是第三条罪状。怀王约定进入秦地后不得施暴掳掠，你却放火把秦国的宫室烧毁，还挖掘了始皇帝的墓地，把秦国的财富据为己有，这是第四条罪状。又杀害了秦国投降的君王子婴，这是第五条罪状。以欺诈的手段把秦国子弟二十万人活埋杀害在新安，却把他们的将领封为王，这是第六条罪状。你把自己的部将都封在条件好的地区为王，却把这些地区原有的君主迁贬驱逐，使他们的臣子因为争王位而反叛，这是第七条罪状。你把义帝驱逐出彭城，然后把那里作自己的都城，把韩王的国土剥夺，把梁、楚的地方合并在一起而据为己有，多分给自己封土，这是第八条罪状。你派人在江南暗杀义帝，这是第九条罪状。你身为人臣却弑君，杀害已降的人，政事处理得不公平，主持盟约不讲信用，这是天下人所无法容忍的，是大逆不道的，这是你的第十条罪状。我以正义之军联合诸侯诛杀残暴的贼子，驱使犯罪服刑的人击杀你，为什么要同你单打独斗呢！”项羽勃然大怒，埋伏下弓弩射中了汉王。汉王胸部被射中，却用手捂着脚，说：“贼虏射中了我的脚趾！”汉王因受伤而卧病在床，张良坚决请汉王起床去慰劳军队，以此来稳定军心，不让楚军乘势压倒汉军。汉王出来巡视军队，结果伤加重了，因此急驰进入成皋城中。

※ 原文

病愈，西入关，至栎阳，存问父老，置酒，枭故塞王欣头栎阳市。留四日，复如军，军广武。关中兵益出。

当此时，彭越将兵居梁地，往来苦楚兵，绝其粮食。田横往从之。项羽数击彭越等，齐王信又进击楚。项羽恐，乃与汉王约，中分天下，割鸿沟而西者为汉，鸿沟而东者为楚。项王归汉王父母妻子，军中皆呼万岁，乃归而别去。

项羽解而东归。汉王欲引而西归，用留侯、陈平计，乃进兵追项羽，至阳夏南止军，与齐王信、建成侯彭越期会而击楚军。至固陵，不会。楚击汉军，大破之。汉王复入壁，深堑而守之。用张良计，于是韩信、彭越皆往。及刘贾入楚地，围寿春，汉王败固陵，乃使使者召大司马周殷举九江兵而迎武王，行屠城父，随刘贾、齐梁诸侯皆大会垓下。立武王布为淮南王。

※ 译文

汉王的伤痊愈后，向西进入函谷关，到栎阳后，对父老进行慰问，设酒宴款待他们，在栎阳市中把原塞王司马欣的头砍下挂在木杆上示众。四天后，又回到军中，驻在广武。关中大举出兵。

这时候，彭越率军在梁地来回骚扰，使楚军饱受往返奔波的困苦，楚军的粮食供应也被断绝。田横前往依附他。项羽几次攻打彭越等人，齐王韩信又攻击楚军。项羽惊恐，就同汉王讲和，中分天下，鸿沟以西的地区归汉，鸿沟以东的地区归楚。项王把汉王的父母妻子放回。军队官兵高呼万岁，分别回到各自的驻地。

项羽退兵而返回东方。汉王也准备率军西归，后来采纳了留侯张良和陈平的计策，追击项羽。到阳夏南面后，军队停下来同齐王韩信以及建成侯彭越约定了会合的时间，联合攻打楚军。汉军到达固陵后，韩信和彭越没有按期到来，楚军对汉军发动进攻，汉军被打败。汉王重新进入营垒，深挖沟据守。采纳张良的计策使韩信和彭越都率军前来。等刘贾进入楚地，围攻寿春，汉王在固陵战败后，就遣使召大司马周殷出动九江地区的军队来迎接武王黥布，行军途中，对城父城中的守军进行了屠戮，随后刘贾、齐、梁诸侯的军队都到垓下会合。武王黥布被汉王封为淮南王。

※ 原文

五年，高祖与诸侯兵共击楚军，与项羽决胜垓下。淮阴侯将三十万自当之，孔将军居左，费将军居右，皇帝在后，绛侯、柴将军在皇帝后。项羽之卒可十万。淮阴先合，不利，却。孔将军、费将军纵，楚兵不利，淮阴侯复乘之，大败垓下。项羽卒闻汉军之楚歌，以为汉尽得楚地，项羽乃败而走，是以兵大败。使骑将灌婴追杀项羽东城，斩首八万，遂略定楚地。鲁为楚坚守不下。汉王引诸侯兵北，示鲁父老项羽头，鲁乃降。遂以鲁公号葬项羽谷城。还至定陶，驰入齐王壁，夺其军。

正月，诸侯及将相相与共请尊汉王为皇帝。汉王曰：“吾闻帝贤者有也，空言虚语，非所守也，吾不敢当帝位。群臣皆曰：“大王起微细，诛暴逆，平定四海，有功者辄裂地而封为王侯。大王不尊号，皆疑不信。臣等以死守之。”汉王三让，不得已，曰：“诸君必以为便，便国家。”甲午，乃即皇帝位氾水之阳。

※ 译文

五年，高祖同诸侯的军队联合进攻楚军，与项羽决战于垓下。淮阴侯率领三十万士卒独当一面，孔将军熙居左，费将军陈贺居右，皇帝刘邦领兵在后，再后面是绛侯周勃和柴将军。项羽大概有十万军卒。淮阴侯首先同楚军交战，战败后撤。孔将军和费将军纵兵交战，楚兵形势危险，淮阴侯再次趁机进攻，在垓下大败楚军。项羽听到汉军唱楚地歌谣，误以为楚地已被汉军全部占领，于是就败退而逃，因此楚军大败。汉王派骑将灌婴追到东城追杀项羽，杀死八万敌军，楚地也被占领平定。鲁城因忠于楚国而坚守不降。汉王率领诸侯的军队向北进军，在鲁城把项羽的头拿来示众，鲁城人才肯投降。就以鲁公的名号把项羽安葬在谷城。汉王回师定陶，驰入齐王军营，夺取齐王所率领的军队。

正月，诸侯和将相们聚在一起共同请求尊奉汉王为皇帝。汉王说："我听说只有贤德之人才能据有皇帝的称号，那些无德而徒有空名的人，是不能占有的，我实在担当不起。"群臣们都说："您以平民起事，诛除暴逆，平定海内，把土地分割给有功的人，并封他们为王侯。如果您不接受皇帝的尊号，则功臣们对您给的封赏疑而不信。我们这些臣子誓死坚持请您接受皇帝的尊号。"汉王再三推让，最后迫不得已地说："诸位如果真的认为我当皇帝合适，那么为了有利于国家，我就只好接受吧。"甲午日，汉王就在汜水的北岸即帝位。

※ 原文

皇帝曰："义帝无后。齐王韩信习楚风俗，徙为楚王，都下邳。立建成侯彭越为梁王，都定陶。故韩王信为韩王，都阳翟。徙衡山王吴芮为长沙王，都临湘。番君之将梅𫓧有功，从入武关，故德番君。淮南王布、燕王臧荼、赵王敖皆如故。"

天下大定。高祖都洛阳，诸侯皆臣属。故临江王瓘为项羽叛汉，令卢绾、刘贾围之，不下。数月而降，杀之洛阳。

五月，兵皆罢归家。诸侯子在关中者复之十二岁，其归者复之六岁，食之一岁。

高祖置酒洛阳南宫。高祖曰："列侯诸将无敢隐朕，皆言其情。吾所以有天下者何？项氏之所以失天下者何？"高起、王陵对曰："陛下慢而侮人，项羽仁而爱人。然陛下使人攻城略地，所降下者因以予之，与天下同利也。项羽妒贤嫉能，有功者害之，贤者疑之，战胜而不予人功，得地而不予人利，此所以失天下也。"高祖曰："公知其一，未知其二。夫运筹策帷帐之中，决胜于千里之外，吾不如子房；镇国家，抚百姓，给馈饷，不绝粮道，吾不如萧何；连百万之军，战必胜，攻必取，吾不如韩信。此三者，皆人杰也，吾能用之，此吾所以取天下也。项羽有一范增而不能用，此其所以为我擒也。"

※ 译文

皇帝说："义帝无后代子嗣，齐王韩信了解楚地风俗，迁为楚王，都城为下邳。建成侯彭越为梁王，都城为定陶。原来的韩王信仍为韩王，都城为阳翟。迁衡山王吴芮为长沙王，都城是临湘。番君的将军梅鋗立有战功，跟从皇帝攻入武关，因此感激番君。淮南王黥布、燕王臧荼和赵王敖都依然保持过去的封号。"

天下已平定，高祖定都洛阳，诸侯称臣归附他。原来的临江王驩，为了效忠项羽而反叛汉朝，高祖命卢绾和刘贾率军围攻他，但当时没能攻克。几个月后他投降，在洛阳被高祖诛杀。

五月，士兵们都解甲回家。住在关中的诸侯之子都免除十二年的赋税徭役，回到封国的诸侯之子都免除六年的赋税徭役，国家供养他们一年。

高祖在洛阳南宫摆酒设宴。高祖说："诸位列侯将领不要对我有所隐瞒，都要直言。是什么原因让我取得了天下呢？又是什么原因让项氏失去天下呢？"高起和王陵说："陛下为人傲慢又爱轻视戏侮别人，项羽为人宽厚又爱护别人。然而陛下在派人去攻城略地时，就能把所攻克降服的地区封给他们，这就是陛下具有能和天下人共享其利的美德。项羽嫉妒贤能，总是设法加害那些有功之人，猜疑贤能之人，打胜仗后却不给他们授功，得到土地却不给予别人利益，这就是他最后失天下的原因。"高祖说："你们只知其一，而不知其二。在帷帐当中运筹谋划，决胜于千里之外，我比不上张良；镇守国家，安抚百姓，供给粮食，保证粮草运输不断，我比不上萧何；统领百万大军，战必胜，攻必克，我比不上韩信。这三人，都是人中豪杰，我能够任用他们，就是我之所以能得天下的原因。项羽只有一位范增却疑而不用，这就是他被我擒杀的原因。"

※ 原文

高祖欲长都洛阳，齐人刘敬说，乃留侯劝上入都关中，高祖是日驾，入都关中。六月，大赦天下。

十月，燕王臧荼反，攻下代地。高祖自将击之，得燕王臧荼。即立太尉卢绾为燕王。使丞相哙将兵攻代。

其秋，利几反，高祖自将兵击之，利几走。利几者，项氏之将。项氏败，利几为陈公，不随项羽，亡降高祖，高祖侯之颍川。高祖至洛阳，举通侯籍召之，而利几恐，故反。

六年，高祖五日一朝太公，如家人父子礼。太公家令说太公曰："天无二日，土无二王。今高祖虽子，人主也；太公虽父，人臣也。奈何令人主拜人臣！如此，则威重不行。"后高祖朝，太公拥篲，迎门却行。高祖大惊，下扶太公。太公曰：

“帝，人主也，奈何以我乱天下法！”于是高祖乃尊太公为太上皇。心善家令言，赐金五百斤。

※ 译文

高祖想要把洛阳作为长久的都城，齐人刘敬劝说高祖，直到留侯张良劝说皇上进入函谷关而在关中定都的时候，高祖才在当天起驾，进入函谷关而定都关中。六月，大赦天下。

十月，燕王臧荼发动叛乱，攻下了代地。高祖亲自率军攻伐他，燕王臧荼被俘获。随即封太尉卢绾为燕王，命丞相樊哙率军去攻取代地。

就在这年秋天，利几谋反，高祖又亲自率军对其进行讨伐，利几逃走。利几是项羽的将军，项羽战败后，他担任陈县县令，没有追随项羽，而是投降了高祖，高祖封他在颍川为侯。高祖来到洛阳，按照所有诸侯的名籍征召他，利几却恐怕发生不测，所以就谋反了。

六年，高祖每五天朝见太公一次，就像平常人家那样行父子相见的礼节。太公家令劝太公道：“天上无两个太阳，地下也不应有两个君王。现在皇帝虽然是您的儿子，但他还是君主；太公您虽然是他的父亲，却还是臣子。怎么能让君主拜见臣子呢！如果总是像这样，皇帝的尊贵和威严就无法得到施行了。”以后高祖再来朝见，太公就抱着扫帚，在大门口迎接，然后倒退着行走。高祖看了很吃惊，忙下车扶住太公。太公说：“皇帝是君主，怎么可以因为我而乱了天下的法度！”于是高祖就把太公尊奉为太上皇。心中认为太公家令说得好，就赏赐五百斤黄金给他。

※ 原文

十二月，人有上变事告楚王信谋反，上问左右，左右争欲击之。用陈平计，乃伪游云梦，会诸侯于陈，楚王信迎，即因执之。是日，大赦天下。田肯贺，因说高祖曰：“陛下得韩信，又治秦中。秦，形胜之国，带河山之险，县隔千里，持戟百万，秦得百二焉。地势便利，其以下兵于诸侯，譬犹居高屋之上建瓴水也。夫齐，东有琅邪、即墨之饶，南有泰山之固，西有浊河之限，北有勃海之利。地方二千里，持戟百万，县隔千里之外，齐得十二焉。故此东西秦也。非亲子弟，莫可使王齐矣。”高祖曰：“善。”赐黄金五百斤。

后十余日，封韩信为淮阴侯，分其地为二国。高祖曰：“将军刘贾数有功，以为荆王，王淮东。弟交为楚王，王淮西。子肥为齐王，王七十余城，民能齐言者皆属齐。”乃论功，与诸列侯剖符行封。徙韩王信太原。

※ 译文

十二月，有人上书举报楚王韩信谋反，皇上询问左右大臣，他们争着想去讨伐韩信。高祖采纳了陈平的计策，假称到云梦泽去巡游，在陈地会集诸侯，楚王韩信到此迎接，就被拘捕了。这一天，大赦天下。田肯前来道贺，并劝导高祖说："陛下把韩信擒获，又统治着关中秦地。秦国山川形势便利，既具有河山所形成的险阻，又与其他地区相隔千里。倘若关东拥有百万持戟的士卒前来攻击，秦只要二万的兵力就可抵挡。这是由于它便利的地势，它的军队在同诸侯们交战时就可采用从山上向下进攻的战略，就像从高屋上往下倒水一样势不可挡。再说齐地，它东有富饶的琅邪和即墨，南有险固的泰山，西有黄河作限隔，北有渤海的地利，土地纵横两千里。如果有持戟百万的军队，从相绝千里以外的地区前来进攻，齐国只要二十万的兵力就可抵挡。所以齐秦二地实际上是东西二秦，如果不是陛下的亲属子弟，就不能被派去做齐王。"高祖说："很对。"赏赐给他五百斤黄金。

十几天后，封韩信为淮阴侯，把他原有的王国领土分割成两个王国。高祖因将军刘贾屡立功劳，就把他封为荆王，统治淮东地区。皇弟刘交被封为楚王，统治淮西地区。皇子刘肥被封为齐王，统治齐地七十多个县城，只要是讲齐地方言的百姓都归属于齐国。于是就评定功绩，把功臣分封为列侯并各赐予分封的信符凭证。韩王信被迁徙到太原。

※ 原文

七年，匈奴攻韩王信马邑，信因与谋反太原。白土曼丘臣、王黄立赵故将赵利为王以反，高祖自往击之。会天寒，士卒堕指者什二三，遂至平城。匈奴围我平城，七日而后罢去。令樊哙止定代地。立兄刘仲为代王。

二月，高祖自平城过赵、洛阳，至长安。长乐宫成，丞相已下徙治长安。

八年，高祖东击韩王信余反寇于东垣。

萧丞相营作未央宫，立东阙、北阙、前殿、武库、太仓。高祖还，见宫阙壮甚，怒，谓萧何曰："天下匈匈苦战数岁，成败未可知，是何治宫室过度也？"萧何曰："天下方未定，故可因遂就宫室。且夫天子四海为家，非壮丽无以重威，且无令后世有以加也。"高祖乃说。

高祖之东垣，过柏人，赵相贯高等谋弑高祖，高祖心动，因不留。代王刘仲弃国亡，自归洛阳，废以为合阳侯。

九年，赵相贯高等事发觉，夷三族。废赵王敖为宣平侯。是岁，徙贵族楚昭、屈、景、怀、齐田氏关中。

※ 译文

七年，匈奴人进攻韩王信所辖的马邑城，韩王信因此勾结匈奴而在太原叛乱。白土县人曼丘臣和王黄把原来的赵将赵利扶立为王而反叛，高祖亲自率军去攻伐他们。正值天寒地冻，士卒中十之二三的人的手指被冻掉，因此就只到了平城。匈奴人把汉军围困在平城，七天后才撤军离去。高祖命樊哙留在代地平定叛乱。兄长刘仲被立为代王。

二月，高祖从平城路过赵地、洛阳，来到长安。建成长乐宫，丞相以下的官吏都迁居到长安来治理政务。

八年，高祖率军向东在东垣攻打跟随韩王信一起叛乱的余党。

丞相萧何负责主持建造未央宫，建筑有东阙、北阙、前殿、武库和太仓。高祖回来后，看到壮丽的宫阙，很生气地对萧何说："天下战乱很多年，成败还不可知，你为何还建造如此豪华的宫室？"萧何说："就是因为现在天下尚未安定，所以才能趁机建成宫室。而且天子四海为家，如果不建筑得壮丽就显示不了天子地位的尊显和威严，并且这样就可以使后世再修建时无法超越前代。"高祖听后才高兴起来。

高祖率军去东垣时，路过柏人城，赵国国相贯高等人阴谋杀害高祖，高祖当时心有所动，就没在那里留宿。代王刘仲放弃封国而向别处逃亡，未经皇帝允许就独自回到洛阳，皇帝把他的王爵取消并贬为合阳侯。

九年，赵相贯高等人阴谋杀害高祖的事被发觉，其三族被诛灭。赵王张敖的王爵被废除并被贬为宣平侯。这一年，楚国的昭氏、屈氏、景氏、怀氏和齐国的田氏等贵族都被迁徙到关中地区。

※ 原文

未央宫成。高祖大朝诸侯群臣，置酒未央前殿。高祖奉玉卮，起为太上皇寿，曰："始大人常以臣无赖，不能治产业，不如仲力。今某之业所就孰与仲多？"殿上群臣皆呼万岁，大笑为乐。

十年十月，淮南王黥布、梁王彭越、燕王卢绾、荆王刘贾、楚王刘交、齐王刘肥、长沙王吴芮皆来朝长乐宫。春夏无事。

七月，太上皇崩栎阳宫。楚王、梁王皆来送葬。赦栎阳囚。更命郦邑曰新丰。

八月，赵相国陈豨反代地。上曰："豨尝为吾使，甚有信。代地吾所急也，故封豨为列侯，以相国守代，今乃与王黄等劫掠代地！代地吏民非有罪也。其赦代吏民。"九月，上自东往击之。至邯郸，上喜曰："豨不南据邯郸而阻漳水，吾知其无能为也。"闻豨将皆故贾人也，上曰："吾知所以与之。"乃多以金啖豨将，豨将多降者。

※ 译文

未央宫建成。高祖在此召集诸侯群臣举行盛大朝会，在未央宫前殿摆设了酒宴。高祖手捧玉杯，起身给太上皇祝酒，说："当年您总认为我没有出息，不能营治产业，不如刘仲努力。现在我所成就的事业和刘仲相比谁多啊？"殿上的群臣们听后都高呼万岁，大笑取乐。

十年十月，淮南王黥布、梁王彭越、燕王卢绾、荆王刘贾、楚王刘交、齐王刘肥、长沙王吴芮都到长乐宫朝见皇帝。春天和夏天国家都太平，没发生什么事。

七月，太上皇在栎阳宫中去世。楚王和梁王都来送葬。赦免栎阳囚徒。把郦邑改名为新丰。

八月，赵相国陈豨在代地叛乱。皇上说："陈豨曾经跟随过我，很讲信用。我急需平定代地，所以我把陈豨封为列侯，以相国的职位而派他前去守卫代地，现在却和王黄等人劫掠代地！代地的官吏百姓没什么罪，因此应赦免代地官吏百姓。"九月，皇上亲自去征伐他们。到邯郸后，皇上高兴地说："陈豨不向南据守邯郸而借漳水阻挡，我知道他不会有所作为了。"又听说陈豨的部将原来都是商贾，皇上说："我知道对付他们的方法了。"就用许多黄金去引诱陈豨的部将，很多陈豨的部将纷纷投降。

※ 原文

十一年，高祖在邯郸诛豨等未毕，豨将侯敞将万余人游行，王黄军曲逆，张春渡河击聊城。汉使将军郭蒙与齐将击，大破之。太尉周勃道太原入，定代地。至马邑，马邑不下，即攻残之。

豨将赵利守东垣，高祖攻之，不下。月余，卒骂高祖，高祖怒。城降，令出骂者斩之，不骂者原之。于是乃分赵山北，立子恒以为代王，都晋阳。

春，淮阴侯韩信谋反关中，夷三族。

夏，梁王彭越谋反，废迁蜀；复欲反，遂夷三族。立子恢为梁王，子友为淮阳王。

秋七月，淮南王黥布反，东并荆王刘贾地，北渡淮，楚王交走入薛。高祖自往击之。立子长为淮南王。

十二年，十月，高祖已击布军会甄，布走，令别将追之。

※ 译文

十一年，高祖在邯郸讨伐陈豨等人还没有结束，陈豨的部将侯敞率领一万多人流窜到各地，王黄在曲逆驻军，张春渡过黄河进攻聊城。汉朝派将军郭蒙与齐国将领进攻，打败了他们。太尉周勃从太原进军，把代地平定了。到了马邑，马邑坚守不降，最后被汉军攻破城邑并将他们全部消灭。

陈豨的部将赵利据守东垣，高祖率军攻伐他，当时没攻下来。一个多月后，有士卒骂高祖，激怒了高祖。东垣城投降后，高祖命令把骂高祖的人找出斩杀，没有一起骂的人得到了宽恕。这时就把赵国山北地区分割出去，皇子刘恒被立为代王，在晋阳定都。

春天，淮阴侯韩信在关中叛乱，被诛灭三族。

夏天，梁王彭越反叛，被废除了王爵并且迁贬到蜀地；他还想再次反叛，结果也被诛灭三族。皇子刘恢被立为梁王，皇子刘友被立为淮阳王。

秋天七月，淮南王黥布谋反，向东吞并了荆王刘贾的土地，向北渡过淮河，楚王刘交向薛城逃去。高祖亲自去征伐黥布，皇子刘长被立为淮南王。

十二年十月，高祖在会甀击败黥布的军队后，黥布败逃，就命令其他的将军继续追击他。

※ 原文

高祖还归，过沛，留。置酒沛宫，悉召故人父老子弟纵酒，发沛中儿得百二十人，教之歌。酒酣，高祖击筑，自为歌诗曰："大风起兮云飞扬，威加海内兮归故乡，安得猛士兮守四方！"令儿皆和习之。高祖乃起舞，慷慨伤怀，泣数行下。谓沛父兄曰："游子悲故乡。吾虽都关中，万岁后吾魂魄犹乐思沛。且朕自沛公以诛暴逆，遂有天下，其以沛为朕汤沐邑，复其民，世世无有所与。"沛父兄诸母故人日乐饮极欢，道旧故为笑乐。十余日，高祖欲去，沛父兄固请留高祖。高祖曰："吾人众多，父兄不能给。"乃去。沛中空县皆之邑西献。高祖复留止，张饮三日。沛父兄皆顿首曰："沛幸得复，丰未复，唯陛下哀怜之。"高祖曰："丰吾所生长，极不忘耳，吾特为其以雍齿故反我为魏。"沛父兄固请，乃并复丰，比沛。于是拜沛侯刘濞为吴王。

汉将别击布军洮水南北，皆大破之，追得斩布鄱阳。

樊哙别将兵定代，斩陈豨当城。

※ 译文

高祖回师关中，途经沛县，停留下来。在沛宫中摆下酒宴，把所有的故人、父老子弟都招来纵情畅饮，从沛地征集一百二十多人，教他们唱歌。酒酣之时，高祖亲自击筑奏乐，自己作诗唱道："大风起兮云飞扬，威加海内兮归故乡，安得猛士兮守四方！"命那些唱歌的小孩子练习和唱这首歌。高祖就在他们的唱和中舞蹈，慷慨伤怀，洒下一行又一行热泪。高祖对沛地父老说："外居的游子一想到故乡就会伤感。我虽然是在关中定都，但等将来死后，我的魂魄还会留恋沛地的。而且我是以沛公的职位来诛除暴逆，才拥有天下的，所以要把沛地作为我的汤沐邑，把沛县百姓的赋税徭役免除，永远不必交税服役。”沛县的父兄及长辈妇女以及故交旧友整天高兴痛饮，回忆并讲述过去的事情来取笑作乐。十几天过去了，高祖准备离去，沛县的父兄们恳请高祖留下。高祖说：“我的随从人员众多，乡亲父老们承担不起他们的供给。”于是离去。沛县百姓把县中的东西都拿了出来到县西进献。高祖又停下来，又在城外设置帷帐同他们宴饮三天。沛县父老都叩头请求高祖道：“沛县有幸能免除赋税徭役，可丰邑的百姓还没能免除赋税徭役，请您怜悯一下他们吧。”高祖说：“我生长在丰邑，这是我无法忘怀的，只是由于他们随从雍齿反叛我而附归于魏，才不予免除。”沛地父老坚持恳请，丰邑才得以一同免除了赋税徭役，一切都跟沛县一样。于是沛侯刘濞被封为吴王。

汉将领兵在洮水南北进攻黥布军队，把黥布的军队打得大败，追到黥布，在鄱阳杀死他。

樊哙另外率领一支军队把代地平定了，在当城把陈豨斩杀。

※ 原文

十一月，高祖自布军至长安。十二月，高祖曰：“秦始皇帝、楚隐王陈涉、魏安釐王、齐缗王、赵悼襄王皆绝无后，予守冢各十家，秦皇帝二十家，魏公子无忌五家。”赦代地吏民为陈豨、赵利所劫掠者，皆赦之。陈豨降将言豨反时，燕王卢绾使人之豨所，与阴谋。上使辟阳侯迎绾，绾称病。辟阳侯归，具言绾反有端矣。二月，使樊哙、周勃将兵击燕王绾，赦燕吏民与反者。立皇子建为燕王。

高祖击布时，为流矢所中，行道病。病甚，吕后迎良医，医入见，高祖问医，医曰：“病可治。”于是高祖嫚骂之曰：“吾以布衣提三尺剑取天下，此非天命乎？命乃在天，虽扁鹊何益！”遂不使治病，赐金五十斤罢之。已而吕后问：“陛下百岁后，萧相国即死，令谁代之？”上曰：“曹参可。”问其次，上曰：“王陵可。然陵少戆，陈平可以助之。陈平智有余，然难以独任。周勃重厚少文，然安刘氏者必勃也，可令为太尉。”吕后复问其次，上曰：“此后亦非而所知也。”

※ 译文

十一月，高祖从征伐黥布的军中返回到长安。十二月，高祖说：“秦始皇帝、楚隐王陈涉、魏安釐王、齐缗王、赵悼襄王都断绝了继嗣没有后代，分别赐予他们十家人来负责守护他们的冢墓，其中秦皇帝增至二十家，魏公子无忌减至五家。”代地那些被陈豨和赵利所胁迫的官吏和平民全部赦免，一律不追究他们的罪责。投降汉军的陈豨部将说陈豨谋反时，燕王卢绾曾派人找陈豨，同他一起暗中谋划。皇上派辟阳侯审食其迎请卢绾，卢绾推病不肯前来。辟阳侯返回长安，详细地说明卢绾造反的事确有端绪。二月，派樊哙和周勃率领军队攻伐燕王卢绾。把燕国那些参与谋反的官吏和平民赦免。皇子刘建被立为燕王。

高祖攻打黥布时，曾被流矢击中，行军途中伤口发作。伤势很重，吕后请来一位好医生。医生入宫觐见，高祖问他病情。医生说："您的病能够治好。"这时，高祖辱骂医生道："我以一介布衣提着三尺宝剑得到了天下，难道这不是因为天命吗？我的命运既然是取决于上天，就算是扁鹊来了，对我的命运也不会有什么益处！"于是就不让他治病，赏赐五十斤黄金了事。事后吕后问高祖："陛下百年之后，如果萧相国也去世了，该由谁来代替他呢？"皇上说："曹参可以。"吕后又问曹参以后的事，皇帝说："王陵可以，不过王陵又太耿直，陈平能够协助他。陈平的智略有余，但是他却难以单独胜任。周勃为人稳重仁厚，但是却缺乏文化素养，不过使刘氏天下能够得到安定的人也一定是他，可以把他任命为太尉。"吕后再问以后的事，皇上说："再后的事也不是你所能知道的了。"

※ 原文

卢绾与数千骑居塞下候伺，幸上病愈自入谢。

四月甲辰，高祖崩长乐宫。四日不发丧。吕后与审食其谋曰："诸将与帝为编户民，今北面为臣，此常怏怏，今乃事少主，非尽族是，天下不安。"人或闻之，语郦将军。郦将军往见审食其，曰："吾闻帝已崩，四日不发丧，欲诛诸将。诚如此，天下危矣。陈平、灌婴将十万守荥阳，樊哙、周勃将二十万定燕、代，此闻帝崩，诸将皆诛，必连兵还乡以攻关中。大臣内叛，诸侯外反，亡可翘足而待也。"审食其入言之，乃以丁未发丧，大赦天下。

卢绾闻高祖崩，遂亡入匈奴。

丙寅，葬。己巳，立太子，至太上皇庙。群臣皆曰："高祖起微细，拨乱世反之正，平定天下，为汉太祖，功最高。"上尊号为高皇帝。太子袭号为皇帝，孝惠帝也。令郡国诸侯各立高祖庙，以岁时祠。

※ 译文

卢绾和几千名骑士在塞下等待时机，希望皇上病好后亲自去谢罪。

四月甲辰日，高祖在长乐宫去世。四天还不发丧。吕后和审食其谋划说："众将军和皇帝都曾是编入户籍册的平民，如今他们面北称臣，这总让他们心中不快，现在又要侍奉年少的君王，如果不杀了他们诛灭家族，天下将不会安宁。"有人听说此事，就报告给了将军郦商。将军郦商前去拜见审食其，说："我听说皇帝已经去世了，四天过去却还不发丧，想把众将军诛杀。若真是这样，天下可就危险了。陈平和灌婴率领十万军队守卫荥阳，樊哙和周勃率领二十万军队去平定燕地和代地。他们得知皇帝去世，众将领都被诛杀，一定会联合军队调转方向对关中发动进攻。那时内有大臣叛乱，外有诸侯造反，天下灭亡就指日可待了。”审食其入宫把此事报告给吕后，才在丁未日发丧，大赦天下。

卢绾听说高祖已经去世，就逃亡到匈奴。

丙寅日，高祖被安葬。己巳日，太子刘盈被立为皇帝，前往太上皇庙。群臣纷纷说道：“高祖以卑微的平民身份起事，却能拨治乱世使之返归正道，平定天下，成为汉朝的太祖，功业最高。”于是奉上尊号为高皇帝。太子承袭皇帝称号，即孝惠帝。下令在各个郡国诸侯都分别建高祖庙，每年依照时令举行祭祀。

※ 原文

及孝惠五年，思高祖之悲乐沛，以沛宫为高祖原庙。高祖所教歌儿百二十人，皆令为吹乐，后有缺，辄补之。

高帝八男：长庶齐悼惠王肥；次孝惠，吕后子；次戚夫人子赵隐王如意；次代王恒，已立为孝文帝，薄太后子；次梁王恢，吕太后时徙为赵共王；次淮阳王友，吕太后时徙为赵幽王；次淮南厉王长；次燕王建。

太史公曰：夏之政忠。忠之敝，小人以野，故殷人承之以敬。敬之敝，小人以鬼，故周人承之以文。文之敝，小人以僿，故救僿莫若以忠。三王之道若循环，终而复始。周、秦之间，可谓文敝矣。秦政不改，反酷刑法，岂不缪乎？故汉兴，承敝易变，使人不倦，得天统矣。朝以十月，车服黄屋左纛。葬长陵。

※ 译文

到孝惠帝五年，孝惠帝回忆起高祖生前思念沛、喜欢沛，就把沛宫作为高祖的原庙。高祖教过歌唱的一百二十个少儿，被命令在原庙吹奏乐歌，以后一有缺员，就立即给予补足。

高帝有八个儿子：长子为庶出，是齐悼惠王刘肥；次子孝惠帝，是吕后的儿子；第三子是戚夫人所生的儿子赵隐王刘如意；第四子是代王刘恒，后来被立为孝文帝，是薄太后所生；第五子是梁王刘恢，吕太后时被迁为赵共王；第六子是淮阳王刘友，吕太后时被迁为赵幽王；第七子是淮南厉王刘长；第八子是燕王刘建。

太史公说：夏朝的政治以忠厚为主。忠厚的弊端，是导致百姓粗野无礼，因此殷朝用恭敬来承续夏政。恭敬的弊端是导致百姓迷信鬼神，因此周朝用礼仪来承续殷政。礼仪的弊端是导致百姓讲究文饰、人心虚伪，所以弥补虚伪的弊端莫若奉行忠厚。三王的治国之道就像是循环往复，终而复始。在周、秦之际，可以说礼仪之弊已经达到了极点。但是秦朝却没有对此进行改变，反而施用严刑峻法，这不是很荒谬吗？所以汉朝兴起，承接前代的弊病而加以变更，使人们孜孜不倦，这正是得到了天道循环的规律。把十月定为朝会的岁首，又规定皇帝的车驾要用黄缎子做顶篷，车驾的左面要插上牛尾或用野鸡毛做成的羽旗。高祖葬在长陵。

※ 评析

本篇记述了刘邦由起事反秦、楚汉相争，到统一国家、建号称帝的全过程，向读者展现了一个全方位、多角度的刘邦。他最初的市井流氓嘴脸，他的造言妖异，自托圣神，他的表面豁达而内心忌刻，他在晚年残杀功臣，从中我们可以看到他的奸诈残忍。但是与此同时，我们也看到了刘邦取得成功的原因：他顺应时代，赢取人心；他分化敌人，团结内部；他知人善任而又驾驭有方；他刚柔并济，恩威并施等。这一切都让我们感到刘邦的成功绝非偶然。在初次见到秦始皇出巡队伍的威武壮观时，刘邦感慨道："大丈夫理当如此！"于是胸怀大志的他就抓住每一次机会，最后终于一统天下。他开创了布衣百姓登堂入室做天子的先河。刘邦文不过人，武不能战，但是就单凭他能任用"汉初三杰"的领导者眼光，成功登上皇位。

吕太后本纪第九

※ 原文

吕太后者，高祖微时妃也，生孝惠帝、女鲁元太后。及高祖为汉王，得定陶戚姬，爱幸，生赵隐王如意。孝惠为人仁弱，高祖以为不类我，常欲废太子，立戚姬子如意，如意类我。戚姬幸，常从上之关东，日夜啼泣，欲立其子代太子。吕后年长，常留守，希见上，益疏。如意立为赵王后，几代太子者数矣，赖大臣争之，及留侯策，太子得毋废。

吕后为人刚毅，佐高祖定天下，所诛大臣多吕后力。吕后兄二人，皆为将。长兄周吕侯死事，封其子吕台为郦侯，子产为交侯；次兄吕释之为建成侯。

高祖十二年四月甲辰，崩长乐宫，太子袭号为帝。是时高祖八子：长男肥，孝惠兄也，异母，肥为齐王；余皆孝惠弟，戚姬子如意为赵王，薄夫人子恒为代王，诸姬子子恢为梁王，子友为淮阳王，子长为淮南王，子建为燕王。高祖弟交为楚王，兄子濞为吴王。非刘氏功臣番君吴芮子臣为长沙王。

把齐悼王的儿子刘章封为朱虚侯，还将吕禄的女儿嫁给了他。把齐王的丞相齐寿封为平定侯。把少府阳成延封为梧侯。然后就开始把吕种封为沛侯，把吕平封为扶柳侯，把张买封为南宫侯。

太后想封吕氏为王，就先封惠帝后宫妃嫔所生的几个儿子，刘强为淮阳王，刘不疑为常山王，刘山为襄城侯，刘朝为轵侯，刘武为壶关侯。太后用含蓄的语言暗示大臣们，大臣们于是就请求把郦侯吕台封为吕王，太后应允了大臣们的请求。建成康侯吕释之去世，继位的儿子因犯了罪而被废黜，于是就把他的弟弟吕禄封为胡陵侯，作为康侯后代的延续。二年，常山王去世，把其弟襄城侯刘山封为常山王，还为其改名为刘义。十一月，吕王吕台去世，谥封为肃王，太子吕嘉继承王位。三年，没有什么大事值得记述。四年，封吕媭为临光侯，吕他为俞侯，吕更始为赘其侯，吕忿为吕城侯，还把五位诸侯王的丞相封为侯。

※ 原文

宣平侯女为孝惠皇后时，无子，佯为有身，取美人子名之，杀其母，立所名子为太子。孝惠崩，太子立为帝。帝壮，或闻其母死，非真皇后子，乃出言曰："后安能杀吾母而名我？我未壮，壮即为变。"太后闻而患之，恐其为乱，乃幽之永巷中，言帝病甚，左右莫得见。太后曰："凡有天下治为万民命者，盖之如天，容之如地，上有欢心以安百姓，百姓欣然以事其上，欢欣交通而天下治。今皇帝病久不已，乃失惑昏乱，不能继嗣奉宗庙祭祀，不可属天下，其代之。"群臣皆顿首言："皇太后为天下齐民计所以安宗庙社稷甚深，群臣顿首奉诏。"帝废位，太后幽杀之。五月丙辰，立常山王义为帝，更名曰弘。不称元年者，以太后制天下事也。以轵侯朝为常山王。置太尉官，绛侯勃为太尉。五年八月，淮阳王薨，以弟壶关侯武为淮阳王。六年十月，太后曰吕王嘉居处骄恣，废之，以肃王台弟吕产为吕王。夏，赦天下。封齐悼惠王子兴居为东牟侯。

※ 译文

宣平侯的女儿做惠帝皇后的时候，没有儿子，就假装有孕在身，把后宫美人生的儿子夺了过来充当自己的儿子，还把孩子的生母杀了，立这个冒充的儿子为太子。孝惠帝去世后，太子即帝位。幼帝渐渐长大成人，听说生母已被杀害，不是皇后的亲生儿子，于是怨恨道："皇后怎么可以把我的生母杀害而又拿我来充当她的儿子呢？我尚未成年，成年后必定要报复她。"太后听到后非常忧惧，怕他作乱，就将其幽禁在永巷中，对外宣称皇帝得了重病，左右侍臣也见不到他。太后说："凡是拥有天下而治理万民的人，就要像天一样覆盖庇护他们，要像地一样包容保养他们，君上用欢乐之心来安抚百姓，百姓就会欣然侍奉君上，上下欢欣交融才能换来天下大治。如今皇帝病了很久仍不见好转，结果必然是迷惑昏乱，无法作为皇帝的继承人来奉祀宗庙，天下不能交付给他，应该找个代替他的人。”群臣们听后都顿首说：“皇太后心系天下黎民，所以才会对于安定宗庙社稷的谋虑很深，我们群臣顿首尊奉诏旨。”皇帝被废，太后就暗自杀害了少帝。五月丙辰日，立常山王刘义为帝，改名为刘弘。但不改称元年的原因，是由于太后一直在称制治理天下。把轵侯刘朝封为常山王。设置太尉职位，任绛侯周勃为太尉。五年八月，淮阳王去世，就封其弟壶关侯刘武为淮阳王。六年十月，太后说吕王嘉行为骄纵，就将其废除了，把肃王吕台的弟弟吕产封为吕王。这年夏天，大赦天下。把齐悼王的儿子刘兴居封为东牟侯。

※ 原文

七年正月，太后召赵王友。友以诸吕女为后，弗爱，爱他姬，诸吕女妒，怒去，谗之于太后，诬以罪过，曰：“吕氏安得王！太后百岁后，吾必击之。”太后怒，以故召赵王。赵王至，置邸不见，令卫围守之，弗与食。其群臣或窃馈，辄捕论之，赵王饿，乃歌曰：“诸吕用事兮刘氏危，迫胁王侯兮强授我妃。我妃既妒兮诬我以恶，谗女乱国兮上曾不悟。我无忠臣兮何故弃国？自决中野兮苍天举直！于嗟不可悔兮宁蚤自财。为王而饿死兮谁者怜之！吕氏绝理兮托天报仇。”丁丑，赵王幽死，以民礼葬之长安民冢次。

己丑，日食，昼晦。太后恶之，心不乐，乃谓左右曰：“此为我也。”

二月，徙梁王恢为赵王。吕王产徙为梁王，梁王不之国，为帝太傅。立皇子平昌侯太为吕王。更名梁曰吕，吕曰济川。太后女弟吕嬃有女为营陵侯刘泽妻，泽为大将军。太后王诸吕，恐即崩后刘将军为害，乃以刘泽为琅邪王，以慰其心。

※ 译文

七年正月，太后把赵王刘友召回京。太后把吕氏之女许配给刘友作王后，他不喜爱，对其他姬妾宠爱有加。王后因嫉妒愤怒而离去，还在太后那里说赵王的坏话，诬告他，说他犯有罪过，她说赵王曾说：“吕氏怎么可以被封为王呢！太后去世后，我必定要消灭他们。”太后被激怒了，就把赵王召来京城。赵王到长安后，被安置在王邸而不被接见，还被太后派遣的侍卫包围困守在王邸，不给他饭吃。他的臣子中有人私下给他吃的，就被逮捕判罪。赵王饥饿，就作歌唱道：“吕氏之人当权持政啊，刘氏江山就有危险。威胁强迫王侯啊，强行授给我吕氏之女为妻。我妃子由于嫉妒啊，诬告我有罪恶。进谗言的女人祸乱国家啊，君上却没有省悟。我无忠臣啊，为何失去了封国？我在野外之中自决啊，上天为我申冤。我没有什么可以悔悟的啊，宁愿早些自裁。作为国王而被活活饿死啊，有谁会来可怜我？吕氏之人断绝天理啊，我要托付上天来为我报仇。”丁丑日，赵王在幽禁中死去，以平民之礼仪被埋葬在长安平民百姓的坟墓旁。

己丑日，出现日食，白天昏暗。太后厌恶此事，心中不高兴，就对左右侍者说：“这是由于我的缘故。”

二月，改封梁王刘恢为赵王。改封吕王吕产为梁王，梁王没有去封国，被任命为皇帝的太傅。皇子平昌侯刘太被封为吕王。又改梁国为吕国，改吕国为济川国。太后的妹妹吕嬃有一个女儿嫁给营陵侯刘泽为妻，刘泽是大将军。太后封吕氏为王，担忧她将来去世以后刘泽将军危害吕氏，就封刘泽为琅邪王，以此来安抚他的心。

※ 原文

梁王恢之徙王赵，心怀不乐。太后以吕产女为赵王后。王后从官皆诸吕，擅权，微伺赵王，赵王不得自恣。王有所爱姬，王后使人鸩杀之。王乃为歌诗四章，令乐人歌之。王悲，六月即自杀。太后闻之，以为王用妇人弃宗庙礼，废其嗣。

宣平侯张敖卒，以子偃为鲁王，敖赐谥为鲁元王。

秋，太后使使告代王，欲徙王赵。代王谢，愿守代边。

太傅产、丞相平等言，武信侯吕禄上侯，位次第一，请立为赵王。太后许之，追尊禄父康侯为赵昭王。九月，燕灵王建薨，有美人子，太后使人杀之，无后，国除。八年十月，立吕肃王子东平侯吕通为燕王，封通弟吕庄为东平侯。

三月中，吕后祓，还过轵道，见物如苍犬，据高后腋，忽弗复见。卜之，云赵王如意为祟。高后遂病腋伤。

高后为外孙鲁元王偃年少，蚤失父母，孤弱，乃封张敖前姬两子，侈为新都侯，寿为乐昌侯，以辅鲁元王偃。及封中大谒者张释为建陵侯，吕荣为祝兹侯。诸中宦者令、丞皆为关内侯，食邑五百户。

※ 译文

梁王刘恢被迁徙为赵王后，心中不快。太后就让吕产的女儿来做他的王后。赵王后的随从官吏均为吕家的人，他们在赵国把持政事，暗中监视赵王，赵王不敢随便行动。赵王有一位宠姬，王后就派人将她毒死了。赵王因此作了诗歌四章，命乐工歌唱。赵王因悲伤过度而于六月间自杀。此事传入太后耳中，太后认为赵王因依恋妇人而不惜舍弃宗庙礼法，于是把赵王后代继承王位的权利也废除了。

宣平侯张敖去世，其子张偃被封为鲁王，赐给张敖鲁元王的谥号。

秋天，太后派使者告知代王，说想要改封他为赵王。代王辞而不受，表示情愿继续留在代国镇守边疆。

太傅吕产、丞相陈平等人说武信侯吕禄在列侯中的功劳为上等，排在第一，请封他为赵王。太后答应了他们的请求，把吕禄的父亲康侯追封为赵昭王。九月，燕灵王刘建去世，一个美人生下儿子，太后就派人把孩子杀了，从此燕灵王绝嗣无后，封国也被废除。八年十月，吕肃王的儿子东平侯吕通被封为燕王，吕通的弟弟吕庄被封为东平侯。

三月中旬，太后举行除灾求福的祭礼，返回途中路过轵道，看见一个怪物好像苍犬，钻入自己的腋下盘踞，忽然之间消失不见了。命人占卜，说是赵王如意的鬼魂在作怪。太后因此就患上了腋下伤痛的毛病。

高后因外孙鲁元王张偃年少，再加上很早就失去了父母，无依无靠，就把张敖前妻所生的两个儿子张侈为和张寿为分别封为新都侯和乐昌侯，让他们来辅佐鲁元王张偃。接着又把中大谒者张释封为建陵侯，把吕荣封为祝兹侯。在宫中担任令、丞等官职的宦官都被封为关内侯，赏赐食邑五百户。

※ 原文

七月中，高后病甚，乃令赵王吕禄为上将军，军北军；吕王产居南军。吕太后诫产、禄曰："高帝已定天下，与大臣约，曰'非刘氏王者，天下共击之'。今吕氏王，大臣弗平。我即崩，帝年少，大臣恐为变。必据兵卫宫，慎毋送丧，毋为人所制。"辛巳，高后崩，遗诏赐诸侯王各千金，将相列侯郎吏皆以秩赐金。大赦天下。以吕王产为相国，以吕禄女为帝后。

高后已葬，以左丞相审食其为帝太傅。

朱虚侯刘章有气力，东牟侯兴居其弟也。皆齐哀王弟，居长安。当是时，诸吕用事擅权，欲为乱，畏高帝故大臣绛、灌等，未敢发。朱虚侯妇，吕禄女，阴知其谋。恐见诛，乃阴令人告其兄齐王，欲令发兵西，诛诸吕而立。朱虚侯欲从中与大臣为应。齐王欲发兵，其相弗听。八月丙午，齐王欲使人诛相，相召平乃反，举兵欲围王，王因杀其相，遂发兵东，诈夺琅邪王兵，并将之而西。语在齐王语中。

※ 译文

七月中旬，高后病情加重，封赵王吕禄为上将军，以统领北军；吕王产率领南军。吕太后告诫吕产、吕禄说："高祖安定天下后，曾与大臣立盟约道'若非刘氏子弟而被封王的，则普天之下的人都可以共同讨伐'。如今吕氏之人被封王，大臣们都心怀不满。我一旦去世，皇帝年纪又小，恐怕群臣要作乱叛变。你们必须掌握军队，守卫皇宫，小心谨慎，不要轻意为我送丧，以免被他人所控制。"辛巳日，高后去世，遗诏说赐黄金一千斤给每一个诸侯王，列侯将相等人也都按照各自的级别得到了相应的金子作为赏赐。还大赦天下。并任命吕王产为相国，把吕禄的女儿封为皇后。

高后被安葬以后，由左丞相审食其担任皇帝的太傅。

朱虚侯刘章有魄力，东牟侯刘兴居是他的弟弟，他俩又都是齐哀王的弟弟，在长安居住。在此时，吕氏族人专持朝政，有叛乱的意图，但是又由于对高祖皇帝时的大臣绛侯周勃、灌婴等人有些害怕，才不敢轻举妄动。朱虚侯刘章的妻子，也就是吕禄的女儿，得知了他们的阴谋，恐怕最终受牵连而遭诛杀，就偷偷地派人将此事报告给他的哥哥齐哀王，想让齐哀王发兵向西攻进，将吕氏之人诛杀以后而自立为帝。朱虚侯准备与大臣一起在朝中做内应。齐哀王准备发兵，却遭到丞相的阻拦。八月丙午日，齐哀王想派人把丞相杀掉，于是丞相召平因此而反叛，调动军队想要围困齐哀王。齐哀王因此将其诛杀并发动军队向东进攻，骗取了琅邪王的军队，一并统领两国军队向西进发。此事的具体情况记载在《齐悼惠王世家》中。

※ 原文

齐王乃遗诸侯王书曰："高帝平定天下，王诸子弟，悼惠王王齐。悼惠王薨，孝惠帝使留侯良立臣为齐王。孝惠崩，高后用事，春秋高，听诸吕，擅废帝更立，又比杀三赵王，灭梁、赵、燕以王诸吕，分齐为四。忠臣进谏，上惑乱弗听。今高后崩，而帝春秋富，未能治天下，固恃大臣诸侯。而诸吕又擅自尊官，聚兵严威，劫列侯忠臣，矫制以令天下，宗庙所以危。寡人率兵入诛不当为王者。"汉闻之，相国吕产等乃遣颍阴侯灌婴将兵击之。灌婴至荥阳，乃谋曰："诸吕权兵关中，欲危刘氏而自立。今我破齐还报，此益吕氏之资也。"乃留屯荥阳，使使谕齐王及诸侯，与连和，以待吕氏变，共诛之。齐王闻之，乃还兵西界待约。

吕禄、吕产欲发乱关中，内惮绛侯、朱虚等，外畏齐、楚兵，又恐灌婴畔之，欲待灌婴兵与齐合而发，犹豫未决。当是时，济川王太、淮阳王武、常山王朝名为少帝弟，及鲁元王吕后外孙，皆年少未之国，居长安。赵王禄、梁王产各将兵居南北军，皆吕氏之人，列侯群臣莫自坚其命。

※ 译文

齐哀王于是对各诸侯王下书说："高皇帝平定了天下，封刘氏的各个子弟为王，被封在齐国的是悼惠王。悼惠王去世，孝惠帝命令留侯张良前来立我为齐王。孝惠帝去世，朝中政务由高皇后治理，她年事已高，听信吕氏之人发号施令，擅自把少帝废除而另立他人，三任赵王接连被她杀害，把梁、赵、燕各封国从刘氏封王中减去，而用这些土地来封吕氏之人为王，把齐国分成了四份。忠臣劝谏，皇上迷惑昏乱而不接受。现在高后去世，而皇帝又年幼，还无法治理天下，本应依靠大臣和诸侯。可吕氏之人独断专权，官职显赫，掌握军队以逞威严，逼迫列侯和忠臣屈服，以皇帝的名义来号令天下，因此危害到刘氏的宗庙社稷。我将率领军队入关来把那些不该称王的人诛杀。”汉朝廷听说后，相国吕产等人就命颍阴侯灌婴领兵前去迎击齐王。灌婴到达荥阳后，就谋划说：“吕氏之人握有关中的军权，想要危及刘氏社稷而自立为皇帝。现今我若攻破了齐军去回报，就会助长吕家的实力。”于是就把军队屯在荥阳而不再前进，派遣使者告谕齐王和诸侯，希望同他们联合，以等待吕氏叛乱，然后一起来讨伐他们。齐王听后，也就把军队撤回，转而驻守在齐国的西界，以等待时机相约联合。

吕禄和吕产准备在关中发动叛乱，但是由于他们在朝内畏惧绛侯周勃、朱虚侯刘章等人，在朝外又担心齐、楚两国的军队，还担心灌婴会反叛他们，于是就想等着灌婴的军队和齐国交战后再叛乱。这时候，名义上为少帝之弟的济川王刘太、淮阳王刘武、常山王刘朝以及吕后的外孙鲁元王张偃，因年少的缘故都没有前往封国，而是居住在长安。赵王吕禄和梁王吕产分别在南北军中统领军队，他们均为吕氏之人。列侯和群臣没有人认为能自保其命。

※ 原文

太尉绛侯勃不得入军中主兵。曲周侯郦商老病，其子寄与吕禄善。绛侯乃与丞相陈平谋，使人劫郦商，令其子寄往绐说吕禄曰：“高帝与吕后共定天下，刘氏所立九王，吕氏所立三王，皆大臣之议，事已布告诸侯，诸侯皆以为宜。今太后崩，帝少，而足下佩赵王印，不急之国守藩，乃为上将，将兵留此，为大臣诸侯所疑。足下何不归印，以兵属太尉？请梁王归相国印，与大臣盟而之国，齐兵必罢，大臣得安，足下高枕而王千里，此万世之利也。”吕禄信然其计，欲归将印，以兵属太尉。使人报吕产及诸吕老人，或以为便，或曰不便，计犹豫未有所决。吕禄信郦寄，时与出游猎。过其姑吕嬃，嬃大怒，曰：“若为将而弃军，吕氏今无处矣。”乃悉出珠玉宝器散堂下，曰：“毋为他人守也！”

左丞相食其免。

※ 译文

太尉绛侯周勃不能统领军队。曲周侯郦商年老多病，其子郦寄和吕禄关系密切。绛侯周勃于是就和丞相陈平谋划，命人去劫持郦商，让郦寄前去欺骗吕禄说：“高祖与吕后一起把天下平定，刘氏的人被封立了九个王，吕氏的人被封立了三个王，这是经过他们同大臣商讨才决定的，此事已告诉天下诸侯，无人有异议。如今太后去世，皇帝幼小，而您却佩戴着赵王印，非但不赶紧前往封国去镇守藩地，反而仍然在这里做上将军，统领军队留驻长安，这无疑会被大臣诸侯们猜疑。您不如把将军的印信归还，把军队交给太尉。希望梁王也把相国的印信归还，与大臣一起订立盟约而前往封国，如此一来，齐国的军队肯定就会撤回，大臣们能够心安了，您不就可以高枕无忧地统治方圆千里的王国了吗？这可是子孙万世长久的好处啊。”吕禄听从了他的计策，准备把将军的印信奉还，把军队交给太尉。他命人把此事通报给吕产和吕家的长辈们，认为他这样做好与不好的都有，计策还在犹豫不决。吕禄对郦寄很信任，经常和他一同外出游玩打猎。当他去看望姑母吕媭的时候，吕媭大怒道：“你身为将军却离开军队，吕家的人从此没有安身立命的地方了。”于是就把她所有的珠玉宝器散在堂下，说：“我再也不替别人保存它们了。”

左丞相审食其被免官。

※ 原文

八月庚申，旦，平阳侯窋行御史大夫事，见相国产计事。郎中令贾寿使从齐来，因数产曰：“王不蚤之国，今虽欲行，尚可得邪？”具以灌婴与齐楚合纵，欲诛诸吕告产，乃趣产急入宫。平阳侯颇闻其语，乃驰告丞相、太尉。太尉欲入北军，不得入。襄平侯通尚符节，乃令持节矫纳太尉北军。太尉复令郦寄与典客刘揭先说吕禄曰：“帝使太尉守北军，欲足下之国，急归将印辞去，不然，祸且起。”吕禄以为郦兄不欺己，遂解印属典客，而以兵授太尉。太尉将之入军门，行令军中曰：“为吕氏右袒，为刘氏左袒。”军中皆左袒为刘氏。太尉行至，将军吕禄亦已解上将印去，太尉遂将北军。

然尚有南军。平阳侯闻之，以吕产谋告丞相平，丞相平乃召朱虚侯佐太尉。太尉令朱虚侯监军门。令平阳侯告卫尉：“毋入相国产殿门。”吕产不知吕禄已去北军，乃入未央宫，欲为乱，殿门弗得入，徘徊往来。平阳侯恐弗胜，驰语太尉。太尉尚恐不胜诸吕，未敢讼言诛之，乃遣朱虚侯谓曰：“急入宫卫帝。”朱虚侯请卒，太尉予卒千余人。入未央宫门，遂见产廷中。日晡时，遂击产。产走，天风大起，以故其从官乱，莫敢斗。逐产，杀之郎中府吏厕中。

※ 译文

八月庚申日早晨，代行御史大夫职务的平阳侯曹窋，去会见相国吕产商讨政事。郎中令贾寿出使齐国回来，指责吕产说：“大王不早去封国，如今你即使想去，还有可能吗？”于是就把灌婴和齐、楚联合结盟，准备共同诛杀吕家人的事详细地跟吕产说了，并催促吕产赶快进宫。平阳侯听到了他们的谈话，就赶忙去向丞相和太尉报告。太尉想闯入北军，但没能进入。襄平侯纪通主管皇帝的符节印信，就让他拿着皇帝的符节假称奉皇帝诏命要太尉进入北军。太尉又命郦寄和典客刘揭先行去劝导吕禄道："皇帝派遣太尉统领北军，想要您回归封国，并立刻把将印归还且辞职离去。如果不这样做，就要大祸临头了。"吕禄认为郦寄是不会欺骗自己的，于是就把将印解下交给典客，把军权授给太尉。太尉佩带将印进入军门，在军中发号施令道："愿为吕氏效忠的人袒露右臂，愿为刘氏效忠的人袒露左臂。"士卒就都袒露左臂以示愿为刘氏效忠。太尉到来后，将军吕禄也把上将军印解下，然后离开了军营，于是太尉统领北军。

但是南军还在吕氏之人手中。平阳侯曹窋听说后，就把吕产的阴谋告诉了丞相陈平，陈平就召朱虚侯刘章去辅助太尉。太尉命朱虚侯监守军门，命平阳侯跟卫尉说："不要让相国吕产进入殿门。"吕产尚不知吕禄已经离开了北军，仍然进入未央宫，想要作乱，但是他却无法进入殿门，在殿门前徘徊。平阳侯担心不能取胜，就派人急驰飞报太尉。太尉还是担心无法战胜吕家的人，就没敢公开说要诛杀吕产，于是就派朱虚侯前去，对他说："快进宫保卫皇帝。"朱虚侯请兵，太尉调给他士卒一千余名。朱虚侯进入未央宫门，就遇见吕产。日落时分，攻击吕产。吕产逃跑。这时天空狂风大作，于是吕产的随从官吏乱作一团，无人再抵抗。朱虚侯追逐吕产，并将其杀死在郎中府的吏厕中。

※ 原文

朱虚侯已杀产，帝命谒者持节劳朱虚侯。朱虚侯欲夺节信，谒者不肯，朱虚侯则从与载。因节信驰走，斩长乐卫尉吕更始。还，驰入北军，报太尉。太尉起，拜贺朱虚侯曰："所患独吕产，今已诛，天下定矣。"遂遣人分部悉捕诸吕男女，无少长皆斩之。辛酉，捕斩吕禄，而笞杀吕媭。使人诛燕王吕通，而废鲁王偃。壬戌，以帝太傅食其复为左丞相。戊辰，徙济川王王梁，立赵幽王子遂为赵王。遣朱虚侯章以诛诸吕氏事告齐王，令罢兵。灌婴兵亦罢荥阳而归。

诸大臣相与阴谋曰："少帝及梁、淮阳、常山王，皆非真孝惠子也。吕后以计诈名他人子，杀其母，养后宫，令孝惠子之，立以为后，及诸王，以强吕氏。今皆已夷灭诸吕，而置所立，即长用事，吾属无类矣。不如视诸王最贤者立之。"或言"齐悼惠王高帝长子，今其适子为齐王，推本言之，高帝適长孙，可立也"。大臣皆曰："吕氏以外家恶而几危宗庙，乱功臣。今齐王母家驷，驷钧，恶人也，即立齐王，则复为吕氏。"欲立淮南王，以为少，母家又恶。乃曰："代王方今高帝见子，最长，仁孝宽厚。太后家薄氏谨良。且立长故顺，以仁孝闻于天下，便。"乃相与共阴使人召代王。代王使人辞谢。再反，然后乘六乘传。后九月晦日己酉，至长安，舍代邸。大臣皆往谒，奉天子玺上代王，共尊立为天子。代王数让，群臣固请，然后听。

※ 译文

朱虚侯诛杀了吕产以后，皇帝就命谒者持节来慰劳他。朱虚侯想要夺取皇帝的符节印信，谒者不肯交给他，朱虚侯就与谒者同坐一车。依靠皇帝的节信而急驰，把长乐宫卫尉吕更始斩杀。回来后又飞驰进入北军，向太尉报告。太尉起身，向朱虚侯行礼祝贺道："我最担心的就是吕产，如今他已被诛杀，则天下就得以安定了。"就派人把吕氏家族的男女老少都逮捕起来斩杀了。辛酉日，吕禄被逮捕并遭诛杀，吕嬃被鞭笞致死。还派人把燕王吕通诛杀了，同时废除了鲁王偃的王爵。壬戌日，皇帝的太傅审食其重新被任命为左丞相。戊辰日，把济川王迁徙为梁王，把赵幽王的儿子刘遂立为赵王。命朱虚侯刘章告知齐王诛杀吕家人的情况，让他撤兵。于是灌婴的军队也从荥阳撤回京城来。

朝廷众臣私下商议道："少帝和梁王、淮阳王、常山王，都不是惠帝真正的儿子。吕后用别人的儿子假冒，并把他们的生母杀害了，在后宫中抚养他们，并当做惠帝的儿子，把他们立为继承人，或是封为诸侯王，以扩大吕家的势力。如今吕家的势力已经都被消灭了，但对于吕家所立的人置之不理，一旦他们成年后掌握了政权，我们以及我们的家族就都会被诛灭了。干脆从封王中选出一位最贤明的立为皇帝。"有人说："齐悼惠王是高祖的长子，如今他的嫡子是齐王，从血统上来说，他就是高祖的嫡长孙，可以将他扶立为皇帝。"大臣们纷纷说："吕氏凭借自己外戚的身份作恶，几乎毁灭了宗庙社稷，杀尽了名将功臣。现在齐王的母家姓驷，有个叫作驷钧的恶人。如果扶立齐王，就相当于又造出一个吕家叛乱。"众人想要立淮南王刘长，但是因为刘长年少，再加上其母家之人也很凶恶，就说："代王是当今健在的高祖的儿子，也是最年长的一位宗室王，为人宽厚仁孝。太后娘家薄氏恭谨善良。况且立长本来就合乎礼制，代王又以仁孝名闻天下，立他应该合适。"于是共同决定偷偷派人去把代王召来，代王派人入朝辞谢。使者又去迎请，代王这才乘坐六匹马拉的传车前往。闰九月己酉日抵达长安，住在代王京城的府邸。众臣前去拜见，并把天子的玺印献给他，共同拥立他为天子。代王一再谦让，群臣坚持请求，然后他才答应。

※ 原文

东牟侯兴居曰："诛吕氏吾无功，请得除宫。"乃与太仆汝阴侯滕公入宫，前谓少帝曰："足下非刘氏，不当立。"乃顾麾左右执戟者掊兵罢去。有数人不肯去兵，宦者令张泽谕告，亦去兵。滕公乃召乘舆车载少帝出。少帝曰："欲将我安之乎？"滕公曰："出就舍。"舍少府。乃奉天子法驾，迎代王于邸。报曰："宫谨除。"代王即夕入未央宫。有谒者十人持戟卫端门，曰："天子在也，足下何为者而入？"代王乃谓太尉。太尉往谕，谒者十人皆掊兵而去。代王遂入而听政。夜，有司分部诛灭梁、淮阳、常山王及少帝于邸。

代王立为天子。二十三年崩，谥为孝文皇帝。

太史公曰：孝惠皇帝、高后之时，黎民得离战国之苦，君臣俱欲休息乎无为，故惠帝垂拱，高后女主称制，政不出房户，天下晏然。刑罚罕用，罪人是希。民务稼穑，衣食滋殖。

※ 译文

东牟侯刘兴居说："诛杀吕氏集团的时候我没有立什么功，请让我去清理皇宫。"于是就和太仆汝阴侯滕公夏侯婴进入皇宫，上前对少帝说："您并非刘氏的后代，因此不能被立为皇帝。"说完就挥手示意少帝周围那些持戟护卫的兵士们放下兵器离开。其中几个人不肯放下兵器，宦者令张泽告诫他们，他们就放下了。滕公于是召来乘舆把少帝载出了皇宫。少帝说："你要拉我到哪去啊？"滕公说："出宫到私舍去住。"少帝被安置在少府居住。接着就奉着天子法驾，到代王府邸去迎请代王。报告代王说："我们已经谨慎地把皇宫清理了。"代王就在当天傍晚进入未央宫。有十位谒者手执着戟守卫在端门，他们说："天子还在，你为什么要进宫？"代王告诉太尉，太尉就上前晓谕他们，于是他们全部放下兵器后离去。代王于是就进入宫中开始执掌朝政。当夜，主管部门分别将梁王、淮阳王、常山王以及少帝诛杀在他们的府邸。

代王即位做了天子。二十三年以后崩逝，谥号为孝文皇帝。

太史公说：孝惠皇帝和高后统治时期，百姓得以暂时脱离战乱之苦，君臣上下都希望休养生息、无为而治，因此惠帝垂拱袖手，高后以女主身份把持朝政，颁布政令却不出居室门户，天下安定太平。很少使用刑罚，因而犯罪的人也很少见。百姓致力于农耕生产，丰衣足食。

※ 评析

吕后是个刚毅阴狠、不甘雌伏的角色，以其玄奇的智谋、过人的胆识和高超的组织管理手段，在反秦建汉的斗争之中，充分展示了她杰出的女政治家才能。在艰苦的战争岁月里，她刚正不阿，巧妙周旋，不畏强权，辅佐刘邦，最终取得楚汉战争的胜利，为建立汉王朝立下了不朽功勋。高祖死后，她独掌朝政十五年，在历史上占有重要的地位。虽然满手血腥，但是她也有不少为人称道的政绩。在她执政期间所采取的一系列政治经济措施促进了当时的社会生产。但吕后最大的缺点是嫉妒心太重，私心太重，手段过于残酷，竟然想以吕氏来代替刘氏千辛万苦得来的江山，终致败亡。对历史人物的评论，应该看其对当时和后世的影响，所谓"民为天，社稷次之，君为轻"。只要对百姓好，把当时的国家治理得好，不管他是男人还是女人。总之，对于吕后的评价应该是毁誉参半。无论如何，在那种男尊女卑的时代，她能“巾帼不让须眉”，其才智和胆识还是让后人赞叹的，也让一些七尺男儿汗颜。

孝文本纪第十

※ 原文

孝文皇帝，高祖中子也。高祖十一年春，已破陈豨军，定代地，立为代王，都中都。太后薄氏子。即位十七年，高后八年七月，高后崩。九月，诸吕吕产等欲为乱，以危刘氏，大臣共诛之，谋召立代王，事在吕后语中。

丞相陈平、太尉周勃等使人迎代王。代王问左右郎中令张武等，张武等议曰：“汉大臣皆故高帝时大将，习兵，多谋诈，此其属意非止此也，特畏高帝、吕太后威耳。今已诛诸吕，新啑血京师，此以迎大王为名，实不可信。愿大王称疾毋往，以观其变。”中尉宋昌进曰：“群臣之议皆非也。夫秦失其政，诸侯豪桀并起，人人自以为得之者以万数，然卒践天子之位者，刘氏也，天下绝望，一矣。高帝封王子弟，地犬牙相制，此所谓盘石之宗也，天下服其强，二矣。汉兴，除秦苛政，约法令，施德惠，人人自安，难动摇，三矣。夫以吕太后之严，立诸吕为三王，擅权专制，然而太尉以一节入北军，一呼士皆左袒，为刘氏，叛诸吕，卒以灭之。此乃天授，非人力也。今大臣虽欲为变，百姓弗为使，其党宁能专一邪？方今内有朱虚、东牟之亲，外畏吴、楚、淮南、琅邪、齐、代之强。方今高帝子独淮南王与大王，大王又长，贤圣仁孝，闻于天下，故大臣因天下之心而欲迎立大王，大王勿疑也。”

※ 译文

孝文皇帝，是高祖的儿子，排行居中。高祖十一年春天，大败陈豨叛军后，把代地平定了，立刘恒为代王，王国的都城在中都。代王是太后薄氏所生。登王位第十七年，即高后八年，七月，高后去世。九月，以吕产为首的吕氏家族的人企图发动叛乱，以夺刘氏社稷，大臣们共同把他们诛杀了，谋划召代王入长安并把他拥立为皇帝。这些史事在《吕太后本纪》中都有记载。

丞相陈平和太尉周勃等人派人去迎请代王。代王向左右侍从的郎中令张武等人征求意见，张武等人商讨道：“朝中大臣都是当年高祖在世时的大将，他们熟习军事，多有谋略，他们图谋的绝不仅限于此，只是当时畏惧高祖和吕太后的权威罢了。现今他们已经诛杀了吕氏族人，刚刚血染京都，现在这样做只是表面上迎请大王，其真实的用意却不可信。请大王还是称病不要去吧，借此时机来观察事态的变化。”中尉宋昌进言说：“群臣们的建议都是不正确的。秦朝政治失道，诸侯豪杰们一同起义叛乱，数以万计的人都认为自己能够得到天下，然而最终登上天子位置的人却只有刘氏而已。于是天下诸侯豪杰也就不再抱有幻想，这是其一。高祖分封子弟为王，让各王国和郡县的土地犬牙错而相互制约，这就是常说的稳如磐石一般的宗族根基，对于刘氏的强大，天下人都信服，这是其二。汉朝兴起以后，废除秦朝的苛政，简化法令，施德于民，人人生活安宁，人心坚定难以动摇，这是其三。至于说以吕太后的威严，立吕家的人为三王，使他们执掌朝政，独断专行，可是太尉仅凭一信节就进入北军，一声呼唤完毕，士卒就都将左臂袒露，表示愿效忠刘氏、反叛吕氏，最终诛灭了吕氏。这是天意，并非人力所及。现在大臣们即使想要发动叛乱，百姓们也不会顺从他们，他们的党羽难道能自始至终坚定不移地追随吗？如今朝内有朱虚侯和东牟侯这样的宗亲，朝外诸人又畏惧吴、楚、淮南、琅邪、齐、代等强大的王国。现在高帝的儿子里只有淮南王和您了，您又是兄长，而且为人贤德圣明，仁爱孝顺，美名远扬，因此大臣们才想顺应民意而迎请大王拥立为帝，大王不要再怀疑了。”

※ 原文

代王报太后计之，犹与未定。卜之龟，卦兆得大横。占曰：“大横庚庚，余为天王，夏启以光。”代王曰：“寡人固已为王矣，又何王？”卜人曰：“所谓天王者乃天子。”于是代王乃遣太后弟薄昭往见绛侯，绛侯等具为昭言所以迎立王意。薄昭还报曰：“信矣，毋可疑者。”代王乃笑谓宋昌曰：“果如公言。”乃命宋昌参乘，张武等六人乘传诣长安。至高陵休止，而使宋昌先驰之长安观变。

昌至渭桥，丞相以下皆迎。宋昌还报。代王驰至渭桥，群臣拜谒称臣。代王下车拜。太尉勃进曰：“愿请间言。”宋昌曰：“所言公，公言之。所言私，王者不受私。”太尉乃跪上天子玺符。代王谢曰：“至代邸而议之。”遂驰入代邸。群臣从至。丞相陈平、太尉周勃、大将军陈武、御史大夫张苍、宗正刘郢、朱虚侯刘章、东牟侯刘兴居、典客刘揭皆再拜言曰：“子弘等皆非孝惠帝子，不当奉宗庙。臣谨请阴安侯、列侯顷王后与琅邪王、宗室、大臣、列侯、吏二千石议曰：‘大王高帝长子，宜为高帝嗣。’愿大王即天子位。”代王曰：“奉高帝宗庙，重事也。寡人不佞，不足以称宗庙。愿请楚王计宜者，寡人不敢当。”群臣皆伏固请。代王西乡让者三，南乡让者再。丞相平等皆曰：“臣伏计之，大王奉高帝宗庙最宜称，虽天下诸侯万民以为宜。臣等为宗庙社稷计，不敢忽。愿大王幸听臣等。臣谨奉天子玺符再拜上。”代王曰：“宗室将相王列侯以为莫宜寡人，寡人不敢辞。”遂即天子位。群臣以礼次侍。

※ 译文

代王将此事报给薄太后进行商议，还是犹豫不决。于是就用龟甲进行占卜，卦的兆象是一大条横向裂纹。卜辞说：“大横裂纹意味着要发生地位的变化，我将成为天王，就像夏启那样继承父亲的位置并把先代的基业发扬光大。”代王说：“我都已经是王了，还做什么王？”占卜的人说：“天王是指天子。”于是代王就派太后的弟弟薄昭前去会见绛侯周勃，绛侯等人详细地对薄昭讲述了他们迎请代王的用意。薄昭回来报告说：“可以确信了，没有什么可以质疑的。”代王于是就笑着对宋昌说：“果真像你说的那样。”就命宋昌陪他乘一辆车，张武等六人也乘传驿之车一起去了长安。到达高陵后就停了下来，先派宋昌驾快车进入长安以观察事变情况。

宋昌到达长安城西北的渭桥，丞相以下的大臣都前来迎接。宋昌回去报告代王，代王就驾快车来到渭桥，群臣都拜见称臣。代王下车答礼。太尉周勃进言说：“请允许我能够单独进言。”宋昌说：“如果谈的是公事，不妨就公开说吧。如果要谈私事，那么做王的人是不接受私言的。”太尉就跪在地上奉上天子的玺印符节。代王推辞说：“到府邸以后再商定这件事吧。”就驱车驰入代王府邸。群臣也跟从着到达王邸。丞相陈平、太尉周勃、大将军陈武、御史大夫张苍、宗正刘郢、朱虚侯刘章、东牟侯刘兴居、典客刘揭等人都再次参拜说道：“皇子刘弘等人都不是孝惠帝的亲生儿子，没有承奉宗庙社稷的资格。我们阴安侯、列侯顷王后和琅邪王、宗室、大臣、列侯以及俸禄在二千石以上的官吏们商议说：‘您是高祖的长子，理当成为继承人。’希望您登临天子位。”代王说：“承奉高祖的宗庙社稷，关系重大。我无才无德，实在是担当不起承奉宗庙的重任。请诸位另请楚王商议一个合适的人，我不敢担当。”群臣跪伏在地上坚决恳请。代王面朝西对着群臣谦让了三次，又面朝南对着群臣谦让了两次。丞相陈平等人都说：“我们慎重斟酌了此事，由大王奉继高祖宗庙，再合适不过了，即使是天下的诸侯百姓也都没有异议。我们为了宗庙社稷着想，不敢有丝毫的疏忽。请您接受我们的请求。我恭谨地再次跪拜奉上天子玺印符节。”代王说：“宗室、将、相、王、列侯都认为没有比我更合适的人选了，那我也就不敢再推辞了。”于是就登上了天子位。群臣按照朝廷的礼仪依次排列，侍奉皇帝。

※ 原文

乃使太仆婴与东牟侯兴居清宫，奉天子法驾，迎于代邸。皇帝即日夕入未央宫。乃夜拜宋昌为卫将军，镇抚南北军。以张武为郎中令，行殿中。还坐前殿。于是夜下诏书曰：“间者诸吕用事擅权，谋为大逆，欲以危刘氏宗庙，赖将相列侯宗室大臣诛之，皆伏其辜。朕初即位，其赦天下，赐民爵一级，女子百户牛酒，酺五日。”

孝文皇帝元年十月庚戌，徙立故琅邪王泽为燕王。

辛亥，皇帝即阼，谒高庙。右丞相平徙为左丞相，太尉勃为右丞相，大将军灌婴为太尉。诸吕所夺齐楚故地，皆复与之。

壬子，遣车骑将军薄昭迎皇太后于代。皇帝曰："吕产自置为相国，吕禄为上将军，擅矫遣灌将军婴将兵击齐，欲代刘氏，婴留荥阳弗击，与诸侯合谋以诛吕氏。吕产欲为不善，丞相陈平与太尉周勃谋夺吕产等军。朱虚侯刘章首先捕吕产等。太尉身率襄平侯通持节承诏入北军。典客刘揭身夺赵王吕禄印。益封太尉勃万户，赐金五千斤。丞相陈平、灌将军婴邑各三千户，金二千斤。朱虚侯刘章、襄平侯通、东牟侯刘兴居邑各二千户，金千斤。封典客揭为阳信侯，赐金千斤。"

※ 译文

于是命太仆夏侯婴和东牟侯刘兴居去清理皇宫，奉引天子的法驾，到代王府邸迎接皇帝。当日傍晚，皇帝就入居未央宫。并在当夜任命宋昌为卫将军，镇守抚慰南北军。张武被任命为郎中令，负责巡行保卫宫殿内。皇帝又回到前殿坐朝。并于当天夜里颁布诏书称："近来吕氏家族之人独裁专权，图谋大逆不道的事情，企图动摇刘氏的宗庙社稷，全凭将相、列侯和宗室大臣们共同把他们诛杀，让他们都受到了应有的处罚。我初登帝位，宣布大赦天下，赐民户家长每人一级爵位，赏给女子每百户一头牛、十石酒，允许民众狂欢，聚饮五天。"

孝文皇帝元年十月庚戌日，把原琅邪王刘泽改封为燕王。

辛亥日，皇帝正式即位，拜谒高帝庙。右丞相陈平被迁为左丞相，太尉周勃被升为右丞相，大将军灌婴升为太尉。那些曾被吕氏族人篡夺的原本属于齐国和楚国的封地，又都重新归还给了原主。

壬子日，命车骑将军薄昭前去代国迎请皇太后。皇帝说："吕产自立为相国，吕禄为上将军，他们擅自假传皇帝的诏令命灌婴统率军队去攻伐齐国，妄图替代刘氏，灌婴屯留在荥阳而没有出击，和诸侯们一起谋划诛杀吕氏。吕产还想作乱，丞相陈平和太尉周勃用智谋夺回了吕产等人的军权。朱虚侯刘章首先追捕吕产等人。太尉亲自带领襄平侯刘通持着符节承受诏令进入北军。典客刘揭亲自从赵王吕禄那里夺得印信。加封太尉周勃一万户，并赐给五千斤黄金；丞相陈平、灌婴将军都增加三千户食邑，赏赐二千斤黄金；朱虚侯刘章、襄平侯刘通、东牟侯刘兴居都增加二千户食邑，赏赐一千斤黄金。封典客刘揭为阳信侯，赏赐一千斤黄金。"

※ 原文

十二月，上曰："法者，治之正也，所以禁暴而率善人也。今犯法已论，而使毋罪之父母妻子同产坐之，及为收帑，朕甚不取。其议之。"有司皆曰："民不能自治，故为法以禁之。相坐坐收，所以累其心，使重犯法，所从来远矣。如故便。”上曰：“朕闻法正则民悫，罪当则民从。且夫牧民而导之善者，吏也。其既不能导，又以不正之法罪之，是反害于民为暴者也。何以禁之？朕未见其便，其孰计之。”有司皆曰：“陛下加大惠，德甚盛，非臣等所及也。请奉诏书，除收帑诸相坐律令。”

※ 译文

十二月，皇上说：“公正的法律，是用来禁止暴乱、引导人们向善的。如今有人触犯了法律并且已经被定罪受到惩罚，同时还会牵连到他无罪的父母、妻儿以及兄弟，以致被收为奴婢。我非常不赞成这种做法，你们应该讨论一下。”负责的官员纷纷表示：“民众不能自律，所以才制定法律来约束他们。亲人受牵连而被治罪，目的是为了那些想犯罪的人在心里对亲属的命运有所顾虑，因而不敢轻易犯法，这种做法在很久以前就施行了。还像以前那样便利。”皇帝说：“我听说法律公正则民众就会诚实，惩罚适当则民众就会自觉用法律来约束自己。更何况治理民众而引导他们从善是官吏的责任。官吏如果非但不能教导民众向善，还要用不适当的法律来对他们进行惩罚，这反而害了他们，让他们去行凶作乱。还怎么禁止犯罪呢？我没有看到这样做的好处，你们再仔细想想吧。”负责的官吏都说：“陛下对民众恩惠浩荡，功德无量，不是我们所能赶得上的。臣等请求奉行皇帝的诏书，废除那些让罪犯家人为奴等相连坐的律令。”

※ 原文

正月，有司言曰：“蚤建太子，所以尊宗庙。请立太子。”

上曰：“朕既不德，上帝神明未歆享，天下人民未有嗛志。今纵不能博求天下贤圣有德之人而禅天下焉，而曰豫建太子，是重吾不德也。谓天下何？其安之。”有司曰：“豫建太子，所以重宗庙社稷，不忘天下也。”

上曰：“楚王，季父也，春秋高，阅天下之义理多矣，明于国家之大体。吴王于朕，兄也，惠仁以好德。淮南王，弟也，秉德以陪朕。岂为不豫哉！诸侯王宗室昆弟有功臣，多贤及有德义者，若举有德以陪朕之不能终，是社稷之灵，天下之福也。今不选举焉，而曰必子，人其以朕为忘贤有德者而专于子，非所以忧天下也。朕甚不取也。”

有司皆固请曰：“古者殷周有国，治安皆千余岁，古之有天下者莫长焉，用此道也。立嗣必子，所从来远矣。高帝亲率士大夫，始平天下，建诸侯，为帝者太祖。诸侯王及列侯始受国者皆亦为其国祖。子孙继嗣，世世弗绝，天下之大义也，故高帝设之以抚海内。今释宜建而更选于诸侯及宗室，非高帝之志也。更议不宜。子某最长，纯厚慈仁，请建以为太子。”

上乃许之。因赐天下民当代父后者爵各一级。封将军薄昭为轵侯。

※ 译文

正月，负责的官员进言说：“早早地确立太子，是使宗庙得到尊奉的一项重大措施。请求皇帝确立太子。”

皇上说：“我已经是德行浅薄，上天神明尚未接受我的祭礼，天下百姓也还没有表示满意。现在我非但不能广泛征求天下贤德之人而禅位，却说要预先确立太子，这是让我更加失德啊。叫我如何向天下人交代呢？还是暂时把此事放放吧。”负责的官员说：“先确立太子，是为了尊重宗庙社稷，表示不会把天下忘记。”

皇上说：“楚王是我的叔父。他年纪长，阅历丰富，对天下义理多有了解，明晓国家的大体。吴王是我的兄长，他为人仁惠并且乐善好施。淮南王是我的弟弟，以自己的才德来辅佐我。难道不能把帝位传给他们吗！还有那些王侯宗室兄弟及有功之臣，其中德义之人大有人在，如果能举荐有贤德的人来继承我无法胜任的事业，那是社稷神明有灵，天下有福气。如今你们不举荐他们，却说一定要传位给我的儿子，人们会认为我忽视贤能有德的人而专意于自己的儿子，这不是为天下着想啊。我认为，这种做法很不可取。”

负责的官员都坚决请求说：“古时候殷、周建立了国家，政权都安稳地持续了一千多年，古时候拥有天下的朝代没有哪一个能比得上这两朝更为长久，殷、周就是采用了早立太子的方法。继承人一定是君王儿子，这由来已久。高祖亲自率领士大夫最先平定了天下，分封诸侯，成为后世皇帝的太祖。诸侯王和列侯最初接受封国的人也都成了该封国的始祖。子孙相继即位，代代相传，这是天下的大义，所以高祖制定这种制度以使海内安定。现在把应该确立的人抛在一边而改从诸侯和宗室中选取，这实在不是高祖的心愿，再讨论改立他人是说不通的。皇帝的儿子子启年纪最大，为人又纯厚慈仁，请陛下您把他确立为太子。”

皇上于是答应了他们的建议。因此恩赐全天下民众中每位应当继承其父亲职位的人一级爵位。封将军薄昭为轵侯。

※ 原文

三月，有司请立皇后。薄太后曰：“诸侯皆同姓，立太子母为皇后。”皇后姓窦氏。上为立后故，赐天下鳏寡孤独穷困及年八十已上、孤儿九岁已下布帛米肉各有数。上从代来，初即位，施德惠天下，填抚诸侯四夷皆洽欢，乃循从代来功臣。上曰：“方大臣之诛诸吕迎朕，朕狐疑，皆止朕，唯中尉宋昌劝朕，朕以得保奉宗庙。已尊昌为卫将军，其封昌为壮武侯。诸从朕六人，官皆至九卿。”

上曰：“列侯从高帝入蜀、汉中者六十八人，皆益封各三百户，故吏二千石以上从高帝颍川守尊等十人食邑六百户，淮阳守申徒嘉等十人五百户，卫尉定等十人四百户。封淮南王舅父赵兼为周阳侯，齐王舅父驷钧为清郭侯。”秋，封故常山丞相蔡兼为樊侯。

人或说右丞相曰：“君本诛诸吕，迎代王，今又矜其功，受上赏，处尊位，祸且及身。”右丞相勃乃谢病免罢，左丞相平专为丞相。

※ 译文

三月，官吏请求皇帝封立皇后。薄太后说：“诸侯同姓，把太子的生母立为皇后。”皇后姓窦。皇上由于封立皇后的缘故，对全天下的鳏寡孤独穷困的人和年纪在八十岁以上的老人、九岁以下的孤儿们都赏赐了一定数额布帛和米肉。皇上从代国前来，初即位，普施恩德，安抚天下百姓，诸侯及四方部族都融洽欢乐，于是就对那些随从他从代国前来的功臣给予了封赏。皇上说：“在大臣把吕家人诛杀而前来迎请我时，我有迟疑，臣下也都劝阻我，只有中尉宋昌劝我前来，才使我能保有奉事宗庙的权力。已经把宋昌提拔为将军，再封宋昌为壮武侯。其他六个随从我前来的人，官职都升至九卿。”

皇上说：“跟从高祖进入蜀和汉中地区的列侯共有六十八人，都再加封三百户。凡是跟从高祖的原官职在二千石以上的，颍川郡守刘尊等十人，都加封六百户食邑；淮阳郡守申徒嘉等十人，都加封五百户食邑；卫尉定等十四人，都加封四百户食邑。把淮南王的舅父赵兼封为周阳侯，把齐王的舅父驷钧封为清郭侯。”这年秋天，把原常山国丞相蔡兼封为樊侯。

有人劝导右丞相周勃说：“您本是诛杀吕氏族人、迎立代王为帝的主要策划者，现在又凭借着此功劳，接受最高的赏赐，处于尊贵的职位，估计要大祸临头了。”右丞相周勃听后，就推说身体有病而请求免除职务。左丞相陈平独任丞相之职。

※ 原文

二年十月，丞相平卒，复以绛侯勃为丞相。上曰：“朕闻古者诸侯建国千余，各守其地，以时入贡，民不劳苦，上下欢欣，靡有遗德。今列侯多居长安，邑远，吏卒给输费苦，而列侯亦无由教驯其民。其令列侯之国，为吏及诏所止者，遣太子。”

十一月晦，日有食之。十二月望，日又食。上曰：“朕闻之，天生蒸民，为之置君以养治之。人主不德，布政不均，则天示之以菑，以诫不治。乃十一月晦，日有食之，適见于天，菑孰大焉！朕获保宗庙，以微眇之身托于兆民君王之上，天下治乱，在朕一人，唯二三执政犹吾股肱也。朕下不能理育群生，上以累三光之明，其不德大矣。令至，其悉思朕之过失，及知见思之所不及，匄以告朕。及举贤良方正能直言极谏者，以匡朕之不逮。因各饬其任职，务省徭费以便民。朕既不能远德，故憪然念外人之有非，是以设备未息。今纵不能罢边屯戍，而又饬兵厚卫，其罢卫将军军。太仆见马遗财足，余皆以给传置。”

※ 译文

二年十月，丞相陈平去世，又重新任绛侯周勃为丞相。皇上说：“我听说古时候诸侯建国有一千多个，他们分别守护自己封地，按时进贡，民众很少有劳苦，普天之下欢欣，找不出失德之处。现在列侯多在长安居住，远离他们的食邑，其国中的吏卒运送给养所需费用很多并且劳苦，可是列侯却又没有机会对国中民众进行教导和管理。应命令列侯到封国去，担任朝中职务和有诏书命令留下的诸侯，应派遣其太子回归封国。”

十一月晦日，发生日食。十二月望日，又发生日食。皇上说：“我听说，天生万民，为他们设置了养育治理他们的君王。如果君王失德，施行政令不公平，上天就会显示异相，警告他没有治理好国家。所以在十一月晦日，就发生了日食，上天谴责，哪还有比这次更严重的灾异呢？我奉承上天之命来保全宗庙，以一个渺小的身躯而凌驾在万民和诸侯之上，天下治乱兴衰，都由我一人承担，两三位执掌国政的大臣就好像我的手足。我下没有治理养育好众生，上又损害了日、月、星辰的光辉，我实在是严重失德。诏令到达后，你们全都要考虑我的过失，以及我不知道的、没看到的和没有想到的地方，希望诸位告诉我真实的想法，并且举荐贤良方正和敢于直言劝谏的人，来匡正我的过失。因此大家要各自明确各自的职责，一定要做到减轻徭役费用以便利民众。我既然无法做到远施恩德，总是担忧外族人会对我们进行侵犯，因此国境防备还在继续。现在既然不能把边疆屯驻的军队撤除，还要命令军队加强对我的保卫，这是没有必要的，应当裁撤卫将军统领的军队。太仆所管现有的马匹留下足够用的就行了，其余的马匹一律交给驿站使用。”

※ 原文

正月，上曰：“农，天下之本，其开籍田，朕亲率耕，以给宗庙粢盛。”

三月，有司请立皇子为诸侯王。上曰：“赵幽王幽死，朕甚怜之，已立其长子遂为赵王。遂弟辟强及齐悼惠王子朱虚侯章、东牟侯兴居有功，可王。”乃立赵幽王少子辟强为河间王，以齐剧郡立朱虚侯为城阳王，立东牟侯为济北王，皇子武为代王，子参为太原王，子揖为梁王。

上曰："古之治天下，朝有进善之旌、诽谤之木，所以通治道而来谏者。今法有诽谤妖言之罪，是使众臣不敢尽情，而上无由闻过失也。将何以来远方之贤良？其除之。民或祝诅上以相约结而后相谩，吏以为大逆；其有他言，而吏又以为诽谤。此细民之愚无知抵死，朕甚不取。自今以来，有犯此者勿听治。"

九月，初与郡国守相为铜虎符、竹使符。

※ 译文

正月，皇上说："农业是天下的根本，应当开辟籍田，我要亲自率领大家进行耕作，以供给宗庙祭祀所用的黍稷。"

三月，有关的官吏请求皇帝把皇子封立为诸侯王。皇上说："赵幽王被幽禁而死，我很怜悯他，已经把他的长子刘遂封为赵王。刘遂的弟弟刘辟强和齐悼惠王的儿子朱虚侯刘章、东牟侯刘兴居为国家建立了不可磨灭的功劳，可以把他们封为王。"于是就把赵幽王的小儿子刘辟强封为河间王，把齐国的几个大郡分出并把朱虚侯封为城阳王，把东牟侯封为济北王，封皇子刘武为代王，皇子刘参为太原王，皇子刘揖为梁王。

皇上说："古人治理天下，在朝廷设有旌旗，允许百姓站在下面进言；还设有可以刻写对朝政建议的木柱，设置这些是为了通达治道以招来劝谏的臣民。现今法律中有诽谤和妖言的罪名，致使众臣不敢尽情直言，君王也听不到自己的过失。这样怎么能把远方的贤良招来呢？应把这样的法律条文废除。有的臣民相约结誓诅咒君上而后又相互攻击告发，官吏认为此乃大逆不道，倘若臣民还有其他怨言，而官吏又认为是对朝廷诽谤。这只不过是小民们愚昧无知，据此判处死罪，我认为不可取。从现在开始，如果有人触犯了这条法令就不要再治罪。"

九月，初次把铜虎符和竹使符发放给郡守国相，作为发兵和出入征发的凭证。

※ 原文

三年十月丁酉晦，日有食之。十一月，上曰："前日诏遣列侯之国，或辞未行。丞相朕之所重，其为朕率列侯之国。"绛侯勃免丞相就国，以太尉颍阴侯婴为丞相。罢太尉官，属丞相。

四月，城阳王章薨。淮南王长与从者魏敬杀辟阳侯审食其。

五月，匈奴入北地，居河南为寇。帝初幸甘泉。六月，帝曰："汉与匈奴约为昆弟，毋使害边境，所以输遗匈奴甚厚。今右贤王离其国，将众居河南降地，非常故，往来近塞，捕杀吏卒，驱保塞蛮夷，令不得居其故，陵轹边吏，入盗，甚敖无道，非约也。其发边吏骑八万五千诣高奴，遣丞相颍阴侯灌婴击匈奴。"匈奴去，发中尉材官属卫将军，军长安。

辛卯，帝自甘泉之高奴，因幸太原，见故群臣，皆赐之。举功行赏，诸民里赐牛酒。复晋阳中都民三岁。留游太原十余日。

※ 译文

三年十月丁酉晦日，发生日食。十一月，皇上说：“前一段下诏命列侯前往各自的封国，还是有些人推辞没有出发。丞相是我所尊重的大臣，由他来替我率领列侯前往封国吧。”绛侯周勃因此被免去丞相的职位回到了自己的封地。太尉颍阴侯灌婴被任命为丞相。把太尉一职废除，其事务由丞相处理。

四月，城阳王刘章去世。淮南王刘长和他的随从魏敬把辟阳侯审食其杀死了。

五月，匈奴入侵北地郡，他们占据黄河以南的地区劫掠为寇。文帝第一次临幸甘泉。六月，文帝说：“汉朝曾与匈奴相约为兄弟，让他们不要侵犯边境，所以运送赠给他们丰厚的财物。如今，右贤王离开他的国土，带领其部众，在黄河以南早已归属汉家朝廷的地区留居，这不是一般的变故，他们在靠近边塞的地区往来出入，捕杀吏卒，驱逐保卫边塞的蛮夷部族，使他们无法在原地居住，对我边塞的官吏恣意凌辱，并侵入掠夺财物，傲慢无道至极，这违背了盟约。应发动边地官吏所统率的八万五千名骑士前往高奴，派遣丞相颍阴侯灌婴讨伐匈奴。”匈奴人离去，调发中尉部下精通骑射的士卒归属卫将军统领，驻扎在长安。

辛卯日，皇帝从甘泉前往高奴，因而亲临太原，召见以前做代王时的臣子，并给予赏赐。又对有功劳的大臣另行奖赏，赐牛和酒给各个民众乡里。免除晋阳和中都地区的民众三年的赋税。文帝在太原停留巡游了十几日。

※ 原文

济北王兴居闻帝之代，欲往击胡，乃反，发兵欲袭荥阳。于是诏罢丞相兵，遣棘蒲侯陈武为大将军，将十万往击之。祁侯贺为将军，军荥阳。

七月辛亥，帝自太原至长安。乃诏有司曰：“济北王背德反上，诖误吏民，为大逆。济北吏民兵未至先自定，及以军地邑降者，皆赦之，复官爵。与王兴居去来，亦赦之。”八月，破济北军，虏其王，赦济北诸吏民与王反者。

六年，有司言淮南王长废先帝法，不听天子诏，居处毋度，出入拟于天子，擅为法令，与棘蒲侯太子奇谋反，遣人使闽越及匈奴，发其兵，欲以危宗庙社稷。群臣议，皆曰“长当弃市”。帝不忍致法于王，赦其罪，废勿王。群臣请处王蜀严道、邛都，帝许之。长未到处所，行病死，上怜之。后十六年，追尊淮南王长谥为厉王，立其子三人为淮南王、衡山王、庐江王。

※ 译文

济北王刘兴居听说文帝前往代地，准备攻伐匈奴，就叛乱朝廷，率领军队准备袭击荥阳。皇帝于是下诏让丞相停止攻打匈奴，任命棘蒲侯陈武为大将军，率领十万士卒去讨伐济北王。祁侯缯贺被任命为将军，驻守荥阳。

七月辛亥日，皇帝由太原回到长安，他下诏给有关的官员说："济北王违背德义，反叛朝廷，连累了官员和民众，是大逆不道。济北国的官吏、百姓和军队的士兵们，如果有人在汉军还没有到达以前就自己安定下来，或者是率领各自的军队和据守的城邑投降汉军，全部把他们协同谋反的罪责赦免，并恢复其原有的官爵。离开济北王刘兴居而来投降朝廷的人，也赦免其罪责。"八月，济北王的军队大败，济北王被俘虏。济北王国那些随从济北王反叛的官吏和百姓被赦免。

六年，有关的官员上报说："淮南王刘长把先帝的法令废弃，不听从天子诏令，居处不符合法度，出入效仿天子的礼仪，擅自颁行法令，伙同棘蒲侯的太子缯奇想反叛，派人出使闽越和匈奴地区让他们发动军队，妄图以此来危害宗庙社稷。"群臣讨论后，都说："刘长所犯的罪行应当被判处弃市。"文帝不忍心用刑法惩办淮南王，于是就将其赦免，把其爵位废除而不再为王。群臣请求把刘长安发配到蜀郡严道和邛都一带，文帝应允。刘长还没有到达处所，就病死在行途中。皇上非常可怜他。后来第十六年，皇帝追尊淮南王刘长谥号为厉王，把他的三个儿子分别封为淮南王、衡山王、庐江王。

※ 原文

十三年夏，上曰："盖闻天道祸自怨起而福繇德兴。百官之非，宜由朕躬。今秘祝之官移过于下，以彰吾之不德，朕甚不取。其除之。"

五月，齐太仓令淳于公有罪当刑，诏狱逮徙系长安。太仓公无男，有女五人。

太仓公将行会逮，骂其女曰："生子不生男，有缓急非有益也！"其少女缇萦自伤泣，乃随其父至长安，上书曰："妾父为吏，齐中皆称其廉平，今坐法当刑。妾伤夫死者不可复生，刑者不可复属，虽复欲改过自新，其道无由也。妾愿没入为官婢，赎父刑罪，使得自新。"

书奏天子，天子怜悲其意，乃下诏曰："盖闻有虞氏之时，画衣冠异章服以为僇，而民不犯。何则？至治也。今法有肉刑三，而奸不止，其咎安在？非乃朕德薄而教不明欤？吾甚自愧。故夫驯道不纯而愚民陷焉。诗曰'恺悌君子，民之父母。'今人有过，教未施而刑加焉？或欲改行为善而道毋由也。朕甚怜之。夫刑至断支体，刻肌肤，终身不息，何其楚痛而不德也，岂称为民父母之意哉！其除肉刑。"

※ 译文

十三年夏天，皇上说："我听说天之大道，祸患因为怨恨才起，福泽由于德义才兴。百官的过失，应当由我自己负责。现在负责秘祝的官吏把这些过失推卸给臣下，就更加显示出我缺乏仁义道德，对此我很不赞成，应当把这种做法取消。"

五月，齐国太仓令淳于公犯罪应当处以刑罚，诏令朝廷掌管牢狱的官吏将其逮捕并押送到长安。太仓令无子，生有五个女儿。

太仓令将要被逮捕的时候，对女儿们骂道："生孩子若不生儿子，遇有急难的时候就没有任何益处！"小女儿缇萦因自己不是男儿而伤心哭泣，就跟随父亲来到长安，上书道："我的父亲身为官吏，齐中地区的人们都称赞他廉洁奉公，现今犯法理应受刑。我为那些死了的人无法复生，受刑罚的人再也没有完整的肢体而痛心，即使他们有改过自新的想法，也还是无路可走。我宁愿被取消名籍而成为官府的女奴，以此来抵赎父亲应当受刑的罪过，使他能够有悔过自新的机会。"

这份上奏呈给天子，天子悲怜她的孝心，就下诏说："我听说有虞氏的时候，罪犯穿戴画有特别花纹和颜色的衣帽，使他们与一般人不同，而民众就能做到不犯法。这是什么原因呢？这是因为政治清明。如今刑法列有黥面、劓鼻、刖足三种肉刑，可奸邪依然屡禁不止，过失在哪里呢？岂不是因为我的德行浅薄而教化不明吗？我深感惭愧。所以，训导的方法不当就会使愚昧的百姓走上犯罪的道路。《诗经》里说：'平易近人的官员，才是民众的父母。'现在人有了过错，不进行教育就加以刑罚，即使有人想改过从善也没有机会了。我非常怜悯他们。施用刑罚就将他们的肢体割断，把犯人的肌肤刻伤，一辈子都长不好，是多么痛苦而又不道德呀，作为百姓的父母，这怎么能合乎天下人的心意呢？应该废除肉刑。"

※ 原文

上曰："农，天下之本，务莫大焉。今勤身从事而有租税之赋，是为本末者毋以异，其于劝农之道未备。其除田之租税。"

十四年冬，匈奴谋入边为寇，攻朝那塞，杀北地都尉印。上乃遣三将军军陇西、北地、上郡，中尉周舍为卫将军，郎中令张武为车骑将军，军渭北，车千乘，骑卒十万。帝亲自劳军，勒兵申教令，赐军吏卒。帝欲自将击匈奴，群臣谏，皆不听。皇太后固要帝，帝乃止。于是以东阳侯张相如为大将军，成侯赤为内史，栾布为将军，击匈奴。匈奴遁走。

春，上曰："朕获执牺牲珪币以事上帝宗庙，十四年于今，历日长，以不敏不明而久抚临天下，朕甚自愧，其广增诸祀墠场珪币。昔先王远施不求其报，望祀不祈其福，右贤左戚，先民后己，至明之极也。今吾闻祠官祝釐，皆归福朕躬，不为百姓，朕甚愧之。夫以朕不德，而躬享独美其福，百姓不与焉，是重吾不德。其令祠官致敬，毋有所祈。”

※ 译文

文帝说：“农业是天下的根本，没有比这更重要的事情了。现在农民辛勤耕作却还要交纳租税，使务农和从事商业、手工业几乎没有区别，本末不分，这大概是鼓励农耕的方法还不完备吧。应当免除农田的租税。”

十四年冬天，匈奴谋划侵入边境进行劫掠，进攻朝那塞，把北地郡都尉孙卬杀死。文帝于是派出三位将军率兵分别驻扎在陇西、北地、上郡，中尉周舍被任命为卫将军，郎中令张武被任命为车骑将军，驻扎在渭河以北地区，一共有千辆战车，十万骑兵。文帝亲自对军队进行慰劳，部署军队，申明训令，奖赏全军将士。文帝准备亲自率兵反击匈奴，群臣劝阻，一概不听。皇太后坚决阻拦文帝，文帝这才罢休。于是任命东阳侯张相如为大将军，成侯董赤为内史，栾布为将军，命他们率军攻打匈奴。匈奴逃跑了。

这年春天，文帝说：“我有幸得以执掌祭祀的牛、羊、猪、玉帛来祭祀上天、宗庙，登上帝位，到现在十四年了，这么长的时间，让我这样一个不聪敏又不贤明的人长久地治理天下，感到非常惭愧。应当广泛增设祭祀的墠场和玉帛。从前先王远施恩惠而不求报答，遥祭山川却不为自己祈福，尊贤抑亲，先想到臣民而后考虑自己，圣明到了极点。如今我听说主持祭祀的祠官在祈祷的时候，全都为我一个人祈祷福乐，而不是为百姓祈福，我为此深感惭愧。凭着我这样的寡德，却独自享受神灵的福佑，而百姓却不能与我共同享受，这就加重了我的失德。现在命令祠官祭祀时只要向神灵献上敬意，不要再为我个人祈求什么。”

※ 原文

是时北平侯张苍为丞相，方明律历。鲁人公孙臣上书陈终始传五德事，言方今土德时，土德应黄龙见，当改正朔服色制度。天子下其事与丞相议。丞相推以为今水德，始明正十月上黑事，以为其言非是，请罢之。

十五年，黄龙见成纪，天子乃复召鲁公孙臣，以为博士，申明土德事。于是上乃下诏曰：“有异物之神见于成纪，无害于民，岁以有年。朕亲郊祀上帝诸神。礼官议，毋讳以劳朕。”有司礼官皆曰：“古者天子夏躬亲礼祀上帝于郊，故曰‘郊’。”于是天子始幸雍，郊见五帝，以孟夏四月答礼焉。赵人新垣平以望气见，因说上设立渭阳五庙，欲出周鼎，当有玉英见。

十六年，上亲郊见渭阳五帝庙，亦以夏答礼而尚赤。

十七年，得玉杯，刻曰“人主延寿”。于是天子始更为元年，令天下大酺。其岁，新垣平事觉，夷三族。

※ 译文

这时，北平侯张苍担任丞相，刚刚制定了新的律历。鲁人公孙臣上书陈奏金木水火土五行相生相克，终而复始以象征王朝兴替的五德终始学说，提出现在正处于土德，土德的应验是将会出现黄龙，应当更改历法、修定服色等制度。文帝把此事下交给丞相商议。丞相张苍经过推算，认为现今是水德运行，才明确把冬十月作为岁首，崇尚黑色，认为公孙臣的说法不对，请求文帝予以否决。

十五年，在成纪县出现了黄龙，文帝重新召来鲁国的公孙臣，任命他为博士，让他申明当今应为土德的道理。于是文帝下诏说：“有奇物神龙出现在成纪，没有伤害百姓，今年又是个丰收年。我要亲自到郊外祭祀上天和诸神。礼官们商讨此事，不要因为怕我劳累而有所隐讳。”负责的大臣和礼官们都说：“古代天子每到夏天就亲自到郊外祭祀上天，所以叫作郊祀。”于是文帝初次来到雍，对五帝进行郊祭，在夏初四月向天帝致礼。赵国人新垣平凭着望气之术来进见文帝，劝导文帝在渭城建五帝庙，并预言这能引出周朝的传国宝鼎，还会有奇异的美玉出现。

十六年，文帝亲自到渭阳五帝庙郊祭，仍在夏天向天帝致敬，崇尚红色。

十七年，文帝得到一个玉杯，其实此玉杯是新垣平为欺骗文帝而专门派人献上的，玉杯上刻有“人主延寿”四个字。于是文帝诏令改这一年为元年，下令天下民众聚会宴饮。当年，新垣平欺诈的事情被发觉，被诛灭了三族。

※ 原文

后二年，上曰：“朕既不明，不能远德，是以使方外之国或不宁息。夫四荒之外不安其生，封畿之内勤劳不处，二者之咎，皆自于朕之德薄而不能远达也。间者累年匈奴并暴边境，多杀吏民，边臣兵吏又不能谕吾内志，以重吾不德也。夫久结难连兵，中外之国将何以自宁？今朕夙兴夜寐，勤劳天下，忧苦万民，为之怛惕不安，未尝一日忘于心，故遣使者冠盖相望，结轶于道，以谕朕意于单于。今单于反古之道，计社稷之安，便万民之利，亲与朕俱弃细过，偕之大道，结兄弟之义，以全天下元元之民。和亲已定，始于今年。”

后六年冬，匈奴三万人入上郡，三万人入云中。以中大夫令勉为车骑将军，军飞狐；故楚相苏意为将军，军句注；将军张武屯北地；河内守周亚夫为将军，居细柳；宗正刘礼为将军，居霸上；祝兹侯军棘门，以备胡。数月，胡人去，亦罢。

※ 译文

后元二年，文帝说："我德行浅薄，不能施恩德于远方，所以致使境外的一些国家总是侵扰生事。边远地区人民的生活无法安定下来，内地的民众辛勤劳苦一刻都不得闲，这两方面的过失，都是由于我的德行不够深厚，惠及不到远方而致。最近接连几年匈奴都来边境骚扰，杀害我们很多官吏百姓，边境的官员和将领又不能理解我的心意，以致加重我的失德。这样长时间结下怨仇，兵祸不曾停止，各国怎么可能得到各自的安宁呢？现在我早起晚睡，日夜操劳国事，为天下百姓忧虑，惶惶不可终日，没有一天心里不想着这些事情，所以我不断地派出使者，多到在路上礼帽车盖前后相望，车子的辙迹道道相连，目的就是让他们向单于表明我的意愿。现今单于已经重新回到原来友好相处的道路上来了，考虑国家的安定，为了天下百姓的利益，主动与我约定，抛弃细小的过失，共同选择走和平的道路，结盟为兄弟，以保全天下善良的民众。和亲的协议已经确定，就从今年开始。"

后元六年冬天，匈奴三万人入侵上郡，三万人入侵云中郡。文帝任中大夫令勉为车骑将军，在飞狐口驻扎；任原楚国丞相苏意为将军，在句注山驻扎；命将军张武在北地郡驻守；任河内郡郡守周亚夫为将军，在细柳驻军；任宗正刘礼为将军，在霸上驻军；命祝兹侯徐悍在棘门驻扎，以防备匈奴。几个月后，匈奴人退走，这些军队也就撤回了。

※ 原文

天下旱，蝗。帝加惠，令诸侯毋入贡，弛山泽，减诸服御狗马，损郎吏员，发仓庾以振贫民，民得卖爵。

孝文帝从代来，即位二十三年，宫室苑囿狗马服御无所增益，有不便，辄弛以利民。尝欲作露台，召匠计之，直百金。

上曰："百金，中民十家之产，吾奉先帝宫室，常恐羞之，何以台为！"上常衣绨衣，所幸慎夫人，令衣不得曳地，帏帐不得文绣，以示敦朴，为天下先。治霸陵皆以瓦器，不得以金银铜锡为饰，不治坟，欲为省，毋烦民。南越王尉佗自立为武帝，然上召贵尉佗兄弟，以德报之，佗遂去帝称臣。与匈奴和亲，匈奴背约入盗，然令边备守，不发兵深入，恶烦苦百姓。吴王诈病不朝，就赐几杖。群臣如袁盎等称说虽切，常假借用之。群臣如张武等受赂遗金钱，觉，上乃发御府金钱赐之，以愧其心，弗下吏。专务以德化民，是以海内殷富，兴于礼义。

※ 译文

这一年天下大旱，发生蝗灾。文帝施恩于民，下诏命诸侯不必向朝廷进贡，解除开发山林湖泊的禁令，宫中各种服饰、车驾和狗马都适量地进行了缩减，裁减朝廷官员，打开粮仓救济贫苦民众，允许平民百姓出钱粮来买卖爵位。

孝文帝从代国来到京城，即位二十三年，宫室、园林、狗马、服饰、车驾等，一样都没有增加过。凡是存在不利于百姓的事，就予以废止，以便利民众。文帝曾经想建造一座高台，召来工匠计算了一下，结果得知造价相当于上百斤黄金。

文帝说："百斤黄金就是十户中等人家的产业，我承受了先帝留下的宫室，尚且常常怕有辱于先帝，如今还建造高台做什么呢？"文帝平时身穿质地粗厚的丝织衣服，即使是倍受宠爱的慎夫人，他也不准她穿长得拖到地上的衣服，所用帏帐也不准绣彩色花纹，以此种俭朴的方式来为天下人做榜样。文帝规定，自己的陵墓霸陵，全部用瓦器，不准用金银铜锡等金属做装饰，也不必修得高大；要节俭，不要扰乱百姓。南越王尉佗自立为武帝，文帝也把他的兄弟召来，使他们显贵，以德报怨。尉佗于是就把帝号取消，主动向汉朝称臣。汉与匈奴结约和亲，匈奴却违背盟约进行入侵劫掠，而文帝却只是命令边塞戒备防守，不准发兵深入匈奴境内，因为他不想给百姓带来烦扰和劳苦。吴王刘濞推病不来朝见，文帝就趁此机会赐给他木几和手杖，以表示考虑到他年岁已高，可以免去进京朝觐之礼。群臣中如袁盎等人进谏言说事，即使非常尖锐直率，文帝却总是宽容采纳。大臣中如张武等人收受别人贿赂，东窗事发，文帝就从皇宫的仓库中取出金钱来赐给他们，以此来使他们内心羞愧，而没有把他们交给执法官吏处理。文帝一心致力于用恩德感化臣民，所以天下富足安定，礼义兴盛。

※ 原文

后七年六月己亥，帝崩于未央宫。遗诏曰："朕闻盖天下万物之萌生，靡不有死。死者天地之理，物之自然者，奚可甚哀。当今之时，世咸嘉生而恶死，厚葬以破业，重服以伤生，吾甚不取。且朕既不德，无以佐百姓；今崩，又使重服久临，以离寒暑之数，哀人之父子，伤长幼之志，损其饮食，绝鬼神之祭祀，以重吾不德也，谓天下何！朕获保宗庙，以眇眇之身托于天下君王之上，二十有余年矣。赖天地之灵，社稷之福，方内安宁，靡有兵革。朕既不敏，常畏过行，以羞先帝之遗德；维年之久长，惧于不终。今乃幸以天年，得复供养于高庙，朕之不明与嘉之，其奚哀悲之有！其令天下吏民，令到出临三日，皆释服。毋禁取妇嫁女祠祀饮酒食肉者。自当给丧事服临者，皆无践。绖带无过三寸，毋布车及兵器，毋发民男女哭临宫殿。宫殿中当临者，皆以旦夕各十五举声，礼毕罢。非旦夕临时，禁毋得擅哭。已下，服大红十五日，小红十四日，纤七日，释服。佗不在令中者，皆以此令比率从事。布告天下，使明知朕意。霸陵山川因其故，毋有所改。归夫人以下至少使。"

※ 译文

后元七年六月己亥日，文帝在未央宫去世。遗诏说："我听说天下万物萌芽生长，最终都躲不过一死。死是世间的常理，万事万物的自然归宿，没有什么值得过分悲哀的！现在的人们都想长生，不想死去，死后人还要厚葬，以致耗尽家产，长期服丧以致损害身体。我不认为这有什么可取之处。况且我生前德行浅薄，没有给百姓带来多少好处；现在死了，再让百姓长期哭丧，遭受严寒酷暑的折磨，让天下的父子为我哀伤，让天下老幼心灵为此受到损害，减少饮食，中断对鬼神的祭祀，其结果会让我更加失德，我如何向天下人交代呢！我有这个荣幸奉守宗庙，以我这渺小之身躯凌驾在天下诸侯之上，至今已有二十多年。全凭天地的神灵，社稷的福气，才使国家安宁而无战乱。我不聪敏，时常担心行为有过失，使先帝遗留下来的美德蒙受羞辱；时间长久了，总是担心不能维持到最后。现在没想到能侥幸享尽天年，将被供奉在高庙里享受祭祀，我这么不贤明，却还能得到这样的结果，我认为这已经很好了，还悲哀什么呢！现在诏令全国官员和民众，接到诏令后，哭吊三日就把丧服除去。不要禁止娶妻、嫁女、祭祀、饮酒、吃肉。参加丧事、服丧哭祭的人，都不用赤脚。用以服丧的麻带不要超过三寸宽，不要陈列车驾和兵器，不用让民间男女到宫殿哭祭。宫中应当哭祭的人，只需早晚各哭十五声，行礼完毕就停止。如果不是早上和晚上哭祭的时间，则不要擅自哭泣。下葬以后，按丧服制度，规定要服丧九个月的大功只服十五天，要服丧五个月的小功只服十四天，要服丧三个月的丝麻只服七天，期满就脱去丧服。其余不在此令中的相关事宜，都参照此令办理。将此诏令通告天下，使天下人都明白我的心意。葬我的霸陵，周围的山水要保留其原貌，不要有什么改变。后宫夫人以下直至少使，全都准许她们回娘家。"

※ 原文

令中尉亚夫为车骑将军，属国悍为将屯将军，郎中令武为复土将军，发近县见卒万六千人，发内史卒万五千人，藏郭穿复土属将军武。

乙巳，群臣皆顿首上尊号曰孝文皇帝。

太子即位于高庙。丁未，袭号曰皇帝。

孝景皇帝元年十月，制诏御史："盖闻古者祖有功而宗有德，制礼乐各有由。闻歌者，所以发德也；舞者，所以明功也。高庙酎，奏《武德》《文始》《五行》之舞。孝惠庙酎，奏《文始》《五行》之舞。孝文皇帝临天下，通关梁，不异远方；除诽谤，去肉刑，赏赐长老，收恤孤独，以育群生；减嗜欲，不受献，不私其利也。罪人不帑，不诛无罪；除宫刑，出美人，重绝人之世。朕既不敏，不能识。此皆上古之所不及，而孝文皇帝亲行之。德厚侔天地，利泽施四海，靡不获福焉。明象乎日月，而庙乐不称，朕甚惧焉。其为孝文皇帝庙为《昭德》之舞，以明休德。然后祖宗之功德著于竹帛，施于万世，永永无穷，朕甚嘉之。其与丞相、列侯、中二千石、礼官具为礼仪奏。”

※ 译文

任命中尉周亚夫为车骑将军，任命典属国徐悍为将屯将军，任命郎中令张武为复土将军。征调京城附近各县一万六千名现役士卒，又征调内史所统辖的一万五千名京城士卒，去做安葬棺椁的挖土、填土等工作，由将军张武统领。

乙巳日，文帝葬在霸陵，群臣叩首至地，奉上谥号，尊称为孝文皇帝。

太子刘启在高庙继承皇位。丁未日，承袭帝号为皇帝。

孝景皇帝元年十月，下诏给御史说："我听说古代的帝王，建有取天下之功的被称为'祖'，保有治天下之德的称为'宗'，按照各自的规矩制定礼仪音乐。我还听说歌用来颂扬德行，舞用来显扬功绩。在高庙举行献酒祭祀，演奏《武德》《文始》《五行》等歌舞。在孝惠庙举行献酒祭祀，演奏《文始》《五行》等歌舞。孝文皇帝治理天下，开放关卡桥梁，四方畅通，边远地区也不例外；把诽谤有罪的法令废除了，把肉刑取消，赏赐老人，收养抚恤鳏寡孤独等贫苦的人，以此来养育天下众生；他杜绝各种嗜好，不收受臣子进献的贡品，不谋求一己之私利；处治罪犯不株连家人，无罪之人不予诛罚。把宫刑废除，并放出后宫美人，非常看重那些使人断绝后代的事情。我不聪敏，对孝文皇帝的一切还了解得不够透彻。这些都是古代帝王做不到的，但孝文皇帝却亲自实行了。他显赫的功德比得上天地；恩惠又遍及四海，天下人都得到了他的好处。他的光辉好比日月，可是祭祀时用的歌舞却与他不相称，为此我深感不安。应当为孝文皇帝庙制作《昭德》舞，来显扬他的美德。然后把祖宗的功德载入史册，流传万代，永远都没有穷尽，我认为这样做很好。此事由丞相、列侯、中二千石级的官员和礼官共同制定出礼仪，然后上报给我。"

※ 原文

丞相臣嘉等言："陛下永思孝道，立《昭德》之舞以明孝文皇帝之盛德。皆臣嘉等愚所不及。臣谨议：世功莫大于高皇帝，德莫盛于孝文皇帝，高皇庙宜为帝者太祖之庙，孝文皇帝庙宜为帝者太宗之庙。天子宜世世献祖宗之庙。郡国诸侯宜各为孝文皇帝立太宗之庙。诸侯王列侯使者侍祠天子，岁献祖宗之庙。请著之竹帛，宣布天下。"制曰："可。"

太史公曰：孔子言"必世然后仁。善人之治国百年，亦可以胜残去杀"，诚哉是言！汉兴，至孝文四十有余载，德至盛也。廪廪乡改正服封禅矣，谦让未成于今。

呜呼，岂不仁哉！

※ 译文

丞相申徒嘉等人说："陛下始终不忘孝亲之道，制作《昭德》之舞来显扬孝文皇帝的显赫功德，这都是我们这些愚钝的臣子所想不到的。我们恭敬地建议：世间取天下的功劳没有比高祖大的，治天下的功德没有比孝文皇帝大的，高祖庙应当作为本朝帝王的太祖庙，同时孝文皇帝庙应当作为本朝帝王的太宗庙。后代天子应世代祭祀这两座庙。各郡、各国诸侯也应为孝文皇帝建立太宗庙。每年朝廷举行祭祀的时候，诸侯王和列侯都要按时派使者来京陪侍天子祭祀，每年都要奉祭太祖太宗庙。请把这些规定写入文献，并公布于天下。"景帝下制说："可以。"

太史公说：孔子讲"一定要经过三十年的治理然后仁政才能见成效。品德好的人治理国家一百年，也才可以清除暴乱，废除刑杀"，这话真是太对了！汉朝从兴起到孝文皇帝历经四十多年，德政可以说是达到了鼎盛。他非常谨慎地改正朔、易服色、行封禅，只是由于谦让，到现在还没有完成。这不正是仁吗？

※ 评析

大臣诛灭吕氏集团后，迎文帝入朝，继承皇位，然后以无为而治的思想治国，相继施行了一系列善政，与民休养生息，使社会生产得以恢复。文帝谦虚谨慎、让德让贤，并且以天下为公。这就与那些为争权夺利而不择手段的人形成了鲜明的对比。文帝实施的一切措施都是从百姓的利益出发，甚至于临终时还不忘替天下百姓着想，丧事一切从简，不得为此误国事、农事等。太子启继位后，自然有了最好的参照榜样。也因此，汉朝的江山在经历了建国初的动荡之后，在文帝、景帝、武帝期间，一直保持着非常旺盛的发展局势，从而趋于鼎盛，成为中国历史上足以与大唐盛世并驾齐驱的另一巅峰时期。由此可见，"无为"的最终结果是"大有作为"，太极讲究"以柔克刚"，将其用于"齐家、治国、平天下"也未尝不可。

孝武本纪第十二

※ 原文

孝武皇帝者，孝景中子也。母曰王太后。孝景四年，以皇子为胶东王。孝景七年，栗太子废为临江王，以胶东王为太子。孝景十六年崩，太子即位，为孝武皇帝。孝武皇帝初即位，尤敬鬼神之祀。

元年，汉兴已六十余岁矣，天下乂安，荐绅之属皆望天子封禅改正度也。而上乡儒术，招贤良，赵绾、王臧等以文学为公卿，欲议古立明堂城南，以朝诸侯。草巡狩封禅改历服色事未就。会窦太后治黄老言，不好儒术，使人微得赵绾等奸利事，召案绾、臧，绾、臧自杀，诸所兴为者皆废。

后六年，窦太后崩。其明年，上征文学之士公孙弘等。

明年，上初至雍，郊见五畤。后常三岁一郊。是时上求神君，舍之上林中蹏氏观。神君者，长陵女子，以子死悲哀，故见神于先后宛若。宛若祠之其室，民多往祠。平原君往祠，其后子孙以尊显。及武帝即位，则厚礼置祠之内中，闻其言，不见其人云。

※ 译文

孝武皇帝是孝景帝的儿子，排行居中。他的母亲是王太后。孝景帝四年，武帝以皇子的身份被封为胶东王。孝景帝七年，太子栗被废，做了临江王，胶东王被立为太子。孝景帝十六年时，景帝去世，太子即位，即孝武皇帝。孝武皇帝刚刚即位，尤其敬重祭祀鬼神。

元年，汉朝已经兴起了六十多年了，天下太平，朝廷大臣都希望天子举行封禅大典，更改正朔与服色等制度。然而皇上却倾心于儒家学术，招贤纳士，赵绾、王臧等精通儒家学术的人均被拜为公卿，想按照古制在长安城南门外建立明堂，以此作为诸侯朝见天子之地。初步拟定的巡视和封禅大典，以及修正律历和服色等事项都还没有完成。偏偏窦太后信仰黄老思想，不喜欢儒术，于是就派人暗中侦查，发现赵绾等人有非法营私的行为，就召来这些人，并对其进行审查，致使他们在狱中自杀身亡。与此同时，他们所兴办的事务也都被废除了。

又过了六年，窦太后去世。第二年，皇帝又征召擅长儒学的公孙弘等人。

第二年，皇帝初次到了雍县，在五畤举行郊祭。此后便每三年举行一次郊祭。当时皇帝求到了一位神君，将其安置在上林苑的蹄氏观。神君本是一位长陵女子，由于儿子死亡而悲痛去世，去世后在妯娌宛若面前显灵。宛若便在自己家里对她进行供奉祭祀。民间很多人都去祭祀过她。平原君也去祭祀，自此以后，她的子孙便富贵显赫了。武帝即位后，用厚礼将其安置在宫中内廷来供奉祭祀。祭祀时能听到她说话，但没有看到她的神灵形象。

※ 原文

是时而李少君亦以祠灶、谷道、却老方见上，上尊之。少君者，故深泽侯入以主方。匿其年及所生长，常自谓七十，能使物，却老。其游以方遍诸侯。无妻子。人闻其能使物及不死，更馈遗之，常余金钱帛衣食。人皆以为不治产业而饶给，又不知其何所人，愈信，争事之。少君资好方，善为巧发奇中。尝从武安侯饮，坐中有年九十余老人，少君乃言与其大父游射处，老人为儿时从其大父行，识其处，一坐尽惊。少君见上，上有故铜器，问少君。少君曰："此器齐桓公十年陈于柏寝。"已而案其刻，果齐桓公器。一宫尽骇，以少君为神，数百岁人也。

少君言于上曰："祠灶则致物，致物而丹沙可化为黄金，黄金成以为饮食器则益寿，益寿而海中蓬莱仙者可见，见之以封禅则不死，黄帝是也。臣尝游海上，见安期生，食臣枣，大如瓜。安期生仙者，通蓬莱中，合则见人，不合则隐。"于是天子始亲祠灶，而遣方士入海求蓬莱安期生之属，而事化丹沙诸药齐为黄金矣。

※ 译文

这个时候，李少君也因会祭祀灶神求福、种谷得金和长生不老的方术而被皇帝接见，并被敬重。少君是以前深泽侯推荐来负责方术、药物等事务的。他将年龄、籍贯和生平经历都隐瞒了，经常说自己是七十岁，能驱鬼逐神，能用药物让人长生不老。他因为会方术而游历诸侯各国，没有妻妾和子女。人们听说他能用药物让人长生不老，就赠给他财物，因此他才有了充足的金钱和衣物。人们都觉得他不从事生产却有富足的产业，又弄不清楚他到底是个什么样的人，因此更加信奉他，并且争相侍奉他。李少君天性就喜好方术，善于投机取巧地发表一些见解，而这些又常常奇迹般地被他言中。他曾陪同武安侯宴饮，其中有个九十多岁的老人，少君就讲起同老人的祖父游玩狩猎过的地方。老人小时候跟随祖父出行，认识那个地方，这让宴座上的所有人都感到吃惊。少君觐见皇上，皇上有一件古旧的器具，就拿出来问少君，少君说："此铜器在齐桓公十年陈列在柏寝台。"随即命人考察器具上的刻字，果然是齐桓公时候的。宫廷中所有人都很惊奇，觉得少君是个神，以为他已经有几百岁了。

少君对皇上说："祭祀灶神能召来神物，神物被召来，丹砂就会化为黄金，用此黄金筑成饮食的容器就能益寿延年。益寿延年就会被海中蓬莱的仙人看到，看到仙人并举行封禅大典就会长生，黄帝就是如此。我曾到海上游览，看到了安期生，吃过他送给我的像西瓜一样大的枣。安期生是仙人，他能来往于蓬莱山中，奉行的道合他的意，他就会见你，反之，他就隐藏起来。"于是皇上开始亲自祭祀灶神，还派遣方士到海上寻求像蓬莱安期生这样的神仙，并做起将丹砂和各种药剂化成黄金的事情来。

※ 原文

居久之，李少君病死。天子以为化去不死也，而使黄锤史宽舒受其方。求蓬莱安期生莫能得，而海上燕齐怪迂之方士多相效，更言神事矣。

亳人薄诱忌奏祠泰一方，曰："天神贵者泰一，泰一佐曰五帝。古者天子以春秋祭泰一东南郊，用太牢具，七日，为坛开八通之鬼道。"于是天子令太祝立其祠长安东南郊，常奉祠如忌方。其后人有上书，言"古者天子三年一用太牢具祠神三一：天一，地一，泰一。"天子许之，令太祝领祠之忌泰一坛上，如其方。后人复有上书，言"古者天子常以春秋解祠，祠黄帝用一枭破镜；冥羊用羊；祠马行用一青牡马；泰一、皋山山君、地长用牛；武夷君用干鱼；阴阳使者以一牛"。令祠官领之如其方，而祠于忌泰一坛旁。

其后，天子苑有白鹿，以其皮为币，以发瑞应，造白金焉。

其明年，郊雍，获一角兽，若麃然。有司曰："陛下肃祗郊祀，上帝报享，锡一角兽，盖麟云。"于是以荐五畤，畤加一牛以燎。赐诸侯白金，以风符应合于天地。

※ 译文

过了一段时间之后，李少君病死了。皇上认为他是升天而非死去，于是派黄锤和宽舒继续传授他的方术。没有找到蓬莱安期生这样的仙人，但是在沿海属燕国和齐国的地方，那些怪诞迂阔的方士们却在纷纷效仿，更起劲地宣传起神仙的事情来。

亳地人薄诱忌上奏祭祀泰一神的方术，说："天神中，属泰一神最为尊贵。泰一的配祭是五位天帝。古时候的天子都是在春、秋季的时候到东南郊对其进行祭祀。祭品为牛、羊、猪三牲的太牢祭礼，祭祀为七天，修建祭坛，并设有通往八方的鬼道。"于是皇上就命太祝官在长安东南郊建立了这样的祭坛，常常按照薄诱忌上奏的方法来进行供奉祭祀。此后有人上书，说："古时候的天子每三年对三一——天一、地一和泰一进行祭祀。"皇上也应允了，让太祝统领朝臣在薄诱忌的泰一神坛上祭祀，并按照薄诱忌所说的方法做。后来又有人上书，说："古时候的天子常在春、秋时节举行祭祀，以去除祸患、祈求福祥。祭祀黄帝时，祭品为一只枭和一个破镜；祭祀冥羊神的祭品为羊；祭祀马行神的祭品为一匹青色的公马；祭祀泰一、皋山山君和地长的祭品为牛；祭祀武夷君的祭品为干鱼；祭祀阴阳使者的祭品为一头牛。"皇上就命祭祀官按照此方法来统领朝臣办理，在薄诱忌的泰一神坛旁边举行祭祀。

此后，皇上的园囿里养着白鹿，用鹿皮造成皮币，为了揭示祥瑞感应，铸造了白金。

第二年，在雍郊祭祀时，捕获了一只独角兽，看起来像麃的样子。官员说："陛下如此肃穆虔诚地举行祭祀，上天为了回报，就将独角兽赐给您，这大概就是麒麟吧。"于是就将其献给了五畤，并为每畤增加一头牛的祭品，一起焚烧以祭祀天帝。将白金赐给诸侯，以表示所揭示的符应是合乎天意的。

※ 原文

于是济北王以为天子且封禅，乃上书献泰山及其旁邑。天子受之，更以他县偿之。常山王有罪，迁，天子封其弟于真定，以续先王祀，而以常山为郡。然后五岳皆在天子之郡。

其明年，齐人少翁以鬼神方见上。上有所幸王夫人，夫人卒，少翁以方术盖夜致王夫人及灶鬼之貌云，天子自帷中望见焉。于是乃拜少翁为文成将军，赏赐甚多，以客礼礼之。文成言曰："上即欲与神通，宫室被服不象神，神物不至。"乃作画云气车，及各以胜日驾车辟恶鬼。又作甘泉宫，中为台室，画天、地、泰一诸神，而置祭具以致天神。居岁余，其方益衰，神不至。乃为帛书以饭牛，详弗知也，言此牛腹中有奇。杀而视之，得书，书言其怪，天子疑之。有识其手书，问之人，果伪书。于是诛文成将军而隐之。

其后则又作柏梁、铜柱、承露仙人掌之属矣。

文成死明年，天子病鼎湖甚，巫医无所不致，不愈。游水发根乃言曰："上郡有巫，病而鬼下之。"上召置祠之甘泉。及病，使人问神君。神君言曰："天子毋忧病。病少愈，强与我会甘泉。"于是病愈，遂幸甘泉，病良已。

※ 译文

于是济北王认为皇上要举行封禅大典，就上书要献出泰山和附近的城邑。天子接受了，用另外的县邑来赏还他。常山王犯了罪，被贬官迁徙，天子将他的弟弟封在真定，来继续对先王的祭祀，而把常山国改为郡。此后，五岳均归于天子的管辖范围。

第二年，齐人李少翁因为具备招引鬼神的方术而被皇上召见。皇上特别宠爱的王夫人去世了，少翁便用方术在夜间设置帷帐将王夫人和灶鬼的容貌招来，天子从帷帐中看到了。于是就拜少翁为文成将军，并大加赏赐，将其奉为上宾。文成将军说："皇上想要和神仙会面，但是住的宫室和穿戴的服饰又不像神仙用的，神仙便不会来。"于是画了有云气的车子，还分别依干支五行相胜之日驾车以驱除恶鬼。又建造了甘泉宫，中间设为台室，画出天、地、泰一等各种神灵，设置祭品以招来天神。一年多过去了，他的方术更加不灵了，神仙没有来。于是就在帛上写下字，让牛吃进肚里，并假装不知道，说此牛肚里有奇怪的东西。将牛杀掉打开一看，果真有帛书，书上写的内容很是奇怪，天子对此表示怀疑。有人认出了帛书上的字迹，就询问写此笔迹的人，果真查出此书是假造的。于是就将文成将军诛杀，并将此事隐瞒。

此后，又营建了柏梁、铜柱、承露仙人掌等建筑。

文成将军被杀的第二年，天子在鼎湖宫病得很严重，巫医用尽了一切办法，还是不见好转。游水县一个叫发根的人进言道："上郡有个能够驱除病魔的巫师。"皇上就将其招来安置在甘泉宫以行祭祀。病了的时候，派人去问神君。神君说："皇上您不用担忧自己的病。病情稍见好转，就振作精神来甘泉宫见我。"于是病情好转，就前往甘泉宫，果真就彻底好了。

※ 原文

大赦天下，置寿宫神君。神君最贵者大夫，其佐曰大禁、司命之属，皆从之。非可得见，闻其音，与人言等。时去时来，来则风肃然也。居室帷中。时昼言，然常以夜。天子祓，然后入。因巫为主人，关饮食。所欲者言行下。又置寿宫、北宫，张羽旗，设供具，以礼神君。神君所言，上使人受书其言，命之曰"画法"。其所语，世俗之所知也，毋绝殊者，而天子独喜。其事秘，世莫知也。

其后三年，有司言元宜以天瑞命，不宜以一二数。一元曰建元，二元以长星曰元光，三元以郊得一角兽曰元狩云。

其明年冬，天子郊雍，议曰："今上帝朕亲郊，而后土毋祀，则礼不答也。"有司与太史公、祠官宽舒等议："天地牲角茧栗。今陛下亲祀后土，后土宜于泽中圜丘为五坛，坛一黄犊太牢具，已祠尽瘗，而从祠衣上黄。"于是天子遂东，始立后土祠汾阴脽上，如宽舒等议。上亲望拜，如上帝礼。礼毕，天子遂至荥阳而还。过洛阳，下诏曰："三代邈绝，远矣难存。其以三十里地封周后为周子南君，以奉先王祀焉。"是岁，天子始巡郡县，侵寻于泰山矣。

※ 译文

于是大赦天下，并把神君迁置到寿宫。神君最尊贵的是泰一神，泰一神的辅佐大禁、司命等都跟着迁到了寿宫。人们是看不到这些神仙的，但是可以听到他们说话，跟人说话一样。时而来临，时而离去，来的时候有风吹动的萧萧声。他们在宫室的帷帐中居住。有时会在白天说话，但通常还是在夜里说。天子举行了消灾求福的仪式后来到寿宫，让巫师作为寿宫的主人，由他负责神君的饮食。众神灵想说的话也都是通过巫师来传达。又建造寿宫和北宫，并用羽毛来装饰悬挂的旗帜，陈设供奉器具以礼祭神君。神君的话，皇上就派人听取并记录，称为"画法"。然而神君说的话都是世间俗人知道的，没有什么特殊之处，唯独天子喜欢。这种事情是要保守秘密的，因此世人无法知晓。

接下来的三年，官员们说纪元应当用天的祥瑞来命名，而不应只按一、二来记数。第一个纪元为建元，第二个纪元由于出现了彗星而称为元光，第三个纪元由于在郊外捕获一只野兽叫作元狩。

第二年冬，天子到雍县去举行郊祭，商讨说："如今上天由我来亲自进行郊祭，但是却没有祭祀后土神，这是不完备的。”主管官员同太始公、祠官宽舒等人商议道：“祭祀天地应该用茧栗色角的小牛。现在陛下亲自祭祀后土神，就应该在水泽中建五个外形高而圆像小丘的祭坛，每个祭坛都要用黄牛太牢礼来进行祭祀。结束后全都埋掉。陪祭人的服饰应为黄色。”于是天子就向东去，开始在汾阴地的山丘上修建后土神庙，这些都依据宽舒等人的建议。皇上亲自进行望祭，同祭祀上天的礼仪没有区别。祭礼结束后，天子就从荥阳返回。途经洛阳时颁布诏书说：“三代距今非常遥远，太远了，他们的后代就难以留存。应该把三十里的地方封给周家的后裔并封他为周子南君，以便使他们供奉先祖的祭祀。”这一年，天子开始巡视郡县，渐渐接近泰山一带了。

※ 原文

其春，乐成侯上书言栾大。栾大，胶东宫人，故尝与文成将军同师，已而为胶东王尚方。而乐成侯姊为康王后，毋子。康王死，他姬子立为王。而康后有淫行，与王不相中，相危以法。康后闻文成已死，而欲自媚于上，乃遣栾大因乐成侯求见言方。天子既诛文成，后悔恨其早死，惜其方不尽，及见栾大，大悦。大为人长美，言多方略，而敢为大言，处之不疑。

大言曰：“臣尝往来海中，见安期、羡门之属。顾以为臣贱，不信臣。又以为康王诸侯耳，不足予方。臣数言康王，康王又不用臣。臣之师曰：‘黄金可成，而河决可塞，不死之药可得，仙人可致也。’臣恐效文成，则方士皆掩口，恶敢言方哉！”上曰：“文成食马肝死耳。子诚能修其方，我何爱乎！”大曰：“臣师非有求人，人者求之。陛下必欲致之，则贵其使者，令有亲属，以客礼待之，勿卑，使各佩其信印，乃可使通言于神人。神人尚肯邪不邪。致尊其使，然后可致也。”于是上使先验小方，斗旗，旗自相触击。

※ 译文

这年春天，乐成侯丁义上书推荐栾大。栾大是胶东王的宫人，以前曾经跟文成将军向同一个师傅学艺，后来就跟着胶东王，替他主持配置药方。乐成侯的姐姐是康王的王后，没有儿子。康王去世，别的姬妾生的儿子即位。康王王后有淫乱的行为，她与康王不和睦，用法互相伤害。康王听说文成将军已经被杀，就想讨好皇上，于是就通过乐成侯推荐栾大进言方术。天子将文成将军杀掉后，又有些后悔他死得太早了，还没有将所有的方术都用出来，见了栾大就非常高兴。栾大身材高大，面貌秀美，言谈中透露出很多计谋策略，而且敢于毫无迟疑地说大话。

栾大进言说：“我曾到海上，见到过安期生、羡门等一类的仙人。只是他们由于我地位低贱而不信任我。又觉得康王只不过是个诸侯王，因此不值得将神仙之方给他。我曾多次对康王说，但是康王也不信任我。我师父说：‘黄金可以炼成，黄河的决口也可以堵上，长生不死的药也可以找到，神仙也可以被招来。’我是怕步文成将军的后尘，那样方士都会掩上自己的嘴巴，还有谁敢进言方术呢？”皇上说：“文成将军是吃了马肝才死的。你若真的可以修炼出神仙方术，我还吝惜什么呢？”栾大说：“我师父并非有求于人，而是人们去求他。陛下您若真想招来神仙，就一定要尊重他派遣的使者，让他有亲属，以宾客之礼来款待他，不能鄙视他，让他佩戴各种印信，这样才能使他与神仙交往通话。神仙肯来不肯来都有可能。但必须尊重他们的使者，才能请来他们。”于是皇上就让他先试验一下小的方术，表演斗棋，棋子就真的相互撞击。

※ 原文

是时上方忧河决，而黄金不就，乃拜大为五利将军。居月余，得四金印，佩天士将军、地土将军、大通将军、天道将军印。制诏御史：“昔禹疏九江，决四渎。间者河溢皋陆，堤徭不息。朕临天下二十有八年，天若遗朕士而大通焉。《乾》称‘蜚龙’，‘鸿渐于般’，意庶几与焉。其以二千户封地士将军大为乐通侯。”赐列侯甲第，僮千人。乘舆斥车马帷帐器物以充其家，又以卫长公主妻之，赍金万斤，更名其邑曰当利公主。天子亲如五利之第。使者存问所给，连属于道。

自大主将相以下，皆置酒其家，献遗之。于是天子又刻玉印曰“天道将军”，使使衣羽衣，夜立白茅上，五利将军亦衣羽衣，立白茅上受印，以示弗臣也。而佩“天道”者，且为天子道天神也。于是五利常夜祠其家，欲以下神。神未至而百鬼集矣，然颇能使之。其后治装行，东入海，求其师云。大见数月，佩六印，贵振天下，而海上燕齐之间，莫不搤捥而自言有禁方，能神仙矣。

※ 译文

这个时候，皇上正担忧黄河决口，而黄金也没有炼成，于是就拜栾大为五利将军。过了一个多月，栾大就得到了四方金印，佩戴天士将军、地土将军、大通将军和天道将军的印信。天子下诏给御史：“以前大禹将九江疏导，决通四渎。近来黄河泛滥，直至岸边广阔的土地，修筑堤防的劳役不能停息。我君临天下已经二十八年了，上天仿佛要送给我一名贤士，而栾大正是个通晓天意的贤士。《易经·乾卦》说‘飞龙在天’，‘鸿鸟飞临高岸’，得到栾大，说明我的意志是得到上天赞许的。应该用两千户食役封地将栾大将军封为乐通侯。”赐给他列侯等级的上等住宅，还有一千名童仆。其家室都按照帝王的标准添置了车马、帐幕、器械、百物等。又将卫皇后的长女嫁给他，赠送万斤黄金，将公主封号改为当利公主。天子亲临五利将军的宅第。派人问候并供给物品，这样的队伍在路上连续不断。

从大长公主和将相以下，都在他家里设置酒宴，进献和赠送财物。于是天子又刻了一个称为“天道将军”的玉印，派使者身穿用羽毛缝制的衣服，夜晚时候站在白茅上，五利将军也身穿同样的衣服，站在白茅上接受玉印，以此来显示不把他当臣子看待。而佩戴“天道”的意思就是要为天子招来神仙。于是五利将军常夜里在家里祭祀，想以此来让神仙降临。神仙没有招来却招来了百鬼，不过栾大指使他们还是游刃有余。此后，他整装出行，向东进入海上，去寻求他的师父。栾大被引见几个月的时间，就佩戴上六方大印，高贵的地位令天下震动。而沿海燕国和齐国一带的方士，人人都争着称自己有神仙方术，可以将神仙招来。

※ 原文

其夏六月中，汾阴巫锦为民祠魏脽后土营旁，见地如钩状，掊视得鼎。鼎大异于众鼎，文镂毋款识，怪之，言吏。吏告河东太守胜，胜以闻。天子使使验问巫锦得鼎无奸诈，乃以礼祠，迎鼎至甘泉，从行，上荐之。至中山，晏温，有黄云盖焉。有麃过，上自射之，因以祭云。至长安，公卿大夫皆议请尊宝鼎。天子曰：“间者河溢，岁数不登，故巡祭后土，祈为百姓育谷。今年丰庑未有报，鼎曷为出哉？”

有司皆曰：“闻昔大帝兴神鼎一，一者一统，天地万物所系终也。黄帝作宝鼎三，象天地人也。禹收九牧之金，铸九鼎，皆尝鬺烹上帝鬼神。遭圣则兴，迁于夏商。周德衰，宋之社亡，鼎乃沦伏而不见。《颂》云‘自堂徂基，自羊徂牛；鼐鼎及鼒，不虞不骜，胡考之休。’今鼎至甘泉，光润龙变，承休无疆。合兹中山，有黄白云降盖，若兽为符，路弓乘矢，集获坛下，报祠大飨。惟受命而帝者心知其意而合德焉。鼎宜见于祖祢，藏于帝廷，以合明应。”制曰：“可。”

※ 译文

这年夏天的六月中旬，汾阴的一个叫锦的巫师在魏脽后土神庙旁为百姓祈祷祭祀时，看到地面有个地方凸起像钩状，将土扒开一看，是个鼎。此鼎要大于一般的鼎，雕刻着花纹，但没有文字，他感到奇怪，就上报给当地官员。官员又上报给河东的太守胜，太守胜上书禀告给皇上。天子派人考查询问巫师得到此鼎的情况，确定没有欺诈，于是就举行祭礼，并将鼎迎到甘泉宫，百官同行，皇上把它祭献给上天。到了中山，天气晴朗温和，上空还覆盖着黄色的云彩。正好有只麃经过，皇上将其射中，因而就用它来祭祀。到了长安，官员都商议请求尊崇宝鼎。天子说：“近来黄河泛滥，连续几年都收成不好，因此巡行祭祀后土神，祈祷他们能让民众得到丰收。如今还没有将丰收的事情祭告天地，鼎怎么就出土了呢？”

官员们都说：“听说以前太帝铸造了一座神鼎，代表大一统，以维系天地万物始终。黄帝铸造了三座鼎，代指天、地、人。大禹将九州出产的金属收集起来，铸造了九鼎，都曾被用来烹煮牲畜以祭祀上帝鬼神。他们往往在盛世出现，就这样传到了夏代和商代。周朝的德政衰败，宋国的社庙覆亡，于是鼎就消失不见了。《诗经·周颂》说：‘从庙堂到门槛外，有的献羊有的献牛；大鼎、中鼎和小鼎，我既不喧哗也不傲慢，保佑众人都长寿。’如今，鼎到了甘泉宫，光辉润泽，有如龙游变化，传承无限的福惠。在此地同中山降下的黄白祥云相合，祥云像嘉兽就象征符应，再加上陛下用大弓四矢射获了麃，因此吉兆都汇集到了坛下，形成了报答天地鬼神的盛大祭礼。只有承受天命而称帝的人才能从心里知道这其中的深意，并能与天地合德。此宝鼎应当献给高祖庙，并在甘泉宫的殿廷珍藏，以便同上天降下来的神明符应相契合。”皇上说：“好的。”

※ 原文

入海求蓬莱者，言蓬莱不远，而不能至者，殆不见其气。上乃遣望气佐候其气云。

其秋，上幸雍，且郊。或曰“五帝，泰一之佐也。宜立泰一而上亲郊之”。上疑未定。齐人公孙卿曰：“今年得宝鼎，其冬辛巳朔旦冬至，与黄帝时等。”卿有札书曰：“黄帝得宝鼎宛，问于鬼臾区。区对曰：‘帝得宝鼎神策，是岁己酉朔旦冬至，得天之纪，终而复始。’于是黄帝迎日推策，后率二十岁得朔旦冬至，凡二十推，三百八十年。黄帝仙登于天。”

卿因所忠欲奏之。所忠视其书不经，疑其妄书，谢曰：“宝鼎事已决矣，尚何以为！”卿因嬖人奏之。上大说，召问卿。对曰：“受此书申功，申功已死。”上曰：“申功何人也？”卿曰：“申功，齐人也。与安期生通，受黄帝言，无书，独有此鼎书。曰‘汉兴复当黄帝之时。汉之圣者在高祖之孙且曾孙也。宝鼎出而与神通，封禅。封禅七十二王，唯黄帝得上泰山封。’申功曰：‘汉主亦当上封，上封则能仙登天矣。黄帝时万诸侯，而神灵之封居七千。天下名山八，而三在蛮夷，五在中国。中国华山、首山、太室、泰山、东莱，此五山黄帝之所常游，与神会。黄帝且战且学仙。患百姓非其道，乃断斩非鬼神者。百余岁然后得与神通。黄帝郊雍上帝，宿三月。鬼臾区号大鸿，死葬雍，故鸿冢是也。其后黄帝接万灵明廷。明廷者，甘泉也。所谓寒门者，谷口也。黄帝采首山铜，铸鼎荆山下。鼎既成，有龙垂胡髯下迎黄帝。黄帝上骑，群臣后宫从上龙七十余人，龙乃上去。余小臣不得上，乃悉持龙髯，龙髯拔，堕黄帝之弓。百姓仰望黄帝既上天，乃抱其弓与龙胡髯号。故后世因名其处曰鼎湖，其弓曰乌号。’”于是天子曰：“嗟乎！吾诚得如黄帝，吾视去妻子如脱耳。”乃拜卿为郎，东使候神于太室。

※ 译文

到海上去寻找蓬莱的人都说蓬莱山并不远，而不能到达的原因，可能是由于看不到到它的云气。于是皇上就派会望气的人去辅佐观察蓬莱仙山的云气。

当年秋天，皇上去雍县，准备举行郊祀。有人说“五帝是泰一神的配祭。应该设立泰一神坛，由皇上来亲自祭祀它”。皇上犹豫不决。齐地一个叫公孙卿的人说：“今年得到宝鼎，是在冬月辛巳朔日，而且辰旦又正是冬至到达的时刻，这同黄帝得到宝鼎的时间正好相同。”公孙卿还有书札说：“黄帝是在宛地得到宝鼎的，为此他问臣子鬼臾区，鬼臾区说：‘黄帝得到宝鼎和神策，这一年是己酉朔日，辰旦也是冬至到来的时刻，合乎天的历数，周而复始，连绵不绝。’于是黄帝就通过神策来预测日月朔望，从而推算历法，以后大约每过二十年，就又为朔旦冬至，共推二十次，合计三百八十年，然后黄帝就登临仙界了。”

公孙卿想通过武帝的重臣所忠奏上。但是所忠看他书中的论述不合常理，就怀疑他是瞎写的，就推辞说：“祭祀宝鼎的事情已经决定了，还有什么能做的呢？”公孙卿就通过武帝宠爱的人奏上。皇帝看了非常高兴，就将公孙卿召来询问。公孙卿说：“我是从申功那里学到的，但是申功已经去世了。”皇上说：“申功是个什么样的人呢？”公孙卿说：“申功是齐地的人。他与安期生交往，并接受了黄帝的言论，但是没有文字记录，就只有这一份铸在鼎上的文字。说‘汉室兴起时会与黄帝得鼎的时节相当，汉室的圣人将在高祖的孙辈，或曾孙辈中产生。宝鼎出土就与神灵相通，就要举行封禅大典。自古举行封禅的七十二位君王中，只有黄帝能够上到泰山封礼’。申功说：‘汉朝的皇帝也应当到泰山上去举行封禅大典，这样就能够成仙升天了。黄帝的时候有上万的诸侯，能够主持名山大川的神灵祭祀，并得到封地的也就七千家。天下有八大名山，其中三座位于蛮夷之地，五座分布在中原各国。中原国的华山、首山、太室、泰山、东莱，这五座大山是黄帝经常巡游的地方，并能与神灵会面。黄帝边作战边学仙道。他痛恨百姓中有人反对仙道，并将一些诋毁神灵的人处斩。就这样一百多年以后才可以与神灵交通。黄帝到雍去进行郊祭，在那里停留了三个月。鬼臾区号称大鸿，死后葬在了雍，这就是以前的鸿冢。此后，黄帝在明堂接见万千神灵。明堂就是现在的甘泉宫。寒门就是现在的谷口。黄帝开采首山的铜，用它们在荆山下铸成鼎。鼎铸成后，有条巨龙垂下胡须来迎接黄帝。黄帝骑上龙背，一同骑上去的还有七十多名群臣和后宫妃子，然后龙就飞上了天。还有些小臣没能骑上龙背，就都抓住了龙的胡须，结果龙的胡须被拔了下来，同时黄帝的一把弓也一起掉落下来。百姓看着黄帝骑着巨龙飞上天，就抱着他的弓和龙须哭号不止，因此后人就把黄帝上天的地方称作鼎湖，将他掉落的弓称作乌号。’”于是天子就说：“哎呀！倘若我真的能像黄帝那样，我就会把抛却人间的妻妾和子女看得像脱掉鞋子那样容易了。”于是任命公孙卿为郎官，并将其派到东方去，在太室山恭候神灵。

※ 原文

上遂郊雍，至陇西，西登空桐，幸甘泉。令祠官宽舒等具泰一祠坛，坛放薄忌泰一坛，坛三垓。五帝坛环居其下，各如其方，黄帝西南，除八通鬼道。泰一所用，如雍一畤物，而加醴枣脯之属，杀一犛牛以为俎豆牢具。而五帝独有俎豆醴进。其下四方地，为餟食群神从者及北斗云。已祠，胙余皆燎之。其牛色白，鹿居其中，彘在鹿中，水而洎之。祭日以牛，祭月以羊彘特。泰一祝宰则衣紫及绣。五帝各如其色，日赤，月白。

十一月辛巳朔旦冬至，昧爽，天子始郊拜泰一。朝朝日，夕夕月，则揖；而见泰一如雍礼。其赞飨曰：“天始以宝鼎神筴授皇帝，朔而又朔，终而复始，皇帝敬拜见焉。”而衣上黄，其祠列火满坛，坛旁烹炊具。有司云“祠上有光焉”。公卿言“皇帝始郊见泰一云阳，有司奉瑄玉嘉牲荐飨。是夜有美光，及昼，黄气上属天。”太史公、祠官宽舒等曰：“神灵之休，祐福兆祥，宜因此地光域立泰畤坛以明应。令太祝领，及腊间祠。三岁天子一郊见。”

※ 译文

皇上接着就到雍举行郊祭，到达陇西，向西登上了空桐山，驾临甘泉宫。命祠官宽舒筹建泰一神坛，祭坛仿照薄诱忌所说的泰一坛建造，神坛分作三层。五帝的祭坛环绕在泰一坛的下面，各自依照他们所属的方位，黄帝坛安置在西南方，开通了八条供鬼神往来的通道。泰一坛所有的祭品相当于雍县五畤中的一畤祭品，另外还增加了甜酒、枣果和干肉之类，还杀了一头牦牛作为盛在俎豆中的牲牢祭品。而五帝坛只进献俎豆通常所盛的和甜酒，没有牦牛。在祭坛下的四周，祭祀随从的众神和北斗星。祭祀完毕，烧掉用过的全部祭品。祭祀用的是白色的牛，将鹿塞进牛的腹腔，再将猪塞进鹿的腹腔，然后浸泡在水里。用牛祭日神，用羊或者猪祭月神，这些都是只用一头。穿紫色绣衣的祝官祭泰一神，至于祭五帝的祝官，他们的礼服颜色均按照五帝所属的颜色，穿红衣祭日，穿白衣祭月。

十一月辛巳朔日早晨，正值冬至，拂晓时分，天子就开始在郊外祭祀泰一神。早晨对日神进行朝拜，傍晚对月神进行祭祀，这些都要拱手肃拜；而祭拜泰一神则与在雍县的郊祀礼仪相同。劝神进食的祝辞是：“上天开始把宝鼎神策赐给皇帝，让他的天下经过了一个又一个朔旦，周而复始，循环不息。皇帝在此恭敬地拜祭参见天神。”

祭祀时穿黄色的礼服，神坛上布满火炬，烹煮器具摆在坛旁。主管官员说“祠坛上方有光彩出现”。公卿大臣们说“皇帝刚开始的时候是在云阳宫进行郊祀，祭拜泰一神，司祭的官员捧着直径六寸的大玉璧，并且将毛纯膘肥的牲口进献给神灵享用。祭祀当夜，天空就出现了美丽的光彩，直到第二天的白天，还有黄色云气上升与天相连”。太史公和祠官宽舒等说：“神灵显示的美丽光彩，是保佑福禄的吉祥预兆，应该在这神光所照的地方建立泰畤坛，以彰显上天神明的灵验。命令太祝负责此事，在每年的秋天和腊月之间举行祭祀。每三年，天子就来参加一次郊祀。”

※ 原文

其秋，为伐南越，告祷泰一，以牡荆画幡日月北斗登龙，以象天一三星，为泰一锋，名曰“灵旗”。为兵祷，则太史奉以指所伐国。而五利将军使不敢入海，之泰山祠。上使人微随验，实无所见。五利妄言见其师，其方尽，多不雠，上乃诛五利。

其冬，公孙卿候神河南，见仙人迹缑氏城上，有物若雉，往来城上。天子亲幸缑氏城视迹。问卿：“得毋效文成、五利乎？”卿曰：“仙者非有求人主，人主求之。其道非少宽假，神不来。言神事，事如迂诞，积以岁乃可致。”于是郡国各除道，缮治宫观名山神祠所，以望幸矣。

其年，既灭南越，上有嬖臣李延年以好音见。上善之，下公卿议，曰：“民间祠尚有鼓舞之乐，今郊祠而无乐，岂称乎？”公卿曰：“古者祀天地皆有乐，而神祇可得而礼。”或曰：“泰帝使素女鼓五十弦瑟，悲，帝禁不止，故破其瑟为二十五弦。”于是塞南越，祷祠泰一、后土，始用乐舞，益召歌儿，作二十五弦及箜篌瑟自此起。

※ 译文

这年秋天，为了对南越进行讨伐而祭告泰一神，用牡荆作旗竿，旗上画有日、月、北斗以及腾空升起的龙，用来象征天一三星，并把它作为泰一神的先锋旗，命名为“灵旗”。为兵事祭告时，由太史官手持灵旗指着被伐国的方向。那时候，五利将军作为使者却不敢到海上求仙，只到泰山去祭祀。皇上命人暗中跟随，查验他的行踪，结果知道他事实上没有见到任何神仙。五利将军谎说见到了他的老师，他的方术已经用尽了，很多都不能应验，皇上就诛杀了他。

这年冬天，公孙卿在河南等候神灵，说是在缑氏城上看到了仙人的踪迹，还有个像山鸡一样的神物，在城上飞来飞去。天子亲自到缑氏城察看仙人的踪迹，问公孙卿：“你该不会是在仿效文成将军和五利将军来欺骗我吧？”公孙卿说：“并不是仙人有求于皇帝，而是皇帝您有求于仙人。求仙之道，倘若不把时间稍微放宽一些，神仙是不会来的。说到求神这种事，听起来似乎是迂腐荒诞的，但事实上，只要日积月累就可以将神仙招来。”于是各郡国都修道筑路，修缮宫殿观台以及名山的神祠，以恭候天子临幸。

这年，南越已经被灭掉，皇上有个名叫李延年的宠臣，他由于擅长音乐而被召见。皇上很是赞赏，就让公卿大臣们商讨，说：“民间祭祀时尚且有鼓、舞和音乐，如今我举行郊祀却连音乐都没有，这怎么相称呢？”公卿们说：“古时候祭祀天地都有音乐，这样天地神灵才会来享受祭祀。”有人说：“泰帝让女神素女弹奏有五十弦的瑟，声音悲切至极，泰帝让她停下来，可是她却不能自已，所以就将她的瑟剖开改成了二十五弦。”于是，在为平定南越而酬祭泰一、后土神的时候，首次采用音乐歌舞，广召歌童，并且从那时候起开始制作二十五弦瑟和箜篌瑟。

※ 原文

其来年冬，上议曰：“古者先振兵泽旅，然后封禅。”乃遂北巡朔方，勒兵十余万，还祭黄帝冢桥山，泽兵须如。上曰：“吾闻黄帝不死，今有冢，何也？”或对曰：“黄帝已仙上天，群臣葬其衣冠。”即至甘泉，为且用事泰山，先类祠泰一。

自得宝鼎，上与公卿诸生议封禅。封禅用希，旷绝，莫知其仪礼，而群儒采封禅《尚书》《周官》《王制》之望祀射牛事。齐人丁公年九十余，曰：“封者，合不死之名也。秦皇帝不得上封。陛下必欲上，稍上即无风雨，遂上封矣。”上于是乃令诸儒习射牛，草封禅仪。数年，至且行。天子既闻公孙卿及方士之言，黄帝以上封禅，皆致怪物与神通，欲放黄帝以尝接神仙人蓬莱士，高世比德于九皇，而颇采儒术以文之。群儒既以不能辩明封禅事，又牵拘于《诗》《书》古文而不敢骋。上为封祠器示群儒，群儒或曰“不与古同”。徐偃又曰“太常诸生行礼不如鲁善”，周霸属图封事，于是上绌偃、霸，尽罢诸儒弗用。

※ 译文

第二年冬天，皇上提议说：“古代帝王先要整顿军队，犒赏士卒，然后才进行封禅。”于是到北方巡视，有十几万军队随从，返回时在桥山黄帝陵墓前举行祭祀，并在须如犒赏军队。皇上说：“我听说黄帝并没有死，但是现在却还有他的陵墓，这又该怎么讲呢？”有人回答道：“黄帝成仙升天以后，众臣就将他的衣服帽子埋在此处，所以才有的陵墓。”皇上到了甘泉宫后，为了要上泰山举行封禅大典，就先用祭天的仪式来祭告泰一神。

自从得了宝鼎，皇上就同公卿大臣及众儒生商讨起封禅的事情了。由于封禅大典很少举行，很久前就已经失传，没有人了解它的具体礼仪，儒生们主张采用《尚书》《周官》《王制》中记载的天子射牛、望祀的仪式来进行封禅大典。齐人丁公已经九十多岁了，他说："登泰山祭天的'封'应该是永垂不朽的意思。秦始皇没能登上泰山行封礼。倘若陛下一定要上去，就要缓缓登上山，如果没有风雨，就可以登上泰山行封礼了。"皇上于是命令众儒生反复练习射牛，并草拟封禅的礼仪。几年后，到了时间要进行封禅了。天子又听到方士和公孙卿的话，说是黄帝以后的帝王举行封禅的时候，都招来了怪异之物并且与神仙相通，就想仿效黄帝迎接神仙的使者蓬莱方士，以超乎世俗，同九皇比德行，而且还大量运用儒家学说加以修饰。儒生们由于既不能明辨封禅的具体事宜，同时还受《诗经》《尚书》等古文经籍的束缚，因此他们不敢尽情地施展自己的学问。皇上把封禅用的祭器拿给儒生们看，他们中有人说"跟古代的不同"。徐偃还说"太常祠官们行礼比不上古代鲁国的好"，周霸将众儒生聚在一起来共同讨论策划封禅事宜，于是皇上就贬退了徐偃、周霸，把儒生们全部罢黜不再任用了。

※ 原文

三月，遂东幸缑氏，礼登中岳太室。从官在山下闻若有言"万岁"云。问上，上不言；问下，下不言。于是以三百户封太室奉祠，命曰崇高邑。东上泰山，山之草木叶未生，乃令人上石立之泰山颠。

上遂东巡海上，行礼祠八神。齐人之上疏言神怪奇方者以万数，然无验者。乃益发船，令言海中神山者数千人求蓬莱神人。公孙卿持节常先行候名山，至东莱，言夜见一人，长数丈，就之则不见，见其迹甚大，类禽兽云。群臣有言见一老父牵狗，言"吾欲见巨公"，已忽不见。上既见大迹，未信，及群臣有言老父，则大以为仙人也。宿留海上，与方士传车及间使求仙人以千数。

四月，还至奉高。上念诸儒及方士言封禅人人殊，不经，难施行。天子至梁父，礼祠地主。乙卯，令侍中儒者皮弁荐绅，射牛行事。封泰山下东方，如郊祠泰一之礼。封广丈二尺，高九尺，其下则有玉牒书，书秘。

※ 译文

三月，皇上到东方去，到了缑氏县，登上中岳的太室山进行祭祀礼。随从官员在山下听到好像有人喊"万岁"的声音。就问山上的人，都说没有喊；问山下的人，也都说没有喊。于是皇上封给太室山三百户用作供奉祭祀，命名为崇高邑。往东登上泰山，山上的草和树木的叶子还都没有长出来，于是就命人把石碑运上山，立在泰山的顶峰。

接着皇上又向东行，巡视海上，行礼祭祀天主、地主、兵主、阴主、阳主、月主、日主和四时主八神。齐地人上书谈到数以万计的神仙精灵和奇异方术，但没有一个灵验的。于是皇上增派船只，命那些谈论海上神山的几千人去寻访蓬莱仙人。公孙卿常常手持符节，先到各山恭候神灵，到东莱的时候，说夜间看见一个身高数丈的人，等靠近的时候却又不见了。据说有人看到他的脚印很大，跟禽兽的脚印很相像。群臣中还有人说看见一位老人，牵着一只狗，说“我想要见天子”，一会儿也忽然消失不见了。皇上看到那大脚印时，还不相信，等到群臣中有人说起那位牵狗老人的事，才深信那就是仙人了。因此，就在海上留宿，给方士驿车，同时私下里还派出了数以千计的使者去寻找仙人。

四月，回到奉高。皇上考虑到儒生和方士们对封禅礼仪的说法各不相同，不合常道，实在难以施行。天子又到了梁父山，行礼祭祀地神。乙卯日，命侍中官儒生戴上白鹿皮帽，穿上插笏官服，天子射牛行祭祀礼。在泰山下的东方筑坛祭天，采用郊祀泰一神的礼仪。祭天的坛宽一丈二尺，高九尺，坛下放有用玉装饰的封禅的文书，文书的内容是隐秘的，无人知晓。

※ 原文

礼毕，天子独与侍中奉车子侯上泰山，亦有封。其事皆禁。明日，下阴道。丙辰，禅泰山下阯东北肃然山，如祭后土礼。天子皆亲拜见，衣上黄而尽用乐焉。江淮间一茅三脊为神藉，五色土益杂封。纵远方奇兽蜚禽及白雉诸物，颇以加祠，兕旄牛犀象之属弗用。皆至泰山然后去。封禅祠，其夜若有光，昼有白云起封中。

天子从封禅还，坐明堂，群臣更上寿。于是制诏御史：“朕以眇眇之身承至尊，兢兢焉惧弗任。维德菲薄，不明于礼乐。修祀泰一，若有象景光，屑如有望，依依震于怪物，欲止不敢，遂登封泰山，至于梁父，而后禅肃然。自新，嘉与士大夫更始，赐民百户牛一酒十石，加年八十孤寡布帛二匹。复博、奉高、蛇丘、历城，毋出今年租税。其赦天下，如乙卯赦令。行所过毋有复作。事在二年前，皆勿听治。”又下诏曰：“古者天子五载一巡狩，用事泰山，诸侯有朝宿地。其令诸侯各治邸泰山下。”

※ 译文

祭礼完毕，天子一个人带着侍中奉车霍子侯登上泰山，也举行了祭天仪式。这些事情的具体情节都禁止泄露。第二天，顺着山北的道路下山。丙辰日，在泰山脚下东北方的肃然山辟场祭地，和祭祀后土神的礼仪相同。天子都亲自拜见天神、地神，祭祀穿的礼服崇尚黄色并全部用音乐伴奏。用采自江淮一带的三棱灵茅作为神灵的垫席，用代表五方的五色泥土混杂起来加在祭坛上。还放出从边远地方捕来的奇异的飞禽走兽和白毛野鸡等动物，祭礼格外隆盛，没有不用兕牛、旄牛、犀牛、大象之类的动物。天子一行人又都返回泰山，然后才离去。举行封禅大典的当天晚上，天空仿佛出现彩光，白天又有白云从祭坛中升起。

天子封禅回来后，坐在明堂上，群臣相继前来祝福。这时天子下诏令给御史：“我以渺小之身继承了皇帝的至尊之位，谨言慎行，唯恐不能胜任。只因我德行微薄，不懂礼乐。祭泰一神时，天上像是有祥瑞之光，我心中不安仿佛望见了什么，被这奇异景象所深深震撼了，想要中途停止却又不能，于是就登上泰山筑坛祭天，到达了梁父山，然后在肃然山辟场祭地。我要修德以求完善自己，愿意与士大夫们一起重新开始。特赐给百姓每百户一头牛和十石酒，对于八十岁以上的老人和孤儿寡妇，再另加赐二匹布帛。免除博县、奉高、蛇丘和历城等地的徭役，不用交纳今年的租税。大赦天下，如同乙卯年的大赦令规定的那样。凡是我巡行所经过的地方，都免除监外劳役。若是在两年以前犯的罪，一律不得再追究。”又下诏说：“古时天子，每五年出巡视察一次，在泰山举行封禅祭祀，诸侯们来朝拜都有住所。特准许诸侯在泰山下各自修建官邸。”

※ 原文

天子既已封禅泰山，无风雨灾，而方士更言蓬莱诸神山若将可得，于是上欣然庶几遇之，乃复东至海上望，冀遇蓬莱焉。奉车子侯暴病，一日死。上乃遂去，并海上，北至碣石，巡自辽西，历北边至九原。五月，返至甘泉。有司言宝鼎出为“元鼎”，以今年为“元封”元年。

其秋，有星茀于东井。后十余日，有星茀于三能。望气王朔言：“候独见其星出如瓠，食顷复入焉。”有司言曰：“陛下建汉家封禅，天其报德星云”。

其来年冬，郊雍五帝，还，拜祝祠泰一。赞飨曰：“德星昭衍，厥维休祥。寿星仍出，渊耀光明。信星昭见，皇帝敬拜泰祝之飨。”

其春，公孙卿言见神人东莱山，若云“见天子”。天子于是幸缑氏城，拜卿为中大夫。遂至东莱，宿留之数日，毋所见，见大人迹，复遣方士求神怪采芝药以千数。是岁旱，于是天子既出毋名，乃祷万里沙，过祠泰山。还至瓠子，自临塞决河，留二日，沈祠而去。使二卿将卒塞决河，河徙二渠，复禹之故迹焉。

※ 译文

天子已经在泰山封禅完毕，没有遇上风雨灾害，方士们又说蓬莱等神山好像要找到了，于是皇上很高兴地认为或许自己能遇到，就又东行到海边眺望，希望见到蓬莱神岛。奉车都尉霍子侯突然生病，一天内就死去了。皇上这才离开，沿着海岸，往北到达碣石。又从辽西开始巡行，过北部边境到达九原县。五月，又返回甘泉宫。主管官员说，宝鼎出土那年的纪元称为“元鼎”，应将今年称为“元封”元年。

这年秋天，在东井宿天区出现了彗星，光芒四射。十几天后，在三台宿天区又出现了彗星，光芒四射。有个望气的名叫王朔的人说：“我观测时，只见那颗星出现时形状像葫芦，一会儿就又隐没了。”主管官员说道：“陛下创建了汉家封禅大典的礼制，上天大概就是用象征吉祥的德星的出现来酬报您吧。”

第二年冬天，天子到雍县郊祀五帝，返回后又拜祭了泰一神并加祝词。祝词说：“德星光芒四射，显示出美好吉祥。寿星相继出现，光明遍照远方。信星昭明显现，皇帝敬拜诸神，福泽无量。”

这年春天，公孙卿说在东莱山遇见了神仙，神仙好像是说“想见天子”。天子于是就到了缑氏城，任公孙卿为中大夫。随而又到了东莱，在那里住了好几天，还是什么也没看见，只看到了巨人的脚印。天子又派出很多方士去寻找神仙奇物，采集灵芝仙药。这年赶上干旱，天子已经出游，却没有正当的名义，就前往万里沙祈求降雨，路过又祭祀了泰山。返回时到达瓠子口，亲自来到堵塞黄河决口的现场指挥部署，停留了两天，将白马等祭品沉入河中以祭河神，然后就离去了。派两位将军率领士兵堵塞决口，改变黄河故道，分成两条河渠，使它恢复了当初大禹治水后的面貌。

※ 原文

是时既灭南越，越人勇之乃言“越人俗信鬼，而其祠皆见鬼，数有效。昔东瓯王敬鬼，寿至百六十岁。后世谩怠，故衰耗”。乃令越巫立越祝祠，安台无坛，亦祠天神上帝百鬼，而以鸡卜。上信之，越祠鸡卜始用焉。

公孙卿曰：“仙人可见，而上往常遽，以故不见。今陛下可为观，如缑氏城，置脯枣，神人宜可致。且仙人好楼居。”于是上令长安则作蜚廉桂观，甘泉则作益延寿观，使卿持节设具而候神人，乃作通天台，置祠具其下，将招来神仙之属。于是甘泉更置前殿，始广诸宫室。夏，有芝生殿防内中。天子为塞河，兴通天台，若有光云，乃下诏曰：“甘泉防生芝九茎，赦天下，毋有复作。”

其明年，伐朝鲜。夏，旱。公孙卿曰：“黄帝时封则天旱，干封三年。”上乃下诏曰：“天旱，意干封乎？其令天下尊祠灵星焉。”

其明年，上郊雍，通回中道，巡之。春，至鸣泽，从西河归。其明年冬，上巡南郡，至江陵而东。登礼潜之天柱山，号曰“南岳”。浮江，自寻阳出枞阳，过彭蠡，祀其名山川。北至琅邪，并海上。四月中，至奉高修封焉。

※ 译文

这时已经平定了南越，越人勇之向皇上进言说“越人有信鬼的习俗，并且他们祭祀时都能见到鬼，多次都应验。以前东瓯王敬重鬼神，长寿达一百六十岁。后世子孙怠慢了鬼，所以就衰败下来”。天子就命越地巫师建立越祠，安设了庙台但没有祭坛，也祭祀天神、天帝、百鬼，用鸡骨进行占卜。皇上相信这些，越祠和用鸡骨占卜的方法从此就流传开来。

公孙卿说："神仙是可以见到的，但是皇上您去求仙的时候总是太匆忙，所以总是见不到。如今陛下可以在京城修建一座台阁，就像缑氏城所建的一样，摆上一些干肉枣果之类的祭品，仙人应该就可以招来了。而且仙人喜欢有楼阁的住处。"于是皇上就下令在长安建造蜚廉观和桂观，还在甘泉宫按照要求建造益延寿观，让公孙卿手持符节摆好祭品来恭候仙人。又建造了通天台，在它的下面摆设祭品，希望招来神仙之类的灵物。又在甘泉宫设置前殿，开始扩充宫室的建筑。夏天，宫殿内长出了灵芝草。天子因为堵塞了黄河决口，兴建了通天台，据说当时天上隐约有神光的瑞应，就下诏书说："甘泉宫殿房内生出了灵芝，而且还长有九株菌柄，为此特别大赦天下，免除复作的监外劳役。"

第二年，征伐朝鲜。夏天，天气干旱。公孙卿说："黄帝举行完封礼后，天就会干旱，为了让祭坛的土干燥，干旱了三年之久。"皇上就下诏书说："天旱，大概是为了暴晒祭坛的土，以使其干燥吧？应该让天下百姓尊祭主宰农业的灵星。"

第三年，皇上到雍县郊祀，开通回中道，到那里巡察。春天，到达鸣泽，再从西河返回京城。来年冬天，皇上到南郡巡视，到达江陵后转向东走。登上潜县的天柱山，并且举行了祭祀，称为"南岳"。乘船顺江而行，从寻阳出发，穿过枞阳，又渡过彭蠡泽，一路祭祀沿途的名山大川。然后北到琅邪郡，再沿着海岸而上。四月中旬，到达了奉高县，在那里举行了封禅典礼。

※ 原文

初，天子封泰山，泰山东北阯古时有明堂处，处险不敞。上欲治明堂奉高旁，未晓其制度。济南人公玉带上黄帝时明堂图。明堂图中有一殿，四面无壁，以茅盖，通水，圜宫垣为复道，上有楼，从西南入，命曰昆仑。天子从之入，以拜祠上帝焉。于是上令奉高作明堂汶上，如带图。及五年修封，则祠泰一、五帝于明堂上坐，令高皇帝祠坐对之。祠后土于下房，以二十太牢。天子从昆仑道入，始拜明堂如郊礼。礼毕，燎堂下。而上又上泰山，有秘祠其颠。而泰山下祠五帝，各如其方，黄帝并赤帝，而有司侍祠焉。泰山上举火，下悉应之。

其后二岁，十一月甲子朔旦冬至，推历者以本统。天子亲至泰山，以十一月甲子朔旦冬至日祠上帝明堂，每修封禅。其赞飨曰："天增授皇帝泰元神筴，周而复始。皇帝敬拜泰一。"东至海上，考入海及方士求神者，莫验，然益遣，冀遇之。

※ 译文

当初，天子在泰山举行封禅典礼时，泰山脚下的东北方有古明堂遗址，此地路不好走，又不宽敞开阔。皇上想要在奉高县旁再修建一处明堂，但不知道明堂的形制尺度。济南人公玉带将黄帝时代的明堂图献上。明堂图的正中有一座殿堂，四面没有墙壁，用茅草盖顶，下面通水，环绕着宫墙修有天桥，上面有走楼，从西南方向进入殿堂，命名为昆仑道。天子从这里走进殿堂来拜祭上天。于是，皇上命令按照公玉带的图样在奉高的汶水旁建造明堂。等到第五年再来举行封禅典礼时，就让泰一神和五帝的神位居于明堂的上座进行祭祀，让高皇帝的神主灵位对着他们。后土神的祠位安置在下房，用二十头牛来做祭品。天子从昆仑道进去，开始像行郊祀的礼仪一样在明堂祭拜。祭拜完毕，把祭品在堂下烧掉。而后，皇上再登上泰山，在山顶秘密祭祀。在泰山下祭祀五帝时，依照他们各自所属的方位，黄帝和赤帝并排在一处，祭祀时由主管官员来侍奉左右。在泰山上举火，山下也都举火响应。

两年以后，十一月甲子日是朔日晨旦，正是冬至，推算历法的人认为以这一天为推历的起点是正统。天子亲自来到泰山，当天在明堂祭祀上天，由于距上一次封禅还不到五年，因此就没有举行封禅典礼。祭祀时的祝词说："上天授予皇帝泰元神策，周而复始，循环不息。皇帝在此虔诚地拜祭泰一神。"皇上又向东到达海上，考察那些到海上求仙的人和寻访神仙的方士们，没有得到应验，但皇上依然增派使者继续前往，总是希望能够遇上神仙。

※ 原文

十一月乙酉，柏梁灾。十二月甲午朔，上亲禅高里，祠后土。临渤海，将以望祠蓬莱之属，冀至殊庭焉。

上还，以柏梁灾故，朝受计甘泉。公孙卿曰："黄帝就青灵台，十二日烧，黄帝乃治明庭。明庭，甘泉也。"方士多言古帝王有都甘泉者。其后天子又朝诸侯甘泉，甘泉作诸侯邸。勇之乃曰："越俗有火灾，复起屋必以大，用胜服之。"于是作建章宫，度为千门万户。前殿度高未央，其东则凤阙，高二十余丈；其西则唐中，数十里虎圈；其北治大池，渐台高二十余丈，名曰泰液池，中有蓬莱、方丈、瀛洲、壶梁，象海中神山龟鱼之属；其南有玉堂、璧门、大鸟之属。乃立神明台、井干楼，度五十余丈，辇道相属焉。

夏，汉改历，以正月为岁首，而色上黄，官名更印章以五字。因为太初元年。是岁，西伐大宛。蝗大起。丁夫人、洛阳虞初等以方祠诅匈奴、大宛焉。

※ 译文

十一月乙酉日，柏梁台失火遭灾。十二月甲午日初一这一天，皇上亲临高里山举行禅礼，祭祀后土神。又到了渤海，望祭蓬莱等一类的仙山，希望能到达仙人所居住的异境。

皇上回到京城，由于柏梁台被焚毁了，就改在甘泉宫临朝接受各郡国上报的计薄册。公孙卿说：“黄帝建成青灵台，十二天后就被大火烧掉了，黄帝于是又修建了明庭。明庭即甘泉宫。”很多方士也都说古代帝王有在甘泉建都的。此后天子又在甘泉宫接受诸侯朝拜，并且还在甘泉建造诸侯的官邸。勇之又说：“越地的习俗，若在火灾之后再盖起的房子，就一定要比原来的大，以此来压服火灾。”于是天子就修造了规模极大的建章宫，有千门万户。它的前殿比未央宫高。东面是高二十多丈的凤阙；西面是唐中苑，有几十里宽的虎圈；北面修了大水池，池中有个高二十多丈的渐台，池名叫做泰液池，池中还有蓬莱、方丈、瀛洲和壶梁四座仙山，象征着海中的仙山，还有用石头雕成的龟鱼石刻；南面有玉堂宫、璧门和大鸟雕像等。还建了神明台、井干楼，高达五十多丈，楼台之间有可供皇帝乘坐的辇车道相互连接。

夏天，汉朝修改历法，将正月作为一年的开头，服色崇尚黄色，官名印章改成了五个字，因此将这一年定为太初元年。也就在这一年，向西讨伐大宛。发生了严重的蝗灾。方士丁夫人以及洛阳的虞初等人都用方术来诅咒匈奴和大宛。

※ 原文

其明年，有司言雍五畤无牢熟具，芬芳不备。乃命祠官进畤犊牢具，五色食所胜，而以木禺马代驹焉。独五帝用驹，行亲郊用驹。及诸名山川用驹者，悉以木禺马代。行过，乃用驹。他礼如故。

其明年，东巡海上，考神仙之属，未有验者。方士有言“黄帝时为五城十二楼，以候神人于执期，命曰迎年”。上许作之如方，名曰明年。上亲礼祠上帝，衣上黄焉。

公玉带曰：“黄帝时虽封泰山，然风后、封钜、岐伯令黄帝封东泰山，禅凡山合符，然后不死焉。”天子既令设祠具，至东泰山，东泰山卑小，不称其声，乃令祠官礼之，而不封禅焉。其后令带奉祠候神物。夏，遂还泰山，修五年之礼如前，而加禅祠石闾。石闾者，在泰山下阯南方，方士多言此仙人之闾也，故上亲禅焉。

※ 译文

第二年，主管官吏上书说雍县五畤没有熟牲来做祭品，祭祀时芬芳的香气不具备。于是就命祠官用熟牛犊作为祭品来献给五畤，并选择与五帝颜色相符的牛来供神灵享用，还用木马来代替驹。驹是用以祭祀五帝的。皇上巡行亲自进行郊祭时也用驹来祭祀名山大川，但这些都用木马代替。只有天子经过的地方进行祭祀才用驹做祭品。其他礼仪照常。

第二年，天子向东到海上巡视，考察神仙的事情，没有得到应验。方士们说“黄帝的时候建造了五座城，十二座楼，这些都建在执期来恭候神仙，叫作迎年祠”。皇上就答应也建造同样的城楼，并命名为明年祠。皇上亲自到这里，以礼来祭祀上天，所穿衣服为黄色。

公玉带说：“黄帝的时候虽然封祭泰山，然而是他的臣子风后、封钜、岐伯让他到泰山去举行封礼的，在凡山禅祀，以此来契合上天降下的符应，然后就长生不老了。”天子就下令来准备祭祀，来到东泰山。东泰山矮小，与其名声不符，就命祠官改为以礼祭祀，而不举行封禅大典了。此后，就命公玉带在那里供奉祭祀以恭候神灵。夏天，就回到了泰山，还像以前那样举行五年一次的封禅大典，并且增加了一次禅祭石闾山。石闾山在泰山脚下的南边，方士们总说这里是仙人居住的地方，因此皇上才亲自到那里去举行祭礼。

※ 原文

其后五年，复至泰山修封，还过祭常山。

今天子所兴祠，泰一、后土，三年亲郊祠，建汉家封禅，五年一修封。薄忌泰一及三一、冥羊、马行、赤星，五，宽舒之祠官以岁时致礼。凡六祠，皆太祝领之。至如八神诸神，明年、凡山他名祠，行过则祀，去则已。方士所兴祠，各自主，其人终则已，祠官弗主。他祠皆如其故。今上封禅，其后十二岁而还，遍于五岳、四渎矣。而方士之候祠神人，入海求蓬莱，终无有验。而公孙卿之候神者，犹以大人迹为解，无其效。天子益怠厌方士之怪迂语矣，然终羁縻弗绝，冀遇其真。自此之后，方士言祠神者弥众，然其效可睹矣。

太史公曰：余从巡祭天地诸神名山川而封禅焉。入寿宫侍祠神语，究观方士祠官之言，于是退而论次自古以来用事于鬼神者，具见其表里。后有君子，得以览焉。至若俎豆珪币之详，献酬之礼，则有司存焉。

※ 译文

此后的第五年，又来到泰山重新进行封禅大典。回来的途中路过常山时也进行了祭祀。

当今天子所兴起的祭祀，泰一、后土，每三年都要亲自去郊外祭祀，创建了汉的封禅大典，每五年举行一次。薄诱忌建议设立的泰一、三一、冥羊、马行、赤星等五处神祠，由祠官宽舒来管理，每年按时进行祭祀。以上共六处神祠，都由太祝统领。至于八神等各路神仙，明年、凡山等其他有名的神祠，只要经过就会进行祭祀，离开后就停止。方士们兴起的祭祀，由他们自己主持，兴建者死后就停止，祠官们不负责主持。其余神祠的祭祀照常举行。当今皇上举行封禅大典，前后共经过十二年，祭祀已经遍及五岳和四渎。而方士们恭候祭祀神仙，到海上去寻找蓬莱仙山，最终都没有应验。而公孙卿恭候神仙，依然用巨人的脚印作为托词，毫无效果。皇上对方士们怪诞迂阔的言论更加倦怠厌恶了，然而还是笼络他们，还是希望能够真的见到神仙。自此以后，方士谈论神仙祭祀的就更多了，然而其效果却是可想而知的。

太史公说：我跟随皇上巡行祭祀天地诸神，到过名山大川，并参加了封禅大典。进入寿宫侍奉皇帝，旁听了祭神的祝词，考究并观察了方士和祠官们的言论，于是坐下来按时间顺序记述自古以来祭祀鬼神的情况，将其外部形式和内中缘由清楚地揭示出来。后世的君子，可以从中浏览参考。至于俎豆等祭品的详情，以及献飨筹神的各种具体礼仪，在官方档案中都有保存。

※ 评析

《史记》原有的《武帝本纪》遗失了，此篇除了开头的六十个字外，其余都是录自《封禅书》。汉武帝时期的西汉帝国，在当时的世界上最为强大，其文治武功和内政外交也都是空前繁盛。在历代王朝的历史上，有“汉唐盛世”之说。这里的“汉”，主要指汉武帝时期。武帝他勇于面对自己的错误，并写下《轮台诏》来检讨自己一生的过失，这是中国历史上皇帝的第一个罪己诏。他为自己不辨是非而给人民带来的灾难而深深地自责，并且还及时地采取了一系列的补救措施，使后期的经济又逐步恢复。客观地认识自我，公开地承认自己的错误，这不是每个人都能做得到的，尤其是这些位高权重的帝王，但是汉武帝就做到了。这点就足以让我们对其赞叹不已了。